U0625320

社会主义核心价值观融入法治体系构建研究

蒋青青 ◎ 著

吉林出版集团股份有限公司

图书在版编目（CIP）数据

社会主义核心价值观融入法治体系构建研究 / 蒋青
青著 . — 长春：吉林出版集团股份有限公司，2020.5
ISBN 978-7-5581-8458-1

Ⅰ．①社… Ⅱ．①蒋… Ⅲ．①社会主义法治－建设－
研究－中国 Ⅳ．① D920.0

中国版本图书馆 CIP 数据核字（2020）第 060075 号

社会主义核心价值观融入法治体系构建研究

著　　者	蒋青青	
责任编辑	齐　琳　白聪响	
封面设计	林　吉	
开　　本	787mm×1092mm　1/16	
字　　数	300 千	
印　　张	13.25	
版　　次	2021 年 6 月第 1 版	
印　　次	2021 年 6 月第 1 次印刷	
出　　版	吉林出版集团股份有限公司	
电　　话	总编室：010-63109269	
	发行部：010-82751067	
印　　刷	炫彩（天津）印刷有限责任公司	

ISBN　978-7-5581-8458-1　　　　　　　　　　定　价：58.00 元

前　言

习近平总书记指出，每个时代都有每个时代的精神，每个民族都有每个民族的价值观念。一个民族、一个国家的核心价值观必须同这个民族、这个国家的历史文化相契合；同这个民族、这个国家的人民正在进行的奋斗相结合；同这个民族、这个国家需要解决的时代问题相适应。

将社会主义核心价值观融入法治体系构建的具有重大意义。第一，将社会主义核心价值观融入法治建设是以德治国的重要方式，可以在内化提升民众道德水平的基础上，外化使法律制度更加好执行，用渗透了社会主义核心价值观的法律法规作为人们日常行为规范的准则，可以更好的强化执法、司法、法律监督等法治运行环节。第二，将社会主义核心价值观融入法治建设具有重要的治理价值，核心价值观渗透到法律中会对执行等各个方面产生良好的规范效力，通过将核心价值观与法治相结合贯通，在一定程度上就可以实现上述要求，使得"法"与"德"真正有效结合，使得社会主义核心价值观通过法律的规范与约束而具有了治的功能。第三，社会主义核心价值观还为法治建设提供方向引导，随着社会的不断发展、法律的不断健全以及法治水平的全面提高，之前建设中的一些漏洞与不足也逐渐显现了出来，因此，我们必须时刻保持高度警惕，要始终坚持通过社会主义核心价值观来提供方向引导。第四，核心价值观为法治建设提供价值支撑，其中包括精神层面的指导、精神保障和道德理论支持。

对于一个文明社会来说，要想始终达到国家长治久安的状态就必须通过提升民众的素质以及道德水平来达到这一目标，同时还需要不断发展健全相应的保障机制与措施，也就是我们所说的法治，通过主流意识形态——社会主义核心价值观的深入融合来保障法治社会的建设健全，并结合法治建设的实际情况，深入学习理解核心价值观代表的更深层次的含义，实现二者的深度融合，促进文明社会的建设。

本书主题聚焦、导向明确，共包含六个章节，阐述了社会主义核心价值观的基本理论、中国特色社会主义法治体系构建的基本理论、社会主义核心价值观与法治体系构建的逻辑关系、社会主义核心价值观融入法治国家建设、社会主义核心价值观融入法治政府建设、社会主义核心价值观融入法治社会建设等内容。

本书在写作和修改过程中，查阅和引用了书籍以及期刊等相关资料，在此谨向本书所引用资料的作者表示诚挚的感谢。由于水平有限，书中难免出现纰漏，恳请读者同仁和专家学者批评指正。

目　录

第一章　社会主义核心价值观的基本理论

第一节　社会主义核心价值观的内涵解读

一、价值观是对"价值认识"的实践体验

（一）价值观及其相关概念

1.价值观的基本涵义

任何观念、思想都是对客观对象的反映，但严格意义上的"观念"与一般的思想、意识有着一定的差别，即"观念"都是人们在特定历史条件下，经过长期的实践和认识活动逐步积淀下来并经过升华的、具有稳定形式的社会意识，这种"观念"一经形成，便对人们的实践和认识活动起引导、规范和调节作用，反作用于人们的社会实践。人们通常所说的道德观念、法律观念、宗教观念等都属于上述相对稳定的观念形式。与其他观念不同的是，价值观念是属于哲学世界观层次的观念，而且它反映的对象也不是一般客体，而是客体和主体需要的关系，即价值关系，它是人们在实践基础上对于价值关系的认识和表现。价值观的形成首先是价值认识的结果，即人们不仅要认识事物的本质和规律，不仅要认识人们的现实需要，更要认识事物与人的关系，是否能满足人的需要，对人是有利的还是不利的，认识到哪些事物对人类有价值，哪些事物对人类没有价值，如果对人类有价值的话，有多大价值。这种对价值关系的认识正是人们价值观形成的认识论前提。

价值观所反映的价值关系是纷繁复杂的，但基本的价值关系是生产关系。这是因为，价值关系是指客体属性和主体需要之间的关系，它必然表现为人们的需要和利益，而人们的需要和利益从根本上来说就是生产过程中人们发生的需要和利益关系，也就是生产关系。人们在特定的生产关系制约下所进行的生产活动、实践活动就是创造价值的活动。从这个意义上说，价值观是对生产关系、经济基础的反映，它属于思想的上层建筑，它所反映并为之服务的经济基础本质上也就是一种价值关系。当然，价值观除了反映生产关系这一基本的价值关系外，还反映政治价值关系、法律价值关系、道德价值关系、宗教价值关系等，也就是说，它要受到思想上层建筑中各种社会意识形态的影响，甚至还受到属于非上层建

筑的其他社会意识形态（如自然科学）等的影响。从这个意义上说，价值观本质上属于思想上层建筑。这里需要指出的是，价值观念的形成虽然要受到其他社会意识形式的影响，但它不是与其他社会意识形态相并列的意识形态，而毋宁说是它们的实质，价值观念总是渗透在一切社会意识形态之中，并通过各种社会意识形态表现出其基本内容的。

价值观的形成除了价值认识外，还有赖于实践过程中人们对生活的体验。人们在日常生活中，必然会碰到价值观这一问题，对于价值观，"不只是哲学家才关心，也是每一个日常生活着的人所面临的，且又无可回避的课题。凡有关一个人的举止，一位女士的高雅，一幅绘画，一首诗词，一场球赛，一曲乐曲，无不涉及价值问题，或者说整个人类生命、文明都会遇到价值和价值理论问题"①。在这个意义上说，对生活的体验也就是对价值的认识，从更深层面来说，人们的实践活动总是遵循着两个基本尺度，即外在尺度和内在尺度。人们不仅知道遵循事物的外在尺度去进行生产和实践，而且知道将自己的内在尺度运用到对象上去，并按美的规律去进行活动。正是在这两个尺度的内在统一上，人们改造了外部世界，并通过这种改造满足了自身的需要，实现了两个尺度的统一，实现了主客体的统一，也正是在这种统一过程中，人得到了满足，人获得了愉悦，人实现了自由，使价值主体和价值客体达到了统一。这种满足感、愉悦感、自由感会使人产生一种基本态度，即人们认识到"现实世界的现象、事物、事件和过程对于社会行动的主体的生命活动具有何种意义"②。这种态度经过长期的积淀形成经验，多重的经验积聚在一起，就形成某种信念和信仰乃至形成理想，进而也就形成了相对稳定的观念模式，形成了人们对价值关系的基本看法和基本观点，即形成了价值观。

由此可见，价值观是人们在特定历史条件下，在改造世界、创造和享用价值的过程中形成并确立的相对稳定的观念模式，是人们以价值关系为反映对象，对人们的价值活动起导向和规范作用的社会意识。

2. 价值观与价值心理、价值观念

价值观作为对客观存在的价值关系的反映，它遵循着社会存在决定社会意识的基本规律，而价值观作为人们对价值关系认识的结果，它必须以价值心理和价值观念作为前提，它必须遵循认识的由浅入深的规律。

价值心理包括人的情感、欲望、兴趣、意志等心理因素，是对价值关系的感性反映形式，它是从人的内在需求直接引发的心理活动，因而比起自觉的理性思维来，更直接、更迅速地反映着人们的价值关系。但这种反映只停留在"知其然，而不知其所以然"的水平上，即只感觉到"什么好或什么不好""我为什么要"等层次的问题，这种价值心理有着强烈的情绪好恶色彩，肤浅而易变，在很大程度上影响人们对价值关系的正确认识和价值评价的公正态度。

---

① 王克千：《价值的探求——现代西方哲学文化价值观》，黑龙江教育出版社（1989年版），第2页。
② M.Q.奥夫襄尼克夫：《大学美学教程》，北京大学出版社（1989年版），第330页。

价值观念是人们在特定社会文化环境中对价值关系的理性把握，即人们对价值关系的认识，不再停留在"我需要什么"的水平上，而是包括"由于某种理由，我应该如何"的思考，这就使人们的思考进入到抽象思维活动的层次，初步涉及人为何存在、如何存在、怎样存在才有意义这一系列人生的根本问题，而且在形式上它也有比较系统的理论形式，因而成为真正的社会意识。这种对价值关系的理性思考往往是通过信念和信仰等形式表现出来的。

价值观则是比价值观念更为抽象的对于价值关系的认识，价值观念比之价值观表现得更为具体。价值观念只是对某一类价值关系的理性思考，往往还比较零散而不系统，因而只属于一般的理性认识；价值观则属于与自然观、历史观同等程度的理性认识，即属于哲学层次的理性认识，它是一定时代人们世界观的一部分，是人们对所有价值关系的总的概括和总的看法，是系统化、理论化的价值观念。这种系统化、理论化的价值观念，既是人们自我意识的一部分，也是人们安身立命的根据。作为价值观来说，它包含了以下基本内容：人们的价值取向、价值行为准则、价值评价标准和价值理想等。本书所探讨的价值观主要是指属于哲学世界观层次的价值观，同时也涉及一些价值观念乃至价值心理。

对价值关系认识的上述三个层次不是孤立的，而是有着内在的有机联系。在这里，价值心理是人们对价值关系认识的基础，价值观念和价值观包含价值心理并依赖于价值心理，只有对价值心理进行了充分的分析和研究，才能对各种价值关系做出完整的、系统的、有血有肉的分析，价值观要发挥作用也只有与人们的价值心理相吻合才能从根本上影响人的价值评判和价值行为。价值观、价值观念虽然来源于价值心理，但不能归为价值心理，它们高于价值心理，并对价值心理起指导和影响作用。

需要特别指出的是，价值观念是介于中间层次的对价值关系的认识，它既有对价值关系认识的感性成分，也有着对价值关系认识的理性成分，但以理性的成分为主。价值观念因其具有感性成分而与价值心理相通，又因其具有理性成分而与价值观相连，如作为价值观念表现形式的信念和信仰（尤其是信念）既有着强烈的情感和欲望，因而属于经验性的价值认识，又有着对价值关系的自觉体认和深刻理解，信念和信仰都是以对其所指向对象的一定理解为基础的，而且正是由于价值观念的中介性特点，使得它成为价值心理和价值观相互作用的中介和桥梁，即价值心理总是先提升为价值观念进而才进一步提升为价值观，而价值观也总是通过指导和影响人们的价值观念才进一步地左右和规范价值心理，并进而影响到人们的价值行为。正是价值心理、价值观念和价值观这三者的相互作用，构成了一幅价值认识和人们的社会实践相互作用的壮观图景。

（二）价值观的特征及类型

1. 价值观的特征

首先，价值观所表示的是社会上大多数人的情感、愿望和追求，比如在科学上求真，在道德上至善，在艺术上达美，在物质生活中逐利等，因而它对人们的行为具有明显的导向和驱动作用，它促使人们去追求、去行动、去实现自己的愿望，满足自己的需要。价值观构成了人们实践活动的自觉动力，也正是在人们的实践过程中，价值观念保持着自身的活力，不断地充实和更新。

其次，价值观往往带有强烈的社会性。这里所说的社会性是指它不是一个人的追求和愿望，而是一定的社会群体的共同追求，是群体中不同个体的意志、愿望和追求错综复合的产物，是一定群体的人们头脑中共有的观念。有的观念为整个民族、整个阶段所共有；有的观念为具有共同信仰的某一教派或学派所共有；有的甚至跨出了国界，成为全人类的共识。一个人刚步入社会时，不可能自己创造一套价值观，而是处处受到他所属群体的价值观的影响，群体的价值观对他来说好像是某种先验的东西，不断地渗入他的精神世界，并通过他自身的价值选择，积淀而生成他自己的价值观。这种价值观就成了他审视周围世界的基本尺度和思维框架，从而为其认识和实践活动导航。

再次，价值观具有鲜明的时代特征。任何价值观都是特定时代人们对特定价值关系的反映，是特定时代人们的情感、态度和追求，是一个时代特定的人群所希望、所追求、所信奉的东西，它贯彻于特定时代人们的经济、政治和文化活动中，体现在人们的精神风貌、风俗习惯、行为规范、制度体系等方面，是人们生活的灵魂，是安身立命之根本。特定时代的人们正是在特定的价值观导引下去行动、去创造价值和实现价值的。因而，随着时代的变化和发展，人们的价值观也必然会随之改变，当然，这里的改变是对原有价值观的扬弃，即既有克服又有保留，既有继承又有创新，唯其如此，人类的发展过程才表现为连续性和非连续性的统一，继承和超越的统一。价值观正是在这种历史的变迁中继承过去，导引现实，更指向未来。

2. 价值观的类型与层级

在现实社会中，人们的生活和教育经历互不相同，因此价值观也多种多样。行为科学家格雷夫斯（Graves）为了把错综复杂的价值观进行归类，曾对社会组织内的各式人物做了大量调查，就他们的价值观和生活作风进行分析，最后概括出七大类价值观。

理性价值观：是以知识和真理为中心的价值观，具有理性价值的人把追求真理看得高于一切；

美的价值观：是以外形协调和匀称为中心的价值观，他们把美和协调看得比什么都重要；

政治性价值观：是以权力地位为中心的价值观，这一类型的人把权力和地位看得最有价值；

社会性价值观：是以群体和他人为中心的价值观，把为群体、他人服务认为是最有价值的；

经济性价值观：是以有效和实惠为中心的价值观，认为世界上的一切，实惠的就是最有价值的；

宗教性价值观：是以信仰为中心的价值观，认为信仰是人生最有价值的；

教育价值观：是指人们对教育的价值关系的认识和评价以及在此基础上所确定的行为取向标准。

格雷夫斯同时为社会人的价值观实践划分了七个等级。

第一级为反应型：这种类型的人并没有意识到自己和周围的人类是作为人类而存在的，他们可以照着自己基本的生理需要做出反应，而不顾其他任何条件。这种人非常少见，实际等于婴儿。

第二级为部落型：这种类型的人依赖成性，服从于传统习惯和权势。

第三级为自我中心型：这种类型的人信仰冷酷的个人主义，自私和爱挑衅，主要服从于权力。

第四级为坚持己见型：这种类型的人对模棱两可的意见不能容忍，难于接受不同的价值观，希望别人接受他们的价值观。

第五级为玩弄权术型：这种类型的人通过摆弄别人，篡改事实，以达到个人目的，非常现实，积极争取地位和社会影响。

第六级为社交中心型：这种类型的人把被人喜爱和与人善处看得重于自己的发展，受现实主义、权力主义和坚持己见者的排斥。

第七级为存在主义型：这种类型的人能高度容忍模糊不清的意见和不同的观点，对制度和方针的僵化、空挂的职位、权力的强制使用等敢于直言。

在著名的"格雷夫斯价值观等级分类"发表以后，管理学家迈尔斯等人在1974年就美国社会的现状进行了对照研究，他们认为，一般企业人员的价值观分布于第二级和第七级之间：就执政的当权者来说，过去大多属于第四级和第五级，现在情况在变化，这两个等级的人渐被第六、七级的人取代。在一定程度上我们可以将此视作价值观与社会生产关系彼此映射的一个鲜明范例。

（三）关于"价值认识"的社会实践

价值观作为"价值认识"的特殊观念形式，它与其他社会意识一样，是由社会存在决定并对社会存在有着巨大的反作用，"价值认识"通过价值观，付诸社会人群的实践行为，对社会生活有着重要作用和巨大功能。

"价值认识"的判断。所谓判断功能是指能帮助人们做出一定的价值判断。人们的价值判断是指人面对一定对象和事物，总要判定其对人是好还是坏，是有利还是不利等。从理论上来说，这种判断是要根据对象事物对人的需要的关系，对事物是否能满足人的需要，是否对人有利这样的问题作了反复权衡、思考之后才能做出的。但是，当"价值认识"对某类事物已形成了相对稳定的价值观和价值观念之后，往往人们就可直接根据价值观念并以此为标准来进行判断。虽然这种价值判断只是直接而迅速而未必完全准确，因而完整准确的判断往往要奠定在周密的调查和深入研究的基础上，但价值观念所具有的判断功能是不言而喻的。

"价值认识"的定向。任何价值观和价值观念都有一核心内容，这就是价值目标和价值追求，这样就使主体有明确的价值取向和价值目标。一般来讲，一个具体的实践目标的确定，离不开可行性研究，而可行性研究本身就包含两个基本方面，即可能性论证和价值性论证。人们既要论证某一事物经过人的改造活动能否发生一定的性质和状态的改变，又要论证这种改变对人是否有利，只有既能实现对事物性质和状态的改变又对人有利的新事物才可被主体确定为实践目标。这里所说的价值性论证就离不开一定的价值观和价值观念。价值观和价值观念根植于"价值认识"，并影响着人们实践对象、实践手段、实践方法、实践结果等的选择，从而对人的实践活动起定向作用。

"价值认识"的激励。主体在实践的过程中，根据可行性论证，并依据"价值认识"等确立起具体实践目标，同时也就激发起了主体为实现该目标所必须具备的热情、激情和意志的力量，从而坚定主体的信心，增强主体的信念，巩固主体的理想，推动并激励主体向着一定的价值目标前进。

"价值认识"的调控。"价值认识"通过价值观，表达一种价值评价的标准和尺度，这种标准和尺度时刻都在"监控"人们的行为，并对人的行为起"纠偏"作用，正是这种监控和纠偏使人们的活动沿着预设的价值目标前进。价值观念的这种指导功能是通过一定的价值导向和价值规范来实现的，所不同的是，价值导向是引导人们"应该做什么"，而价值规范是教导人们"不应做什么"，这一正一反，给人们的行为以明确而有效的指导。

二、社会主义核心价值体系是对"价值理性"的张扬

（一）社会主义核心价值体系的内涵

所谓的"价值理性"，是行为人注重行为本身所能代表的价值，即是否实现社会的公平、正义、忠诚、荣誉等，甚至不计较手段和后果，而不是看重所选择行为的结果，它所关注的是从某些具有实质的、特定的价值理念的角度来看行为的合理性。社会主义核心价值体系是价值理性最突出的代表，它涵盖社会发展的指导思想和价值取向，决定着社会意识的性质和方向，影响着人们的思想观念、思维方式、行为规范，引领着社会思潮，是推动社会前进的精神旗帜。党的十六届六中全会提出了建设社会主义核心价值体系的战略任务，指出："马克思主义指导思想，中国特色社会主义共同理想，以爱国主义为核心的民族精神和以改革创新为核心的时代精神，社会主义荣辱观，构成社会主义核心价值体系的

基本内容。"

首先，马克思主义是我国社会主义核心价值体系的指导思想和理论基础，也是我国社会主义核心价值体系的最根本内容，具有基础理论性。

中国特色社会主义的价值体系，是马克思主义经典作家的科学社会主义价值体系与中国具体实践相结合的社会主义价值体系。这种价值体系强调在实践基础上的科学原则与价值原则的统一，在科学原则中，强调历史必然规律与中国国情的结合；在价值原则中，强调中国工人阶级利益、中国人民利益、中华民族利益和人类社会利益的辩证统一。因此，我国社会主义核心价值体系必须在具备科学性的基础上还要有中国特点，这样才能成为执政党的行动指南、国家的主心骨、民族的灵魂。

马克思主义价值理论是内涵十分丰富的综合性理论体系。从层次结构看，它包括科学社会主义和共产主义的价值观念层次、马克思主义价值学层次和马克思主义哲学价值论层次；从时空结构来看，它包括马恩的价值理论、列宁的价值理论、毛泽东的价值理论、邓小平的价值理论以及"三个代表"的价值思想和党的科学发展观。这些价值理论产生于不同的历史时期，适用于不同的历史条件和空间范围，都具有鲜明的实践性、科学性。中国共产党的价值观是马克思主义价值理论在中国的具体化，是中国特色社会主义价值体系的核心内容，其中，为人民服务、"三个有利于"和"三个代表"是中国共产党的价值观的集中体现。因此，我国社会主义核心价值体系的核心内容就是中国共产党的价值观。

其次，中国特色社会主义共同理想是现阶段全社会和全体人民群众共同的价值追求、价值取向和价值目标。

党在社会主义初级阶段的基本路线所确定的共同理想是把我国建设成为富强、民主、文明的社会主义现代化国家。党的十六大确定了全面建设小康社会这个现实的共同价值目标。党的十六届六中全会通过的《决定》明确提出社会和谐是中国特色社会主义的本质属性，是国家富强、民族振兴、人民幸福的重要保证，并进一步把党和全国各族人民的共同理想概括为建设富强、民主、文明、和谐的社会主义现代化国家。构建和谐社会就成为党和全体人民的共同价值追求。

在中国特色社会主义共同理想中，构建和谐社会的共同的价值追求具体表现为：在人改造自然的活动中追求人与自然和谐相处的生态文明；在经济活动中是在劳动本位的基础上追求效率、活力和全体人民群众的共同富裕以及物质文明；在政治活动中追求民主法治、政治文明；在文化活动中追求真、善、美及其统一的先进文化和精神文明；在社会活动中追求公平正义、诚信友爱、充满活力、安定有序、人与人和谐相处的社会文明。

再次，以爱国主义为核心的民族价值观和以改革创新为核心的时代价值观都以马克思主义理论为指导，符合人类社会发展的历史趋势和时代要求。

中华民族价值观是中华民族的全体民族成员和社会成员所共同认可的价值目标、价值取向和价值追求，所认同的价值标准和评价标准，所共同奉行的价值信念和信仰，所共同选择的价值实现途径、方式或道路。从我国社会主义核心价值体系建设的角度看，党的十六大政治报告所概括的中华民族精神具有历史合理性和现实针对性，这就是："在五千多年的发展中，中华民族形成了以爱国主义为核心的团结统一、爱好和平、勤劳勇敢、自强不息的伟大民族精神。"其中爱国主义价值观是民族价值观的核心内容。在爱国主义价值观中，价值主体是中华民族、中华民族社会、中华民族人民；价值标准和评价标准是中华民族的生存和发展、根本利益和需要；价值目标是中华民族的伟大复兴；在当代中国，价值目标实现的基本途径是走中国特色社会主义道路，由此实现中华民族的伟大复兴，这也是中华民族人民具有历史必然性的价值路径选择。因此，以爱国主义为核心的民族价值观是我国社会主义核心价值体系的一项基本内容。

中华民族在革命、建设和改革的各个历史时期，以马克思主义与中国实际相结合为原则，立足于中华民族优秀传统文化的价值根基，在与世界各民族优秀文化价值体系的相互交流中创造了新的文化价值成果，形成了中国特色社会主义的文化价值体系。这个文化价值体系既包括中华民族优秀的传统价值观的因素，也包括党领导人民在长期革命斗争中形成的井冈山精神、长征精神、延安精神等革命价值观念，既包括在社会主义建设时期形成的大庆精神、雷锋精神、"两弹一星"精神等建设型价值观念，也包括在改革开放新时期形成的"六十四字创业精神"、九八抗洪精神等新型价值观念。其中以改革创新为核心的时代精神是中华民族精神在新的历史条件下的发展，这种时代精神中的核心内容就是中华民族社会的时代价值观。发展、富裕、民主、法治、公平、和谐、文明以及人的自由和全面发展成为绝大多数中国人具有鲜明时代特征的基本价值追求和价值取向，由此形成了一系列新的价值观念，例如自立意识、市场意识、竞争意识、效率意识、民主法制意识、科学意识、生态意识、公平正义意识以及改革意识、开放意识和开拓创新精神等等，这些新的具有鲜明时代特性的价值观念是促进中华民族在中国特色社会主义道路上实现伟大复兴的精神动力。因此，以改革创新为核心的时代价值观念是我国社会主义核心价值体系的一项基本内容。

最后，社会主义荣辱观是核心价值体系的具体化。荣与辱反映了人在社会生活中的一种心理感受和价值反思，是社会评价标准和个体自我评价标准的体现。社会主义核心价值体系中的本位价值、核心内容、基本价值范畴、基本价值标准、基本价值追求、基本价值原则和基本价值规范制约着社会主义荣辱观中的基本理念、标准体系和规范体系。具体而言，一个社会以什么为本位价值，是这个社会的价值体系的性质的标志。剥削阶级社会里的本位价值有权力本位、金钱本位等，而社会主义社会里，社会主义核心价值体系中的本位价值就是劳动，是否劳动是社会主义荣辱观中判断荣与耻的基本标准。为人民服务既是社会主义价值观中的核心，也是社会主义荣辱观的核心。集体主义既是社会主义价值观中的基本原则，也是社会主义荣辱观的基本原则；爱国主义作为集体主义价值观的具体体现，也是社会主义荣辱观中的基本原则。社会主义义利观是社会主义价值观的具体体现，义利关系的处理也就成为社会主义荣辱观中的基本规范。

从社会主义核心价值体系的内涵我们可以看出，社会主义核心价值体系并不反对个体的需要，但它并不囿于个体需要，而是谋求个体与整体的和谐、共赢；它并不否定人作为手段的意义，但它强调，"人本质上是目的而不是手段"，人作为手段，只有在以人为目的，以人为出发点和归宿的前提下才是合理的。由此可见，价值理性所诉求的合目的性，既是指合乎人的目的，更是指合乎人本身这个目的。在价值理性视野中，人是终极目的，人是各种努力的终极关怀，一切努力都是为了满足人的合理性需要，都是为了维护、发展、实现人的经济、政治、文化利益，都是为了维护人的尊严、提升人的价值、凸现人存在的意义，促进人更好地生存、发展和完善，趋近自由而全面地发展。

（二）社会主义核心价值体系作为"价值理性"的本质

1. 精神上的理性旗帜

改革开放以来，中国共产党带领人民成功地探索出一条中国特色社会主义道路，并在经济、政治、文化等方面建立了一套比较成熟的制度和体制，与这些根本性的制度和体制相适应，必然要有一个主导全社会思想和行为的价值体系。特别是随着改革开放和社会主义市场经济的进一步发展，人们思想活动的独立性、选择性、多变性和差异性不断增强，对社会主义价值体系核心内容做出清晰的界定越来越迫切，核心价值体系就是一面旗帜，鲜明地亮出这面旗帜，就是要昭示人们，不论社会思想观念如何多样多变，不论人们的价值取向发生怎样的变化，中国社会主义核心价值体系是不能动摇的。

2. 思想上的理性基础

共同的思想基础，是一个党、一个国家、一个民族赖以存在和发展的根本前提。没有共同的思想基础，党就会瓦解，社会就会动荡，国家就会分裂。对党和人民在革命、建设和改革的长期奋斗过程中形成的共同思想基础做出科学的概括和清晰的界定，明确其基本内涵和基本要求，使之容易为全党、全社会更加全面准确地理解和把握，在今天社会思想观念和人们价值取向日益多样的情况下，就显得十分必要和迫切。提出社会主义核心价值体系，就明确揭示了我们共同思想基础的基本内涵和要求，将会推动全党全社会更加自觉地维护我们的共同思想基础。

3. 道德上的理性呼求

当前，人们的思想观念、道德意识、价值取向越来越呈现出层次性。我们不能因为存在着多层次的思想道德而降低甚至否定先进性的要求，也不能不顾人们思想道德的客观差异，用一个标准要求所有的社会成员。那么，用什么来引领人们在思想道德上不断提升和进步呢？社会主义核心价值体系的提出，集中回答了这个问题。社会主义核心价值体系，既体现了思想道德建设上的先进性要求，又体现了思想道德建设上的广泛性要求；既坚持了先进文化的前进方向，又兼顾了不同层次群众的思想状况；既体现了一致的愿望和追求，又涵盖了不同的群体和阶层，具有广泛的适用性和包容性，具有强大的整合力和引领力，是联结各民族、各阶层的精神纽带。

4.发展上的理性需要

建设社会主义核心价值体系，是增强民族凝聚力、提高国家竞争力的迫切需要。当今世界，各国经济既相互融合又相互竞争，不同文化既相互借鉴又相互激荡，经济全球化的不断深入，既挑战着国家主权的内涵，又冲击着人们的国家观念、民族认同感。国家之间的竞争，既表现为经济、科技、军事等硬实力的竞争，又越来越反映在软实力之间的较量。在软实力中，最关键的就是核心价值体系，它直接反映着民族的凝聚力和国家的核心竞争力，"天下之至柔，驰骋天下之至坚。"在这种情况下，提出建设社会主义核心价值体系，有利于进一步凝聚民心、鼓舞斗志，提高经济全球化条件下的国家竞争力，在激烈的国际竞争中维护国家和民族的利益。

（三）建设社会主义核心价值体系是"价值理性"的回归与强化

1."价值理性"在中国现代化进程中的式微

中国社会的转型源自对现代化的追求。中国的现代化，是后发型、追赶型的现代化，在意识形态上和实践上既受到西方现代化理论的直接影响，也明显受到中国文化、民众心理和思维方式的影响。

一是现代化在某种意义上是对传统价值形态的消解。传统社会的价值观是比较稳定、单一的，较有信誉，并比较顺利地实现了代际传承。而现代社会很重要的一个特点是挑战、消解一元价值，主张价值多元化，同时，现代社会张扬工具理性，人们往往把知识作为工具，把竞争看作目的，速度、规模、效益等可量化、有外在显示度的事功遮蔽了内心感受上的平和与谦恭，妨碍了对事物本性与品质的执着探求。工具理性有其历史进步意义，但其弊端在于消解了价值理性。

二是现代化过程从某种意义上说是对传统文化扬弃、反省甚至抛弃的过程。人们在现存的生活方式中质疑传统的和革命的精神文化还有多大价值，20世纪90年代，随着市场经济的发展，精神性的东西越来越被物质性的东西消解，干部队伍中的一些腐败问题等，致使意识形态和政府执政的公信力降低，早先那些维系中国人社会性存在的环境条件发生了很大变化，故而使现代化的过程成为对传统意识形态改写的过程。

三是信息化时代使得所有人，特别是年轻一代的生活方式有了很大改变。过去，中国人以固定的社会组织结构形式维系人际联系，现在，依从规范、信守承诺、受道德风尚监督的传统道德关系大为松动，人们获取信息的渠道越来越多，信息量也越来越大，但信息的不确定性增加了，这使得人们的生活方式、思维方式发生较大改变，固定的社会组织结构形式变得松散。

以上种种原因，致使人们失却了对较恒定、长远的精神价值的坚守，易导致信仰危机。如果我们要真正实现兴国安邦，实现民族的伟大复兴，实现中国梦，就要使全社会达成一定共识，凝心聚力搞建设，如果缺少价值共识和精神力量，社会难以和谐，我们的理想和目标也难以实现。

2. 推进社会主义核心价值体系，高扬"价值理性"

由是观之，人类迈入 21 世纪，世界迎来了大发展大变革大调整的历史时期，世界多极化、经济全球化深入发展，各种思想文化交流交融交锋日趋频繁。我国也进入了经济体制深刻变革、社会结构深刻变动、利益格局深刻调整、思想观念深刻变化的新阶段，人们思想活动的独立性、选择性、多样性和差异性明显增强，这些都对我国的思想文化建设和意识形态工作提出了新的要求。

进行社会主义核心价值体系建设，是现实生活的催生，是中国共产党重要的理性选择。2001 年，中共中央印发《公民道德建设纲要》，对公民道德价值观提出具体要求：党的十六大提出"以人为本"，重新开启了价值观建构之门，为价值观教育提供了有利契机；党的十六届六中全会明确提出"建设社会主义核心价值体系"的任务，党的十七大把"建设社会主义核心价值体系"写入报告。

在此基础上，党的十八大报告指出，"社会主义核心价值体系是兴国之魂""用社会主义核心价值体系引领社会思潮、凝聚社会共识"，意味着社会主义核心价值体系是灵魂，起统摄作用，解决了如何处理一元价值和多元价值之间关系的问题。报告再一次重申，"丰富人民精神世界，增强人民精神力量"这两句话对正处于现代化进程中的中国来说特别重要——对于一个在经济建设方面取得巨大成就的国家，人们精神世界随之丰富、精神力量随之增强，尤其重要且刻不容缓。

社会主义核心价值体系是提高我国人民精神文化水平和境界的重要导引，是全面建成小康社会在精神文化层面的重要保障，更是对中华传统文明和当代道德实践的提炼和对人类共同追求的理想价值的认同，党的十八大再次对建设社会主义核心价值体系的强调，让我们重新正视"价值理性"的重要性，把一段时期以来被遮蔽的"价值理性"重新高扬起来。

三、社会主义核心价值观是对"价值目标"的追求

（一）社会主义核心价值观的科学内涵

1. 社会主义核心价值观是社会主义发展理论的深刻体现

理解什么是社会主义，是解读社会主义核心价值观的关键所在。社会主义一词有多方面的含义，比如是一种思想体系、一种实践运动、一种社会制度等，通常我们的理解一是指学说或者说思想，即社会主义思想体系，如空想社会主义与科学社会主义等，是人们梦寐以求的理想社会。二是指运动，即为实现社会主义制度而进行的实践活动。三是指制度，即随着社会主义运动的胜利，社会主义作为一种新型的社会制度和资本主义制度相互对立，是人类社会发展的一个新阶段。

马克思、恩格斯认为，"共产主义对我们来说不是应当确立的状况，不是现实应当与

之相适应的理想。我们所称为共产主义的是那种消灭现存状况的现实的运动，这个运动的条件是由现有的前提产生的"①。19世纪30年代，"社会主义"作为与"资本主义"相对立的一种思想体系、社会运动和社会制度在欧洲使用，社会主义是指用社会化的方式来解决资本主义所造成的一系列严重问题，首先从这一意义上来理解"社会主义"的是空想社会主义，社会主义是一种能够解决资本主义因为发展所带来的一系列社会问题的新的思潮、新的运动、新的制度。19世纪40年代，马克思、恩格斯在投身工人运动和科学研究的基础上，提出了唯物史观和剩余价值理论，从而把社会主义由空想变成了现实。科学社会主义诞生之后，就在欧洲开始广泛传播，并且在结合工人运动的基础上，逐渐发展成为一种社会主义运动，形成了现实的社会主义制度。社会主义代表着一种关于未来社会的理想价值，只有从科学和价值、结构和功能统一的角度，才能理解完整意义上的社会主义。自19世纪40年代以来，社会主义由一种思想体系不断发展为实践运动和社会制度，社会主义为越来越多的人所接受，其原因是社会主义与人类之间有一种基本的价值关系，人类之所以需要社会主义，是因为它对于我们有可以利用的价值，能够满足我们某些最重要的价值需求。"判断某种社会主义形式适用与否、优劣如何，主要不是看它的形式，而是看它所包含的或能够实现的核心价值。社会主义既然称之为社会主义，就必然有它内含的核心价值。"②

社会主义所具有的某些价值，如平等、正义、和谐，正是人类最渴望、最重要的价值需求，这样，社会主义与人类之间就建立了一种被需求与需求的价值关系。"社会主义作为一种对某种社会系统进行描述的意识形态概念，它本身也具有结构与功能两个方面的特征。社会主义的结构是由经济、政治、文化等各组成要素之间的相互联系和相互作用构建起来的，但这些结构还必须服从功能主义的考虑。马克思的'真实共同体'是实现人全面自由发展的重要载体，是社会主义的功能性指向。确立这一功能性指向就找到了各种社会主义本质特征的'元概念'和内在一致性。"③"真正的马克思主义的社会主义本来就是功能主义的社会主义，只有功能主义的社会主义才是真正的科学社会主义。"④

社会主义作为一种新的社会制度，符合人类社会发展的方向，体现着人类社会一切进步的价值观念。社会主义价值分为社会主义基本价值和社会主义核心价值两个层次，前者包含了人类所有进步的伦理价值，但这种价值观念不足以说明和反映社会主义的核心价值。"社会主义作为现实社会形态首先是一个价值范畴。每一个现实社会形态都有其赖以支撑和追求的核心价值和基本价值。"一般来说，核心价值理念，就是体现特定社会的根本价值规定和价值追求并因此具有"本原"和"终极"意义的价值观念。社会主义核心价值是

① 《马克思恩格斯选集》（第1卷），人民出版社1995年版，第87页。

② 《构建中国特色社会主义核心价值观——访李忠杰教授》，《科学社会主义》2005年第2期。

③ 谢忠文、李倩：《从结构性社会主义到功能性社会主义——一种解释框架的变革》，《当代世界与社会主义》2009年第6期。

④ 王占阳：《新民主主义与新社会主义——一种新社会主义的理论研究和历史研究（修订版）》，中国社会科学出版社2006年版。

指在社会主义价值体系中起决定作用，最能体现社会主义本质、决定社会主义性质、彰显社会主义目的的价值，是指那些能从最深层次科学回答"什么是社会主义"或社会主义本质属性这类根本问题的、在马克思主义理论体系中占据核心地位的价值理念。

2. 社会主义核心价值观是中国特色社会主义实践的价值凝练

社会主义价值观是指生活在社会主义社会中的主体对社会主义的性质、特征、目标等，以及在此基础上对行为和事物的是非善恶荣辱的判断，对事业和目标的认同以及对精神目标追求等一系列的判断和评价标准体系。在社会主义价值观体系中，各种价值观的地位并不相同，有些价值观处于主导地位，代表着价值体系的基本特征和基本价值倾向，对其他价值观起着主导和决定作用，是社会主义区别其他社会的基本价值观念，这种价值观就是核心价值观。

社会主义核心价值观是社会主义制度的内在精神的根本体现，是社会主义基本的、长期稳定的社会关系及价值追求的集中反映，是社会主义意识形态的本质体现。它是指人们对社会主义的最根本、最核心的观点和看法，贯穿于社会主义的学说、运动、制度和形态之中，是人类社会发展的最终价值驱使和内在要求，是一个相对稳定的概念。"马克思主义是价值论和知识论这两个维度的统一。马克思主义首先是哲学，是人之为人的价值理念的提出和论证。以此价值理念为尺度，方才有对资本主义的批判：以此价值理念为目标，方才有共产主义理想的提出。"[①]马克思主义的核心是关于人的发展和解放的学说，马克思、恩格斯提出了建立一个以每个人的全面而自由的发展为基本原则的新社会。马克思科学社会主义理论的核心价值观是在自由人的联合体中实现人的自由全面发展，它第一次公开以占人口大多数的人民群众的根本利益作为自己的标准。

中国共产党作为马克思主义政党，坚持以人民利益为价值标准，以实现人的"自由而全面的发展"为终极价值目标，探索构建特色鲜明、层次鲜明的中国特色社会主义核心价值观。中国特色社会主义核心价值观是立足于现实社会主义经济基础之上的价值认同系统，它涉及经济、政治、文化、思想等社会生活的方方面面，集中体现了社会主义意识形态的本质属性，是中国特色社会主义制度的精神内核。它应是在我国长期社会主义革命和建设条件下，人民群众在生活实践中所形成的主导价值观，在社会生活中处于主导、统摄或支配地位，是为广大人民群众所普遍接受、认同的价值观。它是"人们在社会生产活动过程中形成的对该社会近期奋斗目标的共识，必须以社会主义为根本方向，以特定的社会主义社会发展阶段为依托，集中体现在该社会制度和具体生产方式上"[②]，是经过吸收我国民族传统文化、借鉴其他国家和民族的文化，并且根据现时代我国的基本国情形成的，是指导我们建设中国特色社会主义所遵循的核心价值观念。

从与社会主义核心价值观的关系来看，中国特色社会主义核心价值观是社会主义核心

---

①　李景源：《马克思主义："硬核"及其剥取》序言，人民出版社 2006 年版，第 2 页。

②　徐国民：《社会主义核心价值观与社会主义社会核心价值观辨微》，《兰州学刊》2008 年第 1 期。

价值观的近期目标,社会主义核心价值观是中国特色社会主义核心价值观的最终价值驱使,对具体实践而言,中国特色社会主义核心价值观应当是共产主义价值目标的初级表现。[①] 当前关于社会主义核心价值观与中国特色社会主义核心价值观两种提法的区别在于:立足于现实还是未来,注重价值观内涵本身的特殊性特征还是一般性特征。中国特色社会主义核心价值观,突出强调的是在马克思主义指导下,立足于中国国情,基于中国特定阶段的政治、经济、文化基础上,根据社会主义社会的本质和发展趋势,来建立符合中国社会现代需要的社会主义核心价值观。而社会主义核心价值观,是立足于未来,从内涵上主要体现了社会主义制度共有的一般价值观,体现了社会主义先进性的发展趋势、理想导向以及价值追求、价值目标。

(二)社会主义核心价值观的价值追求

1. 核心价值观的价值追求

在一个社会的价值观体系中,各种价值观的地位并不相同,核心价值观是一个社会普遍遵循的基本原则,是起主导和支配作用的价值观。一般价值观是从属于核心价值观并受核心价值观决定和支配的价值观。"所谓核心价值观,就是一个社会占统治地位的核心理念,就是一种社会制度普遍遵循的基本原则,或者说一种文化区别于另一种文化的基本价值观念。"[②]

核心价值观是以什么来凸显其核心地位的呢?

第一,核心价值观体现"价值目标"的人文精神。恩格斯在《家庭、私有制和国家的起源》中,在论述从猿转变到人的过程时指出:"劳动创造了人本身。"[③] 人和动物的根本区别在于劳动,劳动是人类的本质,马克思在《1844年经济学哲学手稿》中指出:"人类的特征恰恰就是自由的自觉的活动"[④],可以说,对自由的自觉的活动的追求是人的本质特征、人的核心价值,也是人文精神的内在体现。核心价值要占据核心地位,就必须把人文精神作为时代特征,把一定时代特定的需求作为时代的目标:如果核心价值观不能体现人文精神的时代特征,也就不能成为核心价值,也就不具有对多元社会价值观念的引导作用,也就无法凸显核心价值观的核心地位。

第二,核心价值观是社会中大多数人"价值目标"的根本体现。核心价值观得到大多人的认同并代表大多数人的利益,这种大多数人的利益的需求就会形成一种重大的社会意识。核心价值观是社会意识的一个重要组成部分,"批判的武器当然不能代替武器的批判,物质力量只能用物质力量来摧毁:但是理论一经掌握群众,也会变成物质力量。理论只要

① 张丽娜:《论社会主义核心价值的多维思考》,《南京政治学院学报》2007年第4期。
② 王怀超:《社会主义、科学社会主义与中国特色社会主义》,《科学社会主义》2005年第2期。
③ 《马克思恩格斯选集》(第3卷),人民出版社1972年版,第508页。
④ 《马克思恩格斯全集》(第42卷),人民出版社1972年版,第96页。

说服人，就能掌握群众；而理论只要彻底，就能说服人"①。核心价值观要得到大多数人的认同，就需要这种核心价值观具有一定的理论说服力，同时核心价值观也必须是被大多数人所认可的。

第三，核心价值观从政治力量的"价值目标"中汲取动力。马克思说："统治阶级的思想在每一时代都是占统治地位的思想。这就是说，一个阶级是社会上占统治地位的物质力量，同时也是社会上占统治地位的精神力量。支配着物质生产资料的阶级，同时也支配着精神生产的资料。因此那些没有精神生产资料的人的思想，一般的是受统治阶级支配的。"②核心价值观是统治阶级的意识形态，代表统治阶级的利益，为统治阶级服务。核心价值观的形成，有利于统治阶级对政权的稳定。统治阶级对于核心价值观的构建也是以一定政治目标作为根本动力的。

2. 社会主义核心价值观的价值追求

如前所述，核心价值观是一定社会形态价值追求的集中体现，在社会思想观念体系中处于主导地位，决定着社会制度、社会运行的基本原则，制约着社会发展的基本方向。2006 年召开的党的十六届六中全会第一次提出建设社会主义核心价值体系的战略任务，2012 年召开的十八大第一次明确倡导了 24 字的社会主义核心价值观，在全社会树立起了团结奋进的精神旗帜，有力地统一了全党思想、凝聚了社会共识。伴随形势的不断变化、实践的不断深入、理论的不断创新，社会主义核心价值观所标示的价值追求的重大理论和现实意义也日益凸显。

社会主义核心价值观体现了坚持和发展中国特色社会主义的价值追求。中国特色社会主义是全面发展、全面进步的社会主义，它既需要不断完善经济、政治、文化、社会和生态文明等各方面制度，也需要不断探索社会主义在精神和价值层面的本质规定性；既需要为人们描绘未来社会物质生活方面的目标，也需要为人们指出未来社会精神价值的归宿。培育和践行社会主义核心价值观，是中国特色社会主义的"铸魂工程"，可以从价值层面为深入回答社会主义的本质特征，为社会长远、稳定发展提供根本价值遵循；为制度设计、决策部署、法律制定提供最终价值依托，使中国特色社会主义始终沿着正确方向全面健康发展。长期以来，我们党围绕建设社会主义进行了艰苦曲折的探索，也不断深化着对社会主义意识形态和价值取向的认识。在当前国际形势风云变幻、世界社会主义仍然处于低潮的情况下，鲜明提出培育和践行社会主义核心价值观，有利于更好地回应人们的思想疑虑和困惑，进一步坚定人们跟党走、建设中国特色社会主义的信心和信念。

社会主义核心价值观体现了凝聚社会共识、实现团结和谐的价值追求。核心价值观蕴含着人们对世界、人生、社会等一系列重大问题的价值共识，深刻影响着每个社会成员的思想观念、思维方式、行为规范，是人们思想上精神上的灵魂旗帜。历史和现实一再表明，

---

① 《马克思恩格斯全集》（第 1 卷），人民出版社 1956 年版，第 460 页。

② 《马克思恩格斯全集》（第 3 卷），人民出版社 1960 年版，第 52 页。

只有建立共同的价值目标，一个国家和民族才会有赖以维系的精神纽带，才会有统一的意志和行动，甚至越是在危机困难的时候，越能产生强大的凝聚力、向心力。我国有56个民族、13亿多人口，要把人们的思想意志凝聚起来，没有一个有效发挥统摄作用的核心价值观，是不可想象的。现在，我国正处在经济转轨和社会转型的加速期，思想领域日趋多元、多样、多变，各种思潮此起彼伏，各种观念交相杂陈，不同价值取向同时并存，所有这些表现出来的是具体利益、观念观点之争，但折射出来的是价值观的分歧。培育和践行社会主义核心价值观，能够找到全体社会成员在价值认同上的最大公约数，在具体利益矛盾、各种思想差异之上最广泛地形成价值共识，有效引领、整合纷繁复杂的社会思想意识，有效避免利益格局调整可能带来的思想对立和混乱，形成团结奋斗的强大精神力量。

社会主义核心价值观体现了树立国家良好形象、提升国家文化软实力的价值追求。当今世界，文化越来越成为综合国力竞争的重要因素、成为经济社会发展的重要支撑，文化软实力越来越成为争夺发展制高点、道义制高点的关键所在。而文化的力量，归根到底来自于凝结其中的核心价值观的影响力和感召力，文化软实力的竞争，本质上是不同文化所代表的核心价值观的竞争。现在，越来越多的国家把提升文化软实力确立为国家战略，核心价值观之争日趋激烈，培育和践行社会主义核心价值观，用最简洁的语言介绍和描述中国，有利于增进国际社会对中国的理解，扩大中华文化影响力，展示社会主义中国的良好形象；有利于增强社会主义意识形态的竞争力，掌握话语权，赢得主动权，逐步打破西方的话语垄断、舆论垄断，维护国家文化利益和意识形态安全。

（三）社会主义核心价值观与核心价值体系的关系

1. 两者的内在联系和彼此区别

社会的核心价值体系是确保该社会系统得以运转、社会秩序得以维持的基本精神依托。价值作为一个关系范畴，是指人们在认识和改造世界的过程中形成的一种满足与被满足的关系。人们在创造和实现价值的过程中，必然要形成一定的价值观，价值观就是主体以自身的需要为尺度，对外在于自身的事物或现象所蕴含意义的认识和评价，它往往表现为信念、信仰、理想、追求等形态。一定的价值观是处于一定经济和社会关系之中的人们的利益需要的反映，它决定着人们的思想取向和行为选择。不同的主体有不同的利益需求，因此必然会产生不同的价值观。

因此，社会主义核心价值观与社会主义核心价值体系是两个既有内在联系，又彼此区别的命题。从根本上来说，社会主义核心价值观与社会主义核心价值体系在本质上是一致的、统一的，它们都体现了社会主义的核心价值追求，是建设中国特色社会主义不可或缺的重要组成部分。但从严格的意义上来说，它们又是相互区别的，社会主义核心价值体系指的是社会主义意识形态中那些反映社会主义经济、政治和文化制度要求，体现社会主义发展趋势的核心思想意识、价值观念的总和，而社会主义核心价值观则是对社会主义核心价值体系核心内容和精神实质的高度凝练及抽象概括。从具体内容来看，社会主义核心价值体系是一个由马克思主义指导思想、中国特色社会主义共同理想、以爱国主义为核心的民族精神和以改革创新为核心的时代精神、社会主义荣辱观等多方面内容所构成的科学价值体系，而社会主义核心价值观则是集中体现这种核心价值体系的根本目标和要求，即"富强、民主、文明、和谐、自由、平等、公正、法治、爱国、敬业、诚信、友善"等社会最高价值追求。社会主义核心价值体系的内容比较具体全面，而社会主义核心价值观的内容则比较抽象概括。

总之，确立社会主义核心价值观与构建社会主义核心价值体系，是相辅相成的，是有机统一的。只有将确立社会主义核心价值观与构建社会主义核心价值体系有机统一起来，才能为科学社会主义的理论与实践提供价值合理性依据，指导社会主义价值观的科学建构。

2. 两者在中国特色社会主义理论中的融合与统一

社会主义核心价值体系与社会主义核心价值观，既有内在联系，又各有侧重，相互区别。社会主义核心价值观是社会主义核心价值体系的内核和最高抽象，体现社会主义的价值本质，决定社会主义核心价值体系的基本特征和基本方向，引领社会主义核心价值体系的建构。社会主义核心价值观渗透于社会主义核心价值体系之中，通过社会主义核心价值体系表现出来。具体体现在：

第一，社会主义核心价值观，是科学社会主义的价值旨归和价值指向。工人阶级和所有劳动者通过自觉的奋斗，在消灭阶级、消灭剥削的过程中实现共同富裕、平等民主、文明先进、人与自然和谐相处，构筑全面发展的自由人的联合体，是社会主义高级阶段价值观的基本内容。这一最高价值观本身就内蕴着富强、民主、文明、和谐、人的自由全面发展的核心价值理念，可以说，对经济富强、政治民主、文明先进、社会与生态和谐、人的自由全面发展的追求，正是马克思主义指导思想的根本价值立场和价值选择。

第二，社会主义核心价值观，是中国特色社会主义共同理想的价值内核。在中国共产党领导下，走中国特色社会主义道路，实现中华民族的伟大复兴，是现阶段我国各族人民的共同理想。我们要建设的社会主义，是中国特色社会主义；是解放生产力、发展生产力、消灭剥削、消除两极分化、最终达到共同富裕的社会主义；是民主法治、公平正义、诚信友爱、充满活力、安定有序、人与自然和谐相处的社会主义；是社会主义物质文明、政治文明、精神文明、社会文明与生态文明高度统一的社会主义。我们为社会主义奋斗，"不但是因为社会主义有条件比资本主义更快地发展生产力，而且因为只有社会主义才能消除资本主义和其他剥削制度所必然产生的种种贪婪、腐败和不公正现象"①。经济富强、政治民主、文化先进、社会和谐、人的自由全面发展，构成了中国特色社会主义共同理想的价值内核，规定了中国特色社会主义的价值本质和奋斗目标，引领着中国特色社会主义的伟大实践。

第三，社会主义核心价值观，是对以爱国主义为核心的民族精神、以改革创新为核心

① 《邓小平文选》（第3卷），人民出版社1993年版，第143页。

的时代精神和社会主义荣辱观的价值升华和高度概括。一方面，弘扬以爱国主义为核心的民族精神和以改革创新为核心的时代精神，是建设"富强民主文明和谐"与"人的自由全面发展"的社会主义的内在需要和必然要求。在当代中国，爱国主义同社会主义、集体主义是紧密结合、有机统一的，爱国主义本质上属于集体主义，是一种特殊的或者说是最高形式的集体主义。高扬爱国主义旗帜，就是高扬社会主义和集体主义旗帜，与时俱进的改革和创新，是民族进步的灵魂，是国家兴旺发达的不竭动力。以爱国主义为核心的民族精神和以改革创新为核心的时代精神，构成中国特色社会主义最重要的精神品质，是凝聚和动员全民族力量、推动社会进步、振兴中华的重要保证，是以"富强民主文明和谐"与"人的自由全面发展"为主要内容的社会主义核心价值观的重要表征。另一方面，践行社会主义荣辱观，也是建设"富强民主文明和谐"与"人的自由全面发展"的社会主义的内在需要和必然要求。倡导爱国、敬业、诚信、友善等道德规范，培育社会公德、职业道德、家庭美德，树立知荣辱、讲正气、促和谐的社会风尚，形成男女平等、尊老爱幼、扶贫济困、礼让宽容的人际关系，塑造自尊自信、理性平和、积极向上的社会心态，是构建以"富强民主文明和谐"与"人的自由全面发展"为主要内容的社会主义核心价值观的基本内容。

总之，社会主义核心价值观与社会主义核心价值体系，在本质上是一致的，统一的，都是建设中国特色社会主义不可或缺的组成部分。目前，对社会主义核心价值体系、社会主义核心价值观的研究才刚刚起步，在一些最基本的理论问题上，如它们究竟包含哪些基本内容，有哪些基本特征，在哪些方面有别于并优越于资本主义，二者之间的关系到底怎样，人们还没有达成普遍共识。同时，社会主义核心价值观与社会主义核心价值体系，都是一个历史的、具体的范畴，是一个不断生成的概念，还有待社会主义实践的发展进一步加以提炼。

第二节 社会主义核心价值观形成的理论基础

一、马克思主义经典作家的社会主义价值理论

（一）马克思、恩格斯的社会主义核心价值理论

马克思主义是真理与价值的统一。马克思、恩格斯创立的科学理论体系中贯注了价值理性的精神，始终把人的自由全面发展和共同解放作为最高价值理想。马克思、恩格斯的社会主义核心价值观是在科学理论基础上提炼和升华的理性信仰，为人类社会发展提供了终极价值追求，成为中国特色社会主义核心价值观的最直接理论来源。

1. 马克思、恩格斯对资本主义价值观的辩证分析

马克思、恩格斯所有的理论研究，都致力于为无产阶级的解放和全人类的发展找到一条现实可行的道路。马克思、恩格斯所处的时代正是资本主义生产关系在欧美主要国家基本确立，并在全世界得到广泛发展的时期，资本主义生产关系的确立带来了无法忽视的血淋淋的社会问题，发展和进步并没能改善人们的生活，统治阶级对人民大众的压迫和剥削并没有改变，只不过是"用公开的、无耻的、直接的、露骨的剥削代替了由宗教幻想和政治幻想掩盖着的剥削"①。他们所处的历史环境，决定了他们的一切工作都要以研究和批判资本主义制度为中心。然而，马克思、恩格斯虽然对于资本主义社会的剥削和压迫深恶痛绝，但他们从客观的角度出发，针对资本主义所开展的"批判"，并非单纯的否定和简单的批驳，而是一种理性的分析和辩证的评价，尤其是对资本主义社会所开创的人类发展的新局面，对资本主义生产关系的历史推动作用，给予了积极的肯定。马克思、恩格斯从社会发展的角度指出，资本主义的生产关系是对旧有的封建社会的生产关系的超越，它的出现顺应了历史的发展规律，必然对社会发展产生一定的推动作用，资本主义制度和生产关系的确立是人类历史的巨大进步，对社会发展和人类的进步产生了巨大的积极作用。他们认为，资本主义所带来的工业革命、产业革命，打破了一切旧制度的束缚和旧有的生产格局，它将生产社会化，使生产的规模空前扩大，它甚至将触角伸向世界的各个角落，使其他地区、其他国家的生产实践紧密结合。社会化的大生产，加强了地区与地区之间的合作，极大地提高了生产效率，积累了社会财富，推动了生产力的发展。总之，多种因素的共同作用之下，资本主义时期的生产力得到了前所未有的大发展，"资产阶级在它的不到一百年的阶级统治中所创造的生产力，比过去一切世代创造的全部生产力还要多，还要大"②。

但是，资本主义社会也是继封建主义社会之后，私人资本占统治地位的最后一个人剥削人的社会形态，是以私人资本为基础、由资本家阶级进行统治的社会形态。其基本特征是：经济上，生产资料的私有制和剥削工人的雇佣劳动制；政治上，资产阶级掌握国家政权统治人民③，资本主义社会的核心价值观是带有阶级性的价值观。马克思、恩格斯指出，在阶级社会里，"统治阶级的思想在每一时代都是占统治地位的思想。这就是说，一个阶级是社会上占统治地位的物质力量，同时也是社会上占统治地位的精神力量。支配着物质生产资料的阶级，同时也支配着精神生产资料。因此，那些没有精神生产资料的人的思想，一般受统治阶级支配，占统治地位的思想不过是占统治地位的物质关系在观念上的表现，不过是表现为思想的占统治地位的物质关系"④。由此可知，资本主义社会的核心价值观，其实就是资产阶级物质关系在意识形态中的表现，它反映了资产阶级的利益需求，带有很大的阶级性。资本主义社会的核心价值观并不是服务于所有社会成员的，它不过是资产阶

---

① 《马克思恩格斯选集》（第1卷），人民出版社1995年版，第275页。
② 《马克思恩格斯选集》（第1卷），人民出版社1995年版，第277页。
③ 《马克思恩格斯选集》（第1卷），人民出版社1995年版，第277页。
④ 《马克思恩格斯选集》（第1卷），人民出版社1995年版，第98页。

级用来实现自身利益，维护本阶级统治，对被统治阶级实行思想统治的工具，是为资产阶级服务的。然而资产阶级总是否认这种阶级性，力图掩饰自己同核心价值观之间的关系，把自己的权利和要求说成是所有人的权利和要求。这就使得资本主义社会的核心价值观存在很大的虚假性。其次，资本主义社会的核心价值观是带有虚假性的价值观。由于资本主义社会的平等、自由、民主是建立在资本主义私有制基础之上的，带有资产阶级性质的自由、平等、民主，是为资产阶级的利益服务的思想理念，因此，资本主义社会的自由、平等、民主不是属于广大人民群众的，而仅仅是属于一小部分掌握统治权力的资本家的，它所实现的也仅仅是少数资本家的自由、平等、民主的权利。同时，在资本主义社会中，民主、自由、平等等口号已被深深地打上了利己、金钱、权力的烙印，在它的背后不过是赤裸裸的金钱关系，只不过是少数人压迫、剥削多数人的社会实质，只不过是金钱至上的价值理念，只不过是极端个人主义的宣泄。资本主义"使人和人之间除了赤裸裸的利害关系，除了冷酷无情的'现金交易'，就再也没有任何别的联系了。它把人的尊严变成了交换价值，用一个没有良心的贸易自由代替了无数特许的和自力争取的自由"①。事实上，在资本主义社会，"金钱确定人的价值：这个人值一万英镑，就是说，他拥有这样一笔钱。谁有钱，谁就'值得尊敬'，就属于'上等人'就'有势力'，而且在他那个圈子里在各方面都是领头的"②。由此可知，资本主义社会的主导价值观其实是没有意义的空话，是掩盖事实的假话，带有极大的虚假性，金钱至上、极端利己主义、极端个人主义才是它的实质。

2. 马克思、恩格斯对社会价值形态的论述

马克思、恩格斯根据社会发展的客观规律，从人类社会发展的角度出发，以资本主义社会为立足点，对资本主义社会以前的社会进行了追溯，对资本主义社会以后的社会进行了展望，以人的发展状况为标志，提出了三种社会价值形态："人的依赖关系（起初完全是自然发生的），是最初的社会形态，在这种状态下，人的生产能力只是在狭窄的范围内和孤立的地点上发展着。以物的依赖性为基础的人的独立性，是第二大形态，在这种形态下，才形成普遍的社会物质交换，全面的关系，多方面的需求以及全面的能力的体系。建立在个人全面发展和他们共同的社会生产能力成为他们的社会财富这一基础上的自由个性，是第三个阶段。第二个阶段为第三个阶段创造条件。"③ 为了达到第三种阶段，达到人类社会发展的理想境界，要经历一个迄今尚未结束的漫长历史过程，这个过程的每一个大的阶段都显示出人是如何一步步走向自由而全面发展的。

第一阶段，也可以被看作社会发展的前资本主义时期，马克思又将这一阶段划分为部落所有制阶段、古代公社所有制阶段和封建所有制阶段，人的依赖关系是这一阶段社会关系的本质特征。④ 在前资本主义阶段，生产力相对落后，人的实践活动受周围自然环境的

---

① 《马克思恩格斯选集》（第1卷），人民出版社1995年版，第275页。
② 《马克思恩格斯选集》（第1卷），人民出版社1995年版，第96页。
③ 《马克思恩格斯全集》（第46卷）（上册），人民出版社1979年版，第104页。
④ 侯衍社：《马克思的社会发展理论及其当代价值》，中国社会科学出版社2004年版，第82页。

限制，通过家庭的、部落的或者地区的联系而结合在一起，人的实践活动只能局限在狭窄的范围内，并处于被动状态，在自然因素对人的活动起绝对作用的条件下，必然造成个体依赖于整体人的关系。

第二阶段，是指建立在交换价值基础上的资本主义商品经济阶段，这种形态是以人对物的依赖关系为标志的人的独立性阶段。随着资本主义时代的到来，生产力得到空前发展，沉寂了几百年的社会生产实践取得了巨大的突破，人类发展史从此翻开了崭新的一页。资本主义时代的社会化大生产，推动了世界市场的建立、人员的流动和主体意识的增强，形成普遍的物质交换、普遍的交往、全面的关系、多方面的需求以及全面能力的提高。

第三阶段，是人类发展的高级阶段、理想阶段，其实也就是马克思、恩格斯所构想的共产主义社会，这一阶段以实现"人的全面而自由的发展"为标志。"只有在这个阶段上，自主活动才同物质生活一致起来，而这点又是同个人向完整的个人的发展以及一切自发性的消除相适应的。同样，劳动转化为自主活动，同过去的被迫交往转化为所有个人作为真正个人参加的交往，也是相互适应的。联合起来的个人对全部生产力总和的占有，消灭着私有制。"[①] 在这一阶段，生产力极大发展，社会财富极大丰富，在摆脱了对物的依赖之后，人不仅获得了充足的物质资料，同时获得了充足的时间可供自己自由调配，按照自己的意愿和兴趣从事实践活动，从而使人的能力得到全面而彻底的发展，这样的人才能作为完整的人，以一种全面的方式占有自己的全面的本质。"时间是人类发展空间"的命题在此得到了证明。

3. 马克思、恩格斯对未来理想社会的构想

马克思、恩格斯清楚地看到，资本主义社会并不是到达历史终点的社会，更不是人们所向往的理想社会，要想改变劳动人民悲惨的生活状况，实现全人类的解放，必须首先消灭不合理的资本主义制度。那么如何推翻资本主义制度，未来代替资本主义社会的社会形态又是一种什么样的理想社会呢？马克思、恩格斯一方面借助于前人的理论设想，主要是19世纪初期由法国的圣西门、傅立叶和英国的欧文等哲学家所开创的空想社会主义理论；一方面考察社会发展历程，揭示出人类社会发展背后的客观规律，从而找到推翻资本主义社会的方法，推导出代替资本主义社会的理想社会。

马克思、恩格斯预示了资本主义社会必将被新的社会形态所取代的发展趋势。在《共产党宣言》中，马克思、恩格斯这样描述这种理想社会，"代替那存在着阶级和阶级对立的资产阶级旧社会的，将是这样一个联合体，在那里，每个人的自由发展是一切人的自由发展的条件"[②]，这就是以生产资料的全社会共同所有为基础，彻底实现每个人的"全面而自由的发展"的共产主义社会，"在共产主义社会高级阶段，在迫使个人奴隶般地服从分工的情形已经消失，从而脑力劳动和体力劳动的对立也随之消失之后：在劳动已经不仅

---

① 《马克思恩格斯选集》（第3卷），人民出版社1995年版，第304页。
② 《马克思恩格斯选集》（第1卷），人民出版社1995年版，第294页。

仅是谋生的手段，而且本身成了生活的第一需要之后；在随着个人的全面发展，他们的生产力也增长起来，而集体财富的一切源泉都充分涌流之后，——只有在那个时候，才能完全超出资产阶级的狭隘眼界，社会才能在自己的旗帜上写上：各尽所能，按需分配！"[①]共产主义的低级阶段是社会主义，社会主义"是刚刚从资本主义社会中产生出来的，因此它在各方面，在经济、道德和精神方面都还带着它脱胎出来的那个旧社会的痕迹"[②]，因此，它无法达到共产主义社会那种"按需分配"的"自由人联合体"的阶段。但是，无论是共产主义社会，还是作为共产主义初级阶段的社会主义社会，都是比资本主义社会更先进、更科学的社会形态，这种先进性表现在：

一是生产力高度发展。在社会主义社会和共产主义社会，生产关系能够最大限度地解放和发展生产力，而资本主义的生产关系只能在一定限度内做到这一点。生产力的高度发展是体现一种社会形态超越于另一种社会形态的重要标志，即使社会主义只是共产主义的低级阶段，但它同样是建立在先进的生产关系基础之上的社会形态。社会主义推翻了资本主义私有制，消灭了阻碍生产力发展的束缚，必然会最大化地释放和发展生产力，从而为共产主义社会的到来做好充分的准备，为最终实现"人的全面而自由的发展"创造条件。

二是实现"人的全面而自由的发展"。社会主义社会和共产主义社会，是真正以实现人（所有人）的全面而自由的发展为最高价值和最终目标的社会，社会主义社会的制度也是能够促进并保障人的自由发展的制度。一方面，社会主义是建立在公有制基础之上的社会形态，一切生产资料、社会财富被所有社会成员共同享有，生产所得的产品不属于个人，而属于全体社会。社会主义社会的每一个社会成员都能够得到平等而充分的发展条件，这样就为个体的全面发展创造了条件。另一方面，社会主义将实现"人的全面而自由的发展"作为终极发展目标，社会主义社会发展中的一切成果，科学、技术、经济、文化等领域的进步都是在为人服务，为实现人的全面发展而服务。因此，社会主义是比资本主义更加完善、更加理想的社会形态，是替代资本主义社会从而实现"人的全面而自由的发展"的理想社会。

由此，我们可以看出，促进并实现"人的全面而自由的发展"是马克思主义关于建设超越于资本主义社会的理想社会的本质要求，马克思、恩格斯始终关注人的发展，将其看作是社会最高价值的。关于马克思、恩格斯对"人的全面而自由的发展"的论述及其价值实践的要素。

（二）列宁、斯大林对社会主义核心价值理论的丰富与发展

马克思所设想的社会主义是建立在发达资本主义基础之上的，而"历史走的是奇怪的道路：一个落后的国家竟有幸走在伟大的世界运动的前列"[③]。社会主义革命不是在西方

---

① 《马克思恩格斯选集》（第3卷），人民出版社1995年版，第305—306页。

② 《马克思恩格斯选集》（第3卷），人民出版社1995年版，第304页。

③ 《列宁全集》（第35卷），人民出版社1985年版，第345页。

发达国家而是在东方经济、文化比较落后的国家首先取得了胜利。这样，社会主义价值理想与它的实现基础之间的关系问题，也即科学与价值的关系问题，便成了每一位后继的马克思主义者无法回避和绕开的问题。面对军事共产主义在和平时期所暴露出来的与社会主义价值的严重冲突，列宁认识到"我们的文明程度也还够不上直接向社会主义过渡"①，他毫不犹豫地对原有的体制进行了修正，强调采取迂回的道路实现社会主义价值。从军事共产主义转向新经济政策，是列宁以及斯大林在经济、文化落后这一现实基础上追求实现社会主义价值的努力，他们从社会主义实践固有的规律性出发，对社会主义价值与其实现基础之间的关系问题做出了极富创造性的求解，大大充实、丰富、推进了马克思主义创始人的社会主义价值观。

1. 列宁对社会主义核心价值观的贡献

（1）建设物质基础，大力发展生产力的社会主义经济价值观

马克思主义创始人的社会主义价值理想，是基于西方发达工业社会而构建的，即使他们关于东方落后国家可以跳越资本主义"卡夫丁峡谷"的著名设想，也是以西欧国家无产阶级顺利完成社会主义革命并给落后国家的革命运动以支持、帮助为前提的。列宁在1915—1916年间提出"一国胜利论"时，也同样设想一国革命胜利会引发西欧各国的社会主义革命，但是，十月革命胜利后，西欧各国的无产阶级革命高潮迟迟没有出现，第二国际的理论家和孟什维克没有停止过对它的批评和攻击，考茨基曾把十月革命比作一个"早产儿"，普列汉诺夫也说十月革命的发生使他"痛心"，认为它会造成俄国历史上最大的"灾难"。对此，列宁认识到，"根据书本争论社会主义纲领的时代也已过去了，我们深信已经一去不复返了。今天只能根据经验来谈论社会主义。②"列宁把社会主义价值观与俄国的实际情况相结合，试图保持目的和手段、理想和现实、价值和制度之间的适度张力，提出了运用社会主义方式实现俄国现代化、建设物质基础的新思想。这些新思想包括如下内容：

第一，大力发展生产力，实现工业化和电气化。列宁认为，落后国家建设社会主义最重要的任务就是大力发展生产力。"无产阶级取得国家政权以后，它的最主要、最根本的需要就是增加产品数量，大大提高社会生产力。"③为了大力发展生产力，列宁提出了实现工业化和电气化的宏伟设想。他指出：建立社会主义社会的真正的、唯一的基础只有一个，这就是大工业。列宁把复兴和发展工业和电气化联系起来，提出了"共产主义就是苏维埃政权加全国电气化"的著名公式。

第二，进行农业合作化。列宁认为合作社这种组织是在农民个人利益服从国家利益的前提下，把个人利益和国家利益结合起来的最好形式，应通过合作社用社会主义原则改造农业，把农民引上社会主义道路的合作社。列宁说："在我国，既然国家政权操在工人阶

---

① 《列宁全集》（第43卷），人民出版社1985年版，第391页。
② 《列宁全集》（第34卷），人民出版社1985年版，第466页。
③ 《列宁全集》（第39卷），人民出版社1985年版，第29—30页。

级手里，既然全部生产资料又属于这个国家政权，我们要解决的任务的确就是剩下实现居民合作化了。"①

第三，允许多种经济成分存在，利用和发展商品交换。新经济政策实施之后，列宁改变了原定的消灭旧经济结构的计划，主张在很长的时期内"不摧毁旧的社会经济结构——商业、小经济、小企业、资本主义"，而是活跃它们，使它们受到国家的调节，然后，审慎地逐渐地把它们引导到新的经济运行机制中。随着实践的发展，他对商品经济的作用给予了越来越多的肯定，不仅明确指出小农离不开流转自由，国有经济必须实行"经济核算制""按商业化原则办事"，而且明确提出"商业就是千百万小农与大工业之间唯一可能的经济联系"，是居于领导地位的共产党"必须全力抓住的环节"。尽管列宁生前未对社会主义经济就是商品经济做出明确肯定的回答，但这一思想已内含在列宁的思想之中。

第四，利用资本主义建设社会主义。列宁认为，在经济文化落后的国家建设社会主义，必须充分利用资本主义为社会主义服务。利用资本主义包括几个不同层次的内容：一是利用资本主义，特别是国家资本主义。1922年3月，列宁在俄共（布）十一大的报告中对国家资本主义作了新的解释，明确指出俄国要大力发展的国家资本主义与资本主义制度下的国家资本主义的性质是完全不同的，他说："国家资本主义，就是我们能够加以限制、能够规定其范围的资本主义，这种国家资本主义是同国家联系着的，而国家就是工人，就是工人的先进部分，就是先锋队，就是我们。"二是借鉴和吸收资本主义的文明成果和一切有益的东西。经济文化落后的国家建设社会主义，必须大胆地吸收和借鉴资本主义所创造的一切优秀成果。列宁指出："社会主义能否实现，就取决于我们把苏维埃政权和苏维埃管理组织同资本主义最新的进步的东西结合的好坏。"②三是充分发挥资产阶级专家们的作用。列宁要求党和国家的各级领导干部，既要领导和指导专家们工作，又要爱护和尊重专家，虚心向他们学习③。他严厉地批评了那些只会在办公室里发号施令而不与专家合作共事的领导者为"共产党员自大狂"，他认为，那些出身于资产阶级的"科学和技术专家"要比妄自尊大的共产党员宝贵十倍。④

（2）建立新型的民主制度，由人民自己管理社会和国家事务的社会主义政治价值观

社会主义政治建设的目标是建立新型的民主制度，由人民自己管理社会和国家事务。苏维埃政权建立之后，俄国的落后性与新政权要实现的民主性之间的矛盾成为政治生活中的主要矛盾。新经济政策实施之前，解决这一矛盾的任务还未提到议事日程上，在当时特殊的环境下，苏维埃政权不仅沿袭了沙皇时期形成的高度集中的管理体制，而且还雇用了大量的旧政府官员。新经济政策实施之后，相对自由的经济与高度集中的管理体制的矛盾冲突越来越尖锐，经济的发展迫切要求改变旧的国家管理体制，根据本国国情逐步实现社

---

① 《列宁选集》（第4卷），人民出版社1995年版，第767页。

② 《列宁全集》（第34卷），人民出版社1985年版，第170页。

③ 《列宁选集》（第4卷），人民出版社1995年版，第442页。

④ 《列宁全集》（第40卷），人民出版社1986年版，第353页。

会主义民主。列宁认为，从实质上来说，无产阶级民主比资产阶级民主高出百万倍。"在资本主义社会里，在它最顺利的发展条件下，比较完全的民主制度就是民主共和制。但是这种民主制度始终受到资本主义剥削制度狭窄框子的限制，因此它实质上始终是少数人的即只是有产阶级的、只是富人的民主制度……大多数居民在通常的平静的局势下都被排斥在社会政治生活之外。"他多次强调："无产阶级专政，向共产主义过渡的时期，将第一次提供人民享受的、大多数人享受的民主，同时对少数人即剥削者实行必要的镇压。""苏维埃政权是新型的国家，没有官僚……以新的民主制代替了资产阶级民主制，这种新的民主制把劳动群众的先锋队推到了最重要的地位，使他们既是立法者，又是执行者和武装保卫者，并建立能够重新教育群众的机构——所有这些，在理论上是无可争辩的。"

列宁倡导改革国家机关，精简机构，反对官僚主义。列宁认为，官僚主义是苏维埃政权从旧俄继承下来的遗产之一，官僚主义，不仅苏维埃机关里有，党的机关里也有，甚至越往上越严重。如果说有什么能够把我们毁掉的，那就是官僚主义，改革国家机关，当时的焦点是改革工农检察院。列宁十分关心和重视执政党的建设，指出无产阶级执掌政权后，不加强执政党建设就会使党处在十分危险的境地。他说，对于一个人数不多的共产党来说，"最严重最可怕的危险之一，就是脱离群众"①。列宁还强调，执政党要重视党员质量，增强党的团结，尤其是党中央的团结，防止党内分裂。

（3）造就自由全面发展的共产主义新人的社会主义文化价值观

重视文化建设，提出在文化领域里实现一场革命，这是列宁建设社会主义一个很重要的特点。十月革命前的俄国，文化异常落后，城乡居民多数是文盲和半文盲，在少数民族中尤为严重，十月革命后的俄国无论是在经济建设上还是民主政治建设上，都遇到了由于文化落后而带来的一系列困难。列宁在其口授的《日记摘录》中尖锐地指出："我们直到今天还没有摆脱半亚洲式的不文明状态，如果我们不作重大的努力，是不能摆脱的。"所以，列宁对文化建设和文化革命给予了高度评价。他说："只要实现了这个文化革命，我们的国家就能成为完全社会主义的国家了。"②文化革命的内容很多，包括扫除文盲，提高全体人民的文化水平；培养和造就各方面的专门人才；进行共产主义的思想道德教育等。但是，在列宁那里，社会主义文化建设的目标是造就自由全面发展的一代共产主义新人。

在社会主义价值的理解上，列宁认同马克思的社会主义最高价值观——人的自由全面发展。在马克思、恩格斯那里，人的全面发展更多地表述为未来社会的理想状态，即"未来人应当怎样存在"，而列宁把这一价值追求转化为苏维埃俄国建设社会主义的历史任务，即"现实的人应当做什么"。列宁重视"培养共产主义社会的全面发展的成员"，他把全面发展的人看作是"会做一切工作的人"，强调要"消灭人与人之间的分工，教育、训练和培养出全面发展的和受到全面训练的人，即会做一切工作的人"③。列宁不仅把人的全

---

① 《列宁全集》（第4卷），人民出版社1985年版，第162页。
② 《列宁全集》（第43卷），人民出版社1985年版，第391、296、84、357页。
③ 《列宁全集》（第39卷），人民出版社1986年版，第29页。

面发展看作会做一切工作的能力，而且看作共产主义社会的努力目标，在俄共（布）第八次代表大会通过的纲领中，提出要"培养共产主义社会的全面发展的成员"①，并将之作为俄共（布）在国民教育方面的"最迫切的任务"之一。

人的全面发展是人类社会发展的终极价值目标。马克思、恩格斯奠定了人的全面发展理论的基础，但理论真正得到贯彻和实施是在社会主义制度确立之后。列宁在领导俄国社会主义革命和建设的实践中，把人的全面发展同俄国现实结合起来，按照全面发展的人的目标和方向，为塑造社会主义的一代新人进行了艰苦的探索和不懈的努力，这是列宁社会主义文化价值观中极具特色的方面。

2. 斯大林模式的社会主义价值观的基本特征和历史局限

（1）"斯大林模式"对列宁社会主义价值观的违拗

斯大林与列宁一样，两者都坚持社会主义价值理想，都肯定依靠苏联自身力量"建设社会主义的可能性"，但是，在怎样建设社会主义的问题上，两者之间存在着重大的差异。对待新经济政策，列宁认为实行新经济政策是"建设社会主义经济基础的真正途径和唯一道路"，然而，斯大林却认为："我们所以采取新经济政策，就是因为它为社会主义事业服务，当它不再为社会主义事业服务的时候，我们就把它抛开。列宁说过，新经济政策的施行是认真的而长期的，但他从来没有说过，新经济政策的施行是永久的。"②斯大林实际上不赞成将新经济政策作为建设社会主义的真正途径，所以，他成为布尔什维克党的最高领导人后，便改弦易辙，确立了与列宁截然不同的社会主义体制。

在对待小农经济问题上，列宁认为，"在生产力尚未达到社会化程度时，社会主义应允许小农经济的存在，只要国家加强监督和指导，小农经济可以为建设社会主义服务"③。而斯大林则一直认为，"小农在新经济政策条件下，经常地大批地产生着资本主义和资产阶级，使俄国具有恢复资本主义的可能条件"。因此，他提出了恰好与列宁迥然不同的观点："能不能在相当长的时期内把苏维埃政权和社会主义建设事业建立在两个不同的基础上，就是说，建立在最巨大统一的社会主义工业基础上和最分散最落后的农民小商品经济基础上呢？不，不能的"，"出路就在于使农业成为大农业，培植集体农庄和国营农场"④。

在如何看待非公有制经济成分和资本主义经济成分问题上，列宁认为，在俄国这样的经济文化较为落后的国家，社会主义还不能马上消灭非公有制的经济成分，还需要利用私人资本主义和国家资本主义来发展社会主义。而斯大林不主张社会主义允许非公有制经济成分和资本主义经济成分存在，不承认可以利用资本主义发展社会主义，他反复强调："我国工业化的特点在于它是社会主义工业化，是保证工业中的公营部分战胜私营部分、小商

---

① 《列宁全集》（第36卷），人民出版社1985年版，第412页。

② 《斯大林选集》（下卷），人民出版社1979年版，第232—233页。

③ 《列宁主义问题》，人民出版社1964年版，第326页。

④ 《斯大林选集》（下卷），人民出版社1979年版，第213—216页。

品经济部分和资本主义部分的工业化。"①

在如何看待生产资料公有制的实现形式问题上，列宁认为，公有制的实现形式可以有多种，农民可以实行统分结合的合作制形式：国有大企业可以实行独立经营、盈亏负责的形式。斯大林认为，农村中生产资料公有制的形式就是农业集体化，而这个"集体化"和列宁的"合作制"是有原则区别的。斯大林认为公有制最理想的形式就是国家所有制或国营形式，在如何看待计划经济问题上，列宁一直强调计划经济的实行要充分考虑市场条件、市场状况，要通过符合市场规律的经济措施来实施经济计划，而斯大林认为，计划经济主要是指令性的，它主要是靠行政命令和强制手段来实行，等等。

（2）"斯大林模式"的社会主义价值观的实践结果

斯大林模式与列宁构想之间的差异是由多方面的原因造成的，但是，重要的原因在于，斯大林未能像列宁那样认识到，落后国家建设社会主义应采取"迂回"的形式，应保持科学与价值、手段与目的之间适度的张力，打破这种张力势必造成两个严重的后果：

一是缺乏恰当手段的目的是难以实现的乌托邦，在实践中只能被降低标准。直至30年代初，斯大林还批判"贫穷社会主义"，认为社会主义不是要大家贫困，而是要消灭贫困，为社会全体成员建立富裕的和文明的生活。但是，当他在30年代中期宣布苏联建成社会主义时，所依据的生产力标准只是苏联已从农业国变成工业国，以及建成了一批具有当时先进水平的重工业企业。30年代末，斯大林和联共（布）宣布苏联进入了向共产主义过渡的阶段，而这时苏联的社会劳动生产率仅相当于美国的40%，这样低的生产力水平无疑是降低了标准的。②

二是手段失去价值导引，最终无法关注目的与精神。斯大林将社会主义实证化、制度化，把苏联高度集中的体制模式看作是社会主义的本义和社会主义的标准。他试图把马克思、恩格斯关于未来社会的设想现实化，但是忘记了最重要的一点——马克思、恩格斯关于未来社会价值目标的设定。也正因为没有将社会主义最根本的价值目标与苏联的现实基础相联系，斯大林对马克思、恩格斯关于社会主义制度设想做了非历史的理解，看不到苏联的真实背景与马克思当年设想的背景有多么大的差异，从而忽略了恩格斯基于目的对手段所提出的至关重要的告诫："我们未来非社会主义社会区别于现代社会的特征的看法，是从历史事实和发展过程得出的确切结论：不结合这些事实和过程去加以阐明，就没有任何理论价值和实践价值。"③其导致的结果是，工业化、农业集体化取得积极成果的同时，也使农民利益受到极大损害，人民群众的物质文化生活水平长期得不到应有的提高，直接影响社会主义在人们心目中的形象和地位，直接影响社会主义的兴衰存亡。

斯大林打破、取消了社会主义建设过程中科学与价值、手段与目的之间的适度张力，在他那里，科学原则与价值原则虽然都得到了强调，但是这双重原则之间不是统一的，而

① 《斯大林全集》（第12卷），人民出版社1955年版，第234页。

② 郁建兴、朱旭红：《社会主义价值学导论》，浙江人民出版社1997年版，第199页。

③ 《马克思恩格斯选集》（第4卷），人民出版社1995年版，第676页。

是互相分离的。由此发端，社会主义建设的历史进程中出现了生产的停滞和价值的失落并存的现象，给后世的社会主义运动产生了深远的影响。

二、中国优秀传统文化蕴含的价值思想

（一）中国优秀传统文化与社会主义核心价值观

社会主义核心价值观有其固有的根本，这就是中华民族优秀传统文化。优秀传统文化是我国实现文化振兴、提高民族文化软实力的重要根基。离开优秀传统文化，社会主义核心价值观的培育就会陷入无根之木的尴尬境地。社会主义核心价值观实现了国家、社会与公民三者的有机融合，建构成一个有机体，而这恰恰是汲取传统文化的要义。

1. 中国传统文化的精髓在于中国传统的伦理道德

每一种文化自有其特质，西方文化数千年来是思维理性催生了科技理性，进而催生了现代科技，而中国传统文化数千年来是专注于伦理道德，培育了"修身、齐家、治国、平天下"的儒家文明，这是两种文化的不同魅力所在。当今世界，我们所面临的问题有：技术的发展使环境日益恶化，自然开始疯狂的报复人类；资本的追逐让人唯利是图，人们精神空虚、道德败坏。这些问题充分说明，当今世界不仅仅需要科学技术，还需要伦理道德。由此，我们不能以一种文化的特质去否定另一种文化的特质，尤其不能以文化特质的不同去判别文化水平的高低。而中国传统文化是以孔子为代表的儒家文化、以老子为代表的道家文化和来自印度的佛教文化相结合的产物，俗称"三教合流"，这样一种文化形态，历史源远流长、内容博大精深，是中华民族历经沧桑积淀传承下来的精华，是中国五千年文明与智慧的基本元素和珍贵结晶，其基本特质在于：注重整体利益、国家利益和民族利益，强调对社会、民族、国家的责任意识和奉献精神；推崇"仁爱"原则，追求人际和谐，尊重人的尊严和价值；主张"仁者爱人"，强调"推己及人"和关心他人；讲求和睦相处，倡导团结互助，以天人和谐、人际和谐、身心和谐为目标；讲求谦敬礼让，强调克骄防矜；倡导言行一致，强调恪守诚信；追求精神境界，把道德理想的实现看作是一种高层次的需要；重视道德践履，强调修身齐家，倡导道德主体要在完善自身中发挥自己的能动作用。此外，中国传统文化的重要内容还有廉洁自律、宽厚待人、艰苦朴素、勤劳节俭、孝敬父母、尊老爱幼、尊师敬业、自强不息、舍生取义、见义勇为、奋发图强，等等。

在长期的历史发展中，中国传统文化以其鲜明的道德理念彰显着独特的魅力，是中国古代思想家们对中华民族道德实践经验的总结、提炼和概括，已经深入到中华民族的思维方式、价值观念、行为方式和风俗习惯之中。继承和弘扬中华民族的优良道德传统，能够提高我们的民族自尊心和民族自信心，能够增强我们的民族自豪感，尤其是能够使社会主义道德体系更具有广大人民群众所喜闻乐见的民族形式，能够使爱国主义、集体主义和社会主义思想更加深入人心，对于我们加强社会主义道德建设具有十分重要的促进作用。

2. 社会主义核心价值观是中国优秀传统文化的升华

社会主义核心价值观与中华民族的优秀传统文化具有内在的一致性，"富强、民主、文明、和谐；自由、平等、公正、法治；爱国、敬业、诚信、友善"这24个字可以分为三个层面，即"富强、民主、文明、和谐"是国家层面的价值目标，代表了整个中华文明几千年来汇聚起来的整个民族的价值导向；"自由、平等、公正、法治"是社会层面的价值取向，代表了当今社会全人类所要追求的一种价值状态；"爱国、敬业、诚信、友善"是公民个人层面的价值准则，代表了生活在社会主义国家的每个公民所应该具有的基本道德准则。可以说，社会主义核心价值观代表了对历史与时代的传承、对过去与未来的结合、对文明与进步的导向。习近平总书记在北京大学师生座谈会上的讲话就指出，中国古代历来讲求格物致知、诚意正心、修身、齐家、治国、平天下。从某种角度看，格物致知、诚意正心、修身是个人层面的要求，齐家是社会层面的要求，治国、平天下则是国家层面的要求。所以，社会主义核心价值观是中国传统文化的核心——修身、齐家、治国、平天下的现代话语。这也同时说明，培育和弘扬社会主义核心价值观，只有立足于中国优秀传统文化，不断吸取中国优秀传统文化的精神滋养，才能具有深厚的民族根基，才能得到民众的广泛认同，才会产生强大的凝聚力和向心力。

由此看来，社会主义核心价值观是对中华民族优秀传统文化的传承和升华。中华文明绵延数千年，已经成为中华民族的基因，具有其独特的价值。中华民族优秀传统文化植根于中国人的内心，潜移默化地影响着中国人的思维方式和行为方式。今天，我们提倡和弘扬社会主义核心价值观，必须从中华民族优秀传统文化中汲取丰富营养，否则社会主义核心价值观就不会有生命力和影响力。譬如，中国传统文化强调"民为邦本""天人合一""和而不同"，强调"天行健，君子以自强不息""大道之行也，天下为公"；强调"天下兴亡，匹夫有责"，主张以德治国、以文化人；强调"君子喻于义""君子坦荡荡""君子义以为质"；强调"言必信，行必果""人而无信，不知其可也"；强调"德不孤，必有邻""仁者爱人""与人为善""己所不欲，勿施于人""出入相友，守望相助""老吾老以及人之老，幼吾幼以及人之幼""扶贫济困""不患寡而患不均"，等等。像这样的思想和理念，不论是过去还是现在，都有其鲜明的民族特色，都有其永不褪色的时代价值。这些思想和理念，既要随着时间的推移和时代的变迁而不断与时俱进，又有其自身的连续性和稳定性。我们所提倡的社会主义核心价值观，就充分体现了对中华民族优秀传统文化的传承和升华。

博大精深的中华民族优秀传统文化是我们在世界文化激荡中站稳脚跟的根基，正是由于社会主义核心价值观与中国优秀传统文化具有内在的一致性，就要求我们培育和践行社会主义核心价值观必须继承和弘扬中国优秀传统文化。中华文化源远流长，积淀着中华民族最深层的精神追求，代表着中华民族独特的精神标识，为中华民族生生不息、发展壮大提供了丰厚滋养。不忘本来才能开辟未来，善于继承才能更好地创新。对历史文化特别是先人传承下来的价值理念和道德规范，我们要坚持古为今用、推陈出新的原则，有鉴别地加以对待，有扬弃地予以继承，努力用中华民族创造的一切精神财富来以文化人、以文育人。

3.在弘扬传统文化中处理好传承和发展的关系

一般来讲，我国传统节日和祈福、祭祀等紧密结合在一起，如春节、端午以及中秋等重大节日，都充分呈现出丰富的文化底蕴，也能更进一步强化人们的精神纽带，构筑精神家园。首先，关注民族传统节日的思想底蕴，赋予传统节日新的时代气息，探索传统节日和当代生活的价值。在社会发展变迁的过程中，推动传统节日的生存与发展，并从时代特点出发，创新文化载体。比如端午临水、中秋赏月等，这些节日文化都是祖辈在长期的生产、生活过程中形成的，其包含着物候、天文等多方面的知识，应善于将这些文化底蕴，发展创新为现代生态文明思想，全面认识保护生态、爱护自然的重要价值，达到"天人合一"之境，才能促进人和自然和谐发展。其次，彰显传统节日文化的教育功能。传统文化蕴含丰富的文化内涵，应做好传统文化普及教育活动，培育特色鲜明的节日文化，彰显传统哲学智慧与道德伦理。善于从中汲取浪漫的美学观，享受好的气氛，建立科学的伦理观。最后，善于营造良好的社会风尚。探索从传统文化中汲取廉政文化、法治文化，逐步构建良好的社会风尚。

要紧密结合新时代的要求，传承并弘扬传统文化，弘扬中华精神与中国气派。优秀传统文化和当代文化血脉相连，要传承优秀传统文化，应坚持批判继承的理念，坚持"取其精华、去其糟粕"的原则，实现古为今用。民族文化能一直传承至今的关键是与现实生活联系紧密，唯其如此，才呈现出旺盛的生命力。因此，激发传统文化的生命力，需要在持续改造、创新中迸发生命力。传统文化的传承与创新需要充分结合当前我国的国情，将优秀传统文化主导的价值观和我国现实价值观念有机结合起来，创造源于又高于中华优秀传统文化的当代价值观，实现优秀传统文化的创新性发展，发挥其当代价值。我国优秀传统文化的现代性转化的关键是以社会实践为出发点与立足点，回答当前社会中的现实问题。由此可见，优秀传统文化只有在发展中才能不断保持其生命力。将传统文化转变为现实生活中的话语表达，和时代精神相契合，才能不断提高传统文化的时代感染力，发挥其当代价值。因此，弘扬传统文化处理好传承和发展的关系，有助于激发传统文化的内生活力，有利于更好涵养社会主义核心价值观。

（二）中国传统文化与社会主义核心价值的内在联系

中国传统文化在几千年的发展中，逐渐形成了中国文化传统，它贯穿于中国人的价值观、思维方式、风俗习惯、道德礼仪等各个方面。社会主义核心价值体系是社会主义主导价值观的理论体系，其中的各个方面都贯穿着中国文化传统，儒家突出强调"天行健，君子以自强不息；地势坤，君子以厚德载物"。它要求君子一方面要勤勉奋进，积极进取，另一方面又要谦逊待人，宽厚容人，即儒家所提倡的"中庸思想"：凡事都有一个界限和尺度，不偏不倚，无过无不及，强调矛盾双方的统一和事物发展中的平衡。这一思想培养出了中国人民谦让、仁厚、宽容的国民性格和以"和为贵"为核心的价值观，形成了爱好和平、讲信修睦的优良传统。再如中国文化传统中的"刚健有为、自强不息""厚德载物、包容会通""见利思义、诚信为本""勤俭廉政、精忠爱国""仁爱孝悌、谦和好礼""克己奉公、修身慎独"等精神，通过改造融入了中华民族精神和时代精神之中。可以说，中国传统文化为建设社会主义核心价值体系提供了丰厚的精神资源，是中国优秀文化传统和中华民族精神的坚实基础。

1. 中华传统文化与马克思主义

马克思主义揭示了人类社会发展的基本规律，它的基本原理是放之四海而皆准的普遍真理，具有强大的生命力。考察马克思主义与中国具体革命实践相结合的历史，就会清楚地看出：马克思主义作为科学理论，它要同中国革命的具体实践相结合；作为西方的文化成果，它又要同中国优秀传统文化相结合。中国传统文化之所以能够与马克思主义相结合，是因为中国传统文化中有与马克思主义相通、相近、相容的内容。中国传统文化中有丰富的唯物主义思想，有战斗的无神论传统，有丰富的辩证思维方式，有理论与实践相结合的、经世致用的求实精神，有以人为本的民本思想，有天下为公、世界大同的社会理想，等等。这些优良的文化传统为与马克思主义相结合提供了很好的思想条件，从而使马克思主义中国化得以比较顺利地进行，最终形成了马克思主义中国化的伟大成果——毛泽东思想和中国特色社会主义理论体系。毛泽东思想是马克思主义中国化的伟大成就，而马克思主义中国化，是通过两个结合来实现的，一是和中国革命的实际相结合，一是和中国优秀传统文化相结合。

毛泽东思想在形成过程中对中国传统文化的吸收和改造表现得非常充分。以"群众路线"为例，西周政治家周公提出了"政得其民""敬德保民"等思想，开启了中国民本思想的先河；孟子提出了"民贵君轻"思想，并在此基础上总结了规律；荀子进一步提出"君舟民水"，水可载舟、亦可覆舟的民本思想等，都被毛泽东思想改造成为马克思主义的群众观点；新时期我们党提出的"构建社会主义和谐社会"和"建设社会主义和谐文化"的思想，也吸收和改造了儒家文化中的"贵和尚中"，孔子在创立儒家学说时，十分重视"和"的价值与作用，他强调"和为贵"，把"和"视为做人处事、治国理政的价值判断标准，提出"君子和而不同，小人同而不和"。孔子的"和同"思想，也是既承认差异，又要求和合，通过互补互济，达到事物的矛盾统一，形成和谐的状态。老子在《道德经冲说："万物负阴而抱阳，冲气以为和"，他认为，万事万物都包含着阴阳两个矛盾的方面，阴阳相互作用构成"和"。

"和"不仅是中国文化的最高价值标准，也是马克思主义的基本精神和内在价值追求。"和"是一种哲学、一种战略、一种修养、一种艺术、一种理想，"和也者，天下之达道也"。"和者，天地之所生成也。"在《礼记》中，以"和"为特征的"大同世界"成为中华民族追求的理想社会。马克思主义所要实现的"自由人联合体"，即一种实现各种和谐关系的理想社会，我们可以看到，"和"是马克思主义与中国传统文化在最高价值目标追求上所具有的内在相通性，为马克思主义如何与中国传统文化中的优秀思想相结合，并在今天和未来如何继续承接和发展，找到了内在的精神支点。

2. 中华传统文化与中国特色社会主义共同理想

理想是一个民族、一个社会奋力前行的向导，是人们对未来的向往和追求。在中国传统文化中，儒学提倡"天下为公"，贵公贱私，先公后私，先国后家，这种崇高的理想为古代爱国主义的滋生和成长提供了理论依据。孟子提出"乐以天下，忧以天下"，荀子提出"成天下之大事"等，展现了胸怀天下的理想和信念，而这种理想和信念在以后的发展过程中，宋代的范仲淹、明末的顾炎武又分别精辟地概括为"先天下之忧而忧，后天下之乐而乐""国家兴亡，匹夫有责"。中华民族的爱国主义就是中华儿女在以天下为己任、忧国忧民、爱国爱民的行为中所表现的豪情壮志和浩然正气。现阶段，在中国共产党的领导下，建设中国特色的社会主义，实现中华民族的伟大复兴，是全国各族人民的共同理想。只有坚持走中国特色社会主义道路，才能实现国家的富强和人民的幸福，也才能把各党派、各团体、各阶层、各民族团结和凝聚起来；只有坚定建设中国特色社会主义的共同理想信念，才能使之转化为巨大的精神动力。

3. 中华传统文化与民族精神和时代精神

民族精神和时代精神是一个民族赖以生存和发展的精神支撑。一个民族，没有振奋的精神和高尚的品格，不可能自立于世界民族之林，在五千多年的发展中，中华民族形成了以爱国主义为核心的团结统一、爱好和平、勤劳勇敢、自强不息的伟大民族精神，在改革开放新时期，中华民族又形成了勇于改革、敢于创新的时代精神，这一民族精神和时代精神，包含了天下兴亡、匹夫有责，富贵不淫、贫贱不移、威武不屈，先天下之忧而忧、后天下之乐而乐等民族优良传统；包含了我们党领导人民在长期革命斗争中形成的井冈山精神、长征精神、延安精神、西柏坡精神等优良传统；包含了在社会主义建设时期形成的大庆精神、雷锋精神、"两弹一星"精神等优良传统；包含了在改革开放新时期形成的九八抗洪精神、抗击非典精神、青藏铁路精神、载人航天精神、抗震救灾精神等优良传统。这一民族精神和时代精神，是中华民族五千多年来生生不息、发展壮大的强大精神动力，也是中国人民在未来的岁月里薪火相传、继往开来的强大精神动力，它已深深熔铸在民族的生命力、创造力和凝聚力之中，成为社会主义核心价值体系中不可或缺的一部分。

中华文明史也可以说是一部与天灾人祸的抗争史。新中国成立以来，我们遭遇过多次大的自然灾害。从1966年的邢台抗震救灾到1976年唐山抗震救灾，从1987年大兴安岭扑救森林大火到1998年三江抗洪抢险，从2003年抗击"非典"到2008年初迎战冰雪，一次次自然灾难的严峻考验，一场场人间真情的集中倾注，凝结了中国人民弥足珍贵的精神财富，奠定了我们今天战胜各种特大灾害的意志力基石。尤其是2008年到2010年短短的两年多，南方雪灾，汶川之恸，西南大旱，玉树之荡，再到整个长江中下游流域的洪灾和舟曲特大泥石流，灾难触目惊心，接踵而来。毫无疑问，灾难之中，以人为本治国理念的深植，国家政治文明的演进，民族精神的重塑，公民责任意识的增强，必然使社会主义核心价值观升华为一种文化力量，激发出一种行动动力，成为推动中国社会进步的精神积淀，成为中华民族的强大"软实力"。努力弘扬民族精神与时代精神，将会进一步加强社会主义核心价值体系建设，自觉增强全国人民的忧患意识、大局意识、使命意识，使全国人民始终保持自强不息、昂扬向上的精神状态。民族精神与时代精神的有机融合，共同构成当代中华民族精神支柱与精神动力的核心内容，成为社会主义核心价值精神的具体彰显。

4. 中华传统文化与社会主义荣辱观

中国自古就有"民为邦本，民固邦宁"的民本思想和艰苦奋斗、自强不息的精神，有士可杀不可辱、富贵不能淫、威武不能屈的气节。儒家提倡见利思义、义以为先的义利观，有"民无信不立"的口号，管仲曰："君人者以百姓为天。"老子曰："圣人无常心，以百姓之心为心。"孟子曰："民为贵，社稷次之，君为轻。"荀子曰："君者舟也，庶人者水也；水可载舟，亦可覆舟。"孔子提出"仁者，爱人"，墨子提出"兼爱"，孟子提出"老吾老以及人之老，幼吾幼以及人之幼"……中国还具有爱国主义的优良传统，如晏婴不辱使命，蔺相如完璧归赵，文天祥"人生自古谁无死，留取丹心照汗青"，史可法"吾头可断，身不可屈"，林则徐"苟利国家生死以，岂因祸福避趋之"等等，都是中华民族爱国主义精神的生动体现。

社会主义荣辱观吸收了中国传统文化中的积极因素，结合我国道德建设的具体实际情况，为我国道德建设提供了重要的道德原则和价值尺度。社会主义荣辱观继承了中国古代的"知耻"文化传统，吸收了中国古代思想家所提出来的"行己有耻，使于四方""仁则荣，不仁则辱""无羞恶之心，非人也""礼义廉耻，国之四维""先义而后利者荣，先利而后义者辱""人有耻，则能有所不为"等荣辱思想的精华，并把这些思想改造成为易懂易记、朗朗上口的"八荣八耻"的社会主义荣辱观，可以说，社会主义荣辱观摆正了个人在他人、社会、国家中的位置，体现出中国文化智慧中深刻的生命意识和精神追求。

在世界文明发展史上，玛雅文明、古埃及文明、古巴比伦文明、古印度文明都先后中断、失落了，唯有中华文明绵延不绝、生生不息、承前启后、薪火相传。之所以如此，其根本原因就是在于中华文明有着丰厚的中国传统文化作基础，没有中国传统文化之根，就没有中华民族精神之源，社会主义核心价值体系就无法建立；社会主义核心价值体系需要依托于中国传统文化，才能更好地凝练出具有中国特色的社会主义核心价值观，以发挥其引领社会的作用。

（三）中国传统文化与现代公民社会的时代品格

中国要走向现代化，构建一个价值秩序井然的公民社会，实现道德在公民个体层面的内化和履践，传统文化的定位是必须面对的问题。传统文化不会成为现代化社会生活的指导，但是要实现中国现代化的宏伟目标，既要靠思想的解放和理论的不断创新，也要让民族情结与普世价值相互激荡，鼓舞当下社会的公民沿着中华民族复兴道路不懈前行，这是对待传统文化的理性态度，也是历史发展的必然逻辑。

1. "有眼光" 的公民，应该珍惜传统文化

"有眼光" 的公民，理应更懂得重拾传统文化的重要性。遥望中国五千年文明历史，中国传统文化是孔孟 "君君臣臣，父父子子" 维系社会的伦理道德；中国传统文化是大汉 "绣罗衣裳照暮春，蹙金孔雀银麒麟" 典雅的华夏衣冠；中国传统文化是东坡居士 "远看山有色，近听水无声" 行云流水的水墨画；中国传统文化是仓颉造字，是笔墨纸砚，是琴棋书画。中国传统文化本身就是我们民族不可多得的艺术瑰宝和财富，如诗词歌赋。从《诗经》《楚辞》开始，诗词歌赋已成为文人墨客抒发情感的方式，于字里行间寄情思，将华夏文明、辉煌融入短短的诗句中，这是中华民族所独有的、不可复制的灿烂文化。但是近观中国社会飞速发展的今天，许多人正在淡忘这些前人留下的文化瑰宝，一些传统文化正在逐步消失。

重拾传统文化不是封闭自我、复古运动，而是在扬弃中学习，在学习中传播。

我们不能一味地将中国传统文化全盘接纳，要取其精华去其糟粕，传承优秀的传统文化，也不能只着眼于自己民族的文化，应该放眼世界，让世界文化与民族文化相融合，取长补短，创造出更瑰丽的中国文化。

2. "有精神" 的社会，应该涵育传统文化

"礼" 与 "道" 是贯穿于中国传统文化的主体部分，可以说是其他一切文化的基础，而以儒家为代表的封建道德，又是构成中华文化的主要因子，几千年来，人们一切生命活动皆以其为基础。中华传统文化能够历经五千余年的发展而没有中断，原因就在于其所宣扬的核心价值具有先进性，在于其人性化、人本化具有的穿透力和生命力，在于其永恒的普世价值。在当下这样一个改革开放，全球经济、政治、文化一体化的背景下，建立一个有着价值内涵的社会，更应该发挥传统文化的诸多 "整合功能"。

（1）"多元形态" 为公民社会的生成奠定基础

传统文化就其发生来说是多元的。从地域构成上说，以黄河文化、长江文化为主体；从族群构成上说，以华夏文化为主体，同时包括众多民族的文化；从文化思想上说，儒、释、道三家思想学说多元互补。这种 "和而不同" 的多元性、包容性是今天公民社会生成的基础。

（2）"家国一体" 为公民社会的关系创设模式

中国传统社会是宗法制社会，以家族为本位、家国一体是传统社会形态和文化形态的重要特征。家不仅是生活单位，而且是生产单位，家庭成员一般不远离家庭，孔子说，"父母在，不远游"。中国传统社会很少使用 "国家" 概念，经常使用的是 "家国"，重视 "天下"，"天下" 包含 "社稷" 和 "苍生" 两部分，"社稷" 原是对土神和谷神的祭祀，后用来指国家政权，和社稷连用的是 "江山"，"江山" 指疆土、国土。社稷和江山相当于国家。"苍生" 本义指长得很乱的草木，后专指百姓。这种 "家国一体" 的重构性、"苍生" 与 "社稷" 的共存性为当今中国公民社会里国家与人民的关系创设了新模式。

（3）"民间社会"为公民社会的发展提供借鉴

中国传统社会有发达的民间社会，朝野、官府和民间界限分明。儒释道三家思想中，儒家学说成为占统治地位的思想，道家和佛教思想主要在民间，因此，民间社会可以理解成具有私人社会与公民社会的双重属性，这种"官民分治""朝野分立"的格局，"政统"与"道统"二元化的形式，非政府性的、非营利性的、自愿性的和相对独立性的民间组织结构，为我们今天的公民社会提供了有益的借鉴养分。

第三节　中国共产党人对社会主义核心价值理论的探索与贡献

一、以毛泽东为代表的中国共产党人对社会主义核心价值理论的创见

纵观毛泽东的全部著作和讲话，他虽没有明确论述社会主义的价值范畴和价值目标，但其丰富的价值思想都蕴含在党的基本理论、基本路线和基本纲领之中。

（一）全心全意为人民服务的价值取向

为什么人服务的问题，是一个根本问题，原则问题。毛泽东始终认为，社会财富是工人、农民、知识分子创造的，社会的主体是人民，在价值关系中，人民是主体和客体的统一、目的和手段的统一。在毛泽东的心目中，"人民"是一个伟大而崇高的范畴，作为党和人民军队的主要缔造者，毛泽东把"全心全意为人民服务"作为共产党人的根本宗旨；作为个人，他把"为人民谋幸福"作为自己毕生的行动准则和奋斗目标。全心全意为人民服务是毛泽东社会主义价值观的精髓和核心。全心全意为人民服务的价值观包含着极其丰富的内容：

第一，人民群众是价值的主体，承认人民群众的主体地位，这是一条唯物史观的基本原理。马克思和恩格斯指出："历史活动是群众的事业。"[①]毛泽东在中国革命的实践中，逐渐把中国古代的民本观念和马克思主义关于人民的观念结合起来，形成了自己的人民观，他打破了封建"民本"把人民当作统治者工具的思想，认为人民群众不仅是物质财富的创造者，而且还是社会精神财富的创造者，是社会变革的决定力量，他强调："人民，只有人民，才是创造世界历史的动力。"[②]

第二，把人民的根本利益作为行动的出发点和归宿。马克思、恩格斯在《共产党宣言》中明确指出："共产党人没有任何同整个无产阶级的利益不同的利益"，"在无产阶级和

① 《马克思恩格斯全集》（第2卷），人民出版社1957年版，第104页。
② 《毛泽东选集》（第3卷），人民出版社1991年版，第1031页。

资产阶级的斗争所经历的各个发展阶段上，共产党人始终代表整个运动的利益"。① 毛泽东在领导中国革命和建设的实践中，进一步把人民群众的根本利益作为一切言行的出发点和归宿，1944 年，在《为人民服务》一文中，毛泽东阐述了"为人民服务"的本质含义："我们的共产党和共产党所领导的八路军、新四军，是革命的队伍，我们这个队伍完全是为着解放人民的，是彻底地为人民的利益工作的。"1954 年，毛泽东在《论联合政府》一文中，又完整地提出了"全心全意为人民服务"的命题，并明确地将其规定为中国共产党和人民军队的唯一宗旨，指出："全心全意地为人民服务，一刻也不脱离群众；一切从人民的利益出发，而不是从个人或小集团的利益出发；向人民负责和向党的领导机关负责的一致性，这些就是我们的出发点。"② 在毛泽东看来，人民群众既是价值的创造者，又是价值的受益者。

第三，群众实践是价值实现的根本途径。在社会主义革命和建设的实践中，毛泽东逐步形成了唤起民众、组织民众、在中国共产党领导下以革命的实践改造社会的正确思想，由此找到了实现价值目标的正确途径。毛泽东对群众实践给予高度评价，认为人民群众改造世界的实践活动是一种生气勃勃的历史创造活动，是一种除污纳新的伟大革命活动，同时也是人民群众的主观世界自我净化、自我提高、自我完善的基本活动。尽管在人民群众的实践过程中，会出现这样或那样的一些失误和偏差，但都是能够通过自我调整在前进中逐步克服的。因此，共产党对人民群众改造自然、创造新社会的伟大实践，应当积极参与、热情支持、科学总结、正确引导。

（二）消灭剥削、实现共同富裕的价值目标

新中国建立以后，为了使人民尽快摆脱贫穷、实现共同富裕，党的几代领导人在理论和实践上进行了不懈的和卓有成效的探索，为中国走上国家强盛、民族复兴、人民富裕的道路做出了伟大贡献。毛泽东作为党的第一代领导集体的核心，率先对社会主义共同富裕问题进行了探索，形成了一系列科学认识，主要有：

第一，提出共同富裕是社会主义的根本目标。早在 1955 年，毛泽东同志在《关于农业合作化问题》的报告中第一次明确提出共同富裕的概念，他指出："在逐步地实现社会主义工业化和逐步实现对手工业、对资本主义工商业的社会主义改造的同时，逐步地实现对于整个农业的社会主义改造，即实现合作化，在农村中消灭富农经济制度和个体经济制度，使全体农村人民共同富裕起来。"③ 同年十月，在《农业合作化的一场辩论和当前的阶级斗争》的讲话中，毛泽东再次指出："要巩固工农联盟，我们就得领导农民走向社会主义道路，使农民都要富裕，并且富裕的程度要大大地超过现在的富裕农民。"④ 很明显，毛泽东把共同富裕看成是社会主义的一个根本目标，而实现广大农民的共同富裕在毛泽东的共同富裕思想中占有非常重要的地位，或许可以说，毛泽东关于共同富裕的思想是以广

---

① 《马克思恩格斯选集》（第 1 卷），人民出版社 1995 年版，第 285 页。

② 《毛泽东选集》（第 3 卷），人民出版社 1991 年版，第 1094—1095 页。

③ 《毛泽东选集》（第 5 卷），人民出版社 1977 年版，第 187 页

④ 《毛泽东选集》（第 5 卷），人民出版社 1977 年版，第 197 页。

大农民的共同富裕为前提的，其思想和模式就是针对广大农民而设计和制定的。

第二，提出社会主义制度是共同富裕的根本制度保证。毛泽东的共同富裕思想，以强调改造私有制为制度前提，提出要使"资本主义绝种，小生产也绝种"①，在毛泽东看来，公有制的程度越高，就越能解放和发展生产力，促进生产，因此也越能实现人民富裕的目标。他坚持认为走社会主义道路是全体人民实现共同富裕的必要条件，要"逐步实现农业的社会主义改造，使农业能够由落后的小规模生产的个体经济变为先进的大规模生产的合作经济，以便逐步克服工业和农业这两个部门不相适应的矛盾，并使农民能够逐步完全摆脱贫困的状况而取得共同富裕和普遍繁荣的生活"。正因为如此，毛泽东认为合作化不但能够带来生产力的迅速提高和社会财富的迅速增长，以及农民的共同富裕，而且这种生活方式能够消除私有观念，有利于将来向共产主义社会过渡。

第三，提出社会主义实现共同富裕的物质基础是大力发展生产力。毛泽东认为我国这样一个经济落后的国家实现共同富裕必须以工业化为基础，必须大力发展生产力，他说："我们还是一个农业国，在农业国的基础上，是谈不上什么强的，也谈不上什么富裕的。"②这就是说，实现人民共同富裕，必须大力发展生产力，实现社会主义现代化。1957年他在《关于正确处理人民内部矛盾的问题》的讲话中，明确提出要"将我国建设成为一个具有现代工业、现代农业和现代科学文化的社会主义国家"③，毛泽东说："必须懂得，在我国建立一个现代化的工业基础和现代化的农业基础，从现在起，还要十年至十五年，只有经过十年至十五年的社会生产力的比较充分的发展，我们的社会主义的经济制度和政治制度，才算获得了自己的比较充分的物质基础（现在，这个物质基础还很不充分），我们的国家（上层建筑）才算充分巩固，社会主义社会才算从根本上建成了。"由于对社会主义建设规律认识不足及缺乏经验，加上又急于改变中国贫穷落后的面貌，毛泽东在探索中国实现现代化、实现共同富裕过程中出现了重大的失误，如没有始终坚持关于发展生产力是实现共同富裕的物质基础的理论，选择了一条平均发展、同步富裕从而缺乏效率的生产力发展道路，导致生产力发展缓慢及人民共同贫穷等等，但其共同富裕价值观中的光辉思想对后人的启迪作用是显而易见的。

（三）社会平等、人的发展的价值理念

平等是毛泽东一生为之奋斗的理想。青少年时代的毛泽东就从中国文化传统中汲取营养，怀有朴素的平等理想，在艰苦的革命斗争中，平等成为中国共产党动员社会力量参加反帝反封建斗争的重要手段，新中国的成立为实现毛泽东的平等理想提供了根本的制度保障和经济基础；人的全面发展的思想是马克思主义的核心和实质，在中国革命和建设的过程中，毛泽东坚持和发展了马克思主义关于人的全面发展思想，并在实践中为实现和推进

---

① 《毛泽东选集》（第5卷），人民出版社1977年版，第198页。
② 《共和国走过的路：建国以来重要文献选编（1953—1956）》，中央文献出版社1994年版，第302页。
③ 《毛泽东选集》（第5卷），人民出版社1977年版，第142页。

人的全面发展，进行了积极的探索，主要表现为以下几个方面：

第一，经济平等是毛泽东社会主义平等观的核心内容。毛泽东认为经济平等是政治平等和社会平等的基础，其核心在于实现生产资料社会主义公有制，实行各尽所能、按劳分配原则，生产资料社会主义公有制是构建平等社会的制度性基础，其目的在于实现个人占有和利用生产资料上的平等，从根本上消灭不平等，缘于此，毛泽东无论在理论上还是在实践中，都极为强调生产资料所有制的重要性。三大改造基本完成后，生产关系变革已显示出超前态势，但毛泽东在读苏联《政治经济学》教科书谈话记录中说"社会主义国家和社会主义建设不能一直建立在全民所有制和集体所有制两种不同所有制基础上，应先使集体所有制过渡到全民所有制，使整个社会实现单一的社会主义全民所有制，然后再过渡到共产主义的全民所有制"。在毛泽东看来，这一问题不解决就不能实行统一的社会主义生产和分配，也就没有真正的平等可言，为了消灭人压迫人、人剥削人的不平等现象，毛泽东主张实行供给制，但在产品不丰富、温饱问题尚未根本解决的和平建设时期，这种分配方式具有浓厚的平均主义色彩。

第二，政治平等是毛泽东社会主义平等观的重要内容。政治平等的核心在于发扬人民民主，克服官僚主义，真正实现人民当家做主的根本原则。由于民主是平等的保障，所以毛泽东十分重视发扬社会主义民主，切实保障人民当家做主的权利，他指出，"在我们国家，如果不充分发扬人民民主和党内民主，不充分实行无产阶级的民主制，就不可能有真正的无产阶级集中制，就不可能建立社会主义经济"。"无产阶级专政就会转化为资产阶级专政，而且是反动的、法西斯式的专政"[1]。在毛泽东看来，人与人之间的平等意味着不能有差别存在，而消灭社会差别则是平等的体现，毛泽东和党中央曾把人民公社看作是消灭社会差别、实现社会平等的具体途径，认为人民公社为我国人民指出了一条"城乡差别、工农差别、脑力劳动和体力劳动的差别逐步缩小以至消失的道路，以及国家对内职能逐步缩小以至消失的道路"，"一条过渡到共产主义的具体途径"[2]。毛泽东认为，任何人，无论其家庭及个人的历史功绩如何，都没有一种世袭或者必然的政治高贵，为了消灭特权，克服官僚主义等不正之风，毛泽东进行了不懈的探索，虽然毛泽东的平等思想有对马克思主义平等观的误解或教条式理解，但是从总体上来看是符合马克思主义平等观的；在实践中，尽管毛泽东还没有从根本上找到如何实现社会主义平等的现实途径，但他对实现社会主义平等基本目标的种种努力，为我们进一步实现社会主义平等打下了坚实的基础。

第三，倡导"人的全面发展"是毛泽东社会主义平等观的实践。在中国革命和建设的过程中，毛泽东坚持和发展了马克思主义关于人的全面发展思想，并在实践中为实现和推进人的全面发展，进行了积极的探索，毛泽东将每个人劳动能力的充分发展看作社会主义社会的发展目标，并力求在实践中加以实现，早在1953年，毛泽东就提出了"三育并重，德育为先"的教育方针："我们的教育方针，应该使受教育者在德育、智育、体育几方面

---

① 《毛泽东选集》（第8卷），人民出版社1999年版，第296—297页。

② 《毛泽东选集》（第5卷），人民出版社1977年版，第368页。

都得到发展，成为有社会主义觉悟的有文化的劳动者。"①马克思、恩格斯认为，社会主义制度的建立破除了束缚人的个性发展的障碍，拓展了人们的实践领域，为每个人各具特性的自由发展提供了广阔的舞台，这时，"社会的每一成员都能完全自由地发展和发挥他的全部才能和力量"②，毛泽东继承了这一思想，他从个性解放与建设社会主义的关系来倡导个性发展，指出："没有几万万人民的个性的解放和个性的发展，要想在殖民地半殖民地半封建的废墟上建立起社会主义社会来，那只是完全的空想。"③在毛泽东看来，人的个性是认识世界和改造世界的主动性和创造性的统一，只有解放和发展个性，才能调动一切积极因素建设社会主义。毛泽东把人的全面发展纳入到社会主义现代化建设过程之中，把人的全面发展看作是价值终极追求与价值实现过程的统一，丰富和发展了马克思主义关于人的全面发展理论的现实内涵。

二、以邓小平为代表的中国共产党人对社会主义核心价值理论的探索

在中国这样落后的东方国家，如何实现社会主义的价值，解决社会主义价值与其实现的物质条件之间的矛盾？邓小平同志吸收前人思想精髓，不断总结社会主义建设正反两方面的历史经验，对"什么是社会主义、怎样建设社会主义"这一社会主义首要的、基本的问题进行了理论思考和实践探索，始终以求解社会主义价值和价值实现问题为重点，主要通过对社会主义核心价值观中根本价值目标、实现途径及其基本价值评价标准的揭示，建构起了比较完整的社会主义核心价值观理论系统。

（一）将"人民利益"作为社会主义核心价值观的根本价值目标

在对社会主义核心价值观的实践性探索过程中，邓小平始终坚持以马克思的唯物主义群众史观为指导，贯穿着以人民群众为主体、以人民利益为根本价值目标的价值取向。他围绕"什么是社会主义、怎么样建设社会主义"这一首要的基本理论问题，论述了社会主义初级阶段基本路线、社会主义本质、社会主义建设、祖国统一等一系列问题，处处体现出人民主体价值观的一贯性和彻底性。归根结底来讲，邓小平始终把人民群众当作社会主义核心价值的发现、创造、选择、实现、享用和评价主体。他倡导尊重人民群众的实践，尊重人民群众的首创精神，并指出"中国的事情要按照中国的情况来办，要依靠中国人民自己的力量来办"④。早在党的八大上，邓小平就明确指出："党的全部任务就是全心全意地为人民服务：党对于人民群众的领导作用，就是正确地给人民群众指出斗争的方向，

---

① 《毛泽东选集》（第4卷），人民出版社1991年版，第1487页。
② 《毛泽东选集》（第3卷），人民出版社1991年版，第1060页。
③ 《毛泽东选集》（第3卷），人民出版社1996年版，第208页。
④ 《邓小平文选》（第3卷），人民出版社1993年版，第13页。

帮助人民群众自己动手，争取和创造好自己的幸福生活。"① 邓小平对中国特色社会主义理论中的一系列基本理论问题的提出与思考，都是从广大人民群众的利益出发的。"尊重群众，热爱人民，总是时刻关注最广大人民的利益和愿望，把'人民拥护不拥护''人民赞成不赞成''人民高兴不高兴''人民答应不答应'作为制定各项方针政策的出发点和归宿。"② 这是邓小平将"人民利益高于一切"作为社会主义核心价值观根本价值目标的总体概括。邓小平把发展生产力作为社会主义的根本任务，始终坚持以经济建设为中心，就是因为只有这样，才能"使人民的物质生活好一些，使人民的文化生活、精神面貌好一些"③。另外，在"三步走"发展战略步骤中，他提出了人民生活水平的三种状态："温饱""小康""比较富裕"。

"经验告诉我们：贫穷不是社会主义，社会主义要消灭贫穷"，"走社会主义，就是要逐步实现共同富裕"，"社会主义的目的就是要全国人民共同富裕……使所有的劳动者过最美好的、最幸福的生活"④。可见，邓小平在社会主义社会发展的每个阶段都始终以人民利益作为基本目标。

（二）将社会实践作为社会主义核心价值观实现的根本途径

基于对人民群众在社会主义现代化建设中主体性地位的充分认识，邓小平指出："中国的事情能不能办好，社会主义和改革开放能不能坚持，经济能不能快一点儿发展起来，国家能不能长治久安，从一定意义上说，关键在人。"⑤ 人民群众是社会实践活动的主体，是历史的创造者，充分发挥人民群众的积极性、创造性，是一个民族强盛、国家兴旺发达的生命源泉，是经济发展、政治民主化的动力。邓小平还充分肯定了人民群众在我国改革开放和现代化建设实践中的决定作用，认为包括知识分子在内的广大人民群众是我国现代化建设的基本力量，社会主义一切有价值的东西都是人民群众在实践中创造出来的。他指出"群众是我们力量的源泉，群众路线和群众观点是我们的传家宝"，社会主义革命和建设时期"我们党提出的各项重大任务，没有一项不是依靠广大人民的艰苦努力来完成的"。因此，要搞好改革开放和社会主义现代化建设，也"只有紧紧地依靠群众，密切联系群众，随时听取群众的呼声，了解群众的情绪，代表群众的利益，才能形成强大的力量，顺利地完成自己的任务"⑥。正是由于坚信人民群众的力量和创造精神是无比巨大的，邓小平善于从群众的创造中总结出经验和抽象出典型并加以推广，在邓小平看来，"我们改革开放的成功，不是靠本本，而是靠实践，靠实事求是"，"改革开放中许许多多的东西，都是群众在实践提出来的"，"绝不是一个人的脑筋就可以钻出什么新东西来，是群众的智慧，

---

① 《邓小平文选》（第1卷），人民出版社1994年版，第217页。
② 《邓小平文选》（第2卷），人民出版社1994年版，第108页。
③ 《邓小平文选》（第2卷），人民出版社1994年版，第214页。
④ 《邓小平文选》（第2卷），人民出版社1994年版，第116、373、110页。
⑤ 《邓小平文选》（第2卷），人民出版社1994年版，第383页。
⑥ 《邓小平文选》（第3卷），人民出版社1993年版，第173、110页。

集体的智慧"①。他强调指出，"农村搞家庭联产承包，这个发明权是农民的。农村改革中的好东西，都是基层创造出来，我们把它拿来加工提高作为全国的指导。实践是检验真理的唯一标准"②。

总之，人民群众的一切实践活动都渗透着价值关系。邓小平以实践为基础的，以满足最广大的实践主体——人民群众日益增长的物质文化需要为目标和价值尺度的社会主义核心价值观，已经成为中国共产党以解放全人类、实现人的自由全面发展为其全部实践活动所追求的最高价值标准。

（三）将"三个有利于"作为社会主义核心价值观的评价标准

建设中国特色社会主义，是一项前无古人的伟大创举，在推进这一宏伟事业的过程中必然会遇到一些新问题、新情况。邓小平提出了研究新情况、解决新问题、做好各项工作所遵循的"三个有利于"标准，即"是否有利于发展社会主义社会的生产力，是否有利于增强社会主义国家的综合国力，是否有利于提高人民的生活水平"③。这一标准，是邓小平对马克思主义价值观的发展所做出的重大贡献，重新确立了党的实事求是的思想路线。如果说实践既是真理标准，又是价值标准，那么"三个有利于"标准则是实践标准的具体化：从实践标准到"三个有利于"标准的发展，是中国特色社会主义理论与实践合乎逻辑的必然发展。"三个有利于"标准既然是我们衡量一切工作是非得失的判断标准，也理所当然地构成了社会主义核心价值观的评价标准。

"三个有利于"标准具有内在的联系性，是一个有机统一体，其中最基本的是生产力标准。没有生产力的发展，综合国力的提高和人民生活水平的改善就是一句空话，因此，坚持"三个有利于"的判断标准，首先必须坚持生产力标准。"三个有利于"的判断标准，重点突出了"有利于"，突出了以往容易被人们忽略的价值问题，从实际出发，用实践检验认识的真理性，这是真理标准问题；从人民利益出发，一切以有利于人民的利益为标准，这是价值标准问题。"三个有利于"标准体现了从实际出发和从人民利益出发的统一、真理标准与价值标准的统一。

三、以江泽民为代表的中国共产党人对社会主义核心价值理论的发展

江泽民对社会主义价值观问题也给予了极大的关注，2000年2月他在广东考察工作时提出了"三个代表"重要思想。同邓小平一样，他虽然没有直接使用"社会主义的价值""社会主义价值观""社会主义价值体系""社会主义核心价值"等概念范畴，但从"三个代表"重要思想的体系和本质来看，实际上已经触及了社会主义的核心价值观问题，"我们

①　《邓小平文选》（第3卷），人民出版社1993年版，第382页。

②　《邓小平文选》（第3卷），人民出版社1993年版，第373页。

③　《邓小平文选》（第3卷），人民出版社1993年版，第264页。

党要继续站在时代前列，带领人民胜利前进，归结起来，就是必须始终代表中国先进生产力的发展要求，代表中国先进文化的前进方向，代表中国最广大人民的根本利益"①。这一论述从根本上揭示了江泽民的社会主义价值取向，为社会主义核心价值观的建构提供了丰厚的思想资源和科学的方法论指导。

（一）先进的生产力观："三个代表"重要思想对社会主义价值理想实现基础的重视

唯物史观认为，生产力是最活跃、最革命的因素，是社会发展的最终决定力量，人类社会就是按照生产关系以及上层建筑一定要适合生产力状况的规律运动的。历史发展已经表明，无论什么样的生产关系和上层建筑，都要适合生产力的发展而发展，中国共产党历来重视保护和发展生产力，把生产力的发展、经济的发展当作实现社会主义价值理想的物质基础。毛泽东同志在新中国成立前夕就指出，中国一切政党的政策及其实践在中国人民中所表现的作用的好坏、大小，归根到底，看它对中国人民的生产力发展是否有帮助及帮助的大小，看它是束缚生产力的，还是解放生产力的。邓小平同志高度重视生产力，把发展生产力作为推动社会主义精神文明的物质基础，并提出了衡量我党工作的"三个有利于"的标准。江泽民同志进一步强调："发展先进生产力，是发展先进文化，实现最广大人民群众根本利益的基础条件。"②因而，"代表中国先进生产力发展的要求"，是社会主义价值的基本诉求，对于我们党来说，就是要使我们的各项工作都符合生产力发展的要求；而对于国家和政府工作来说，就是要把坚持以提高生产力水平为核心的发展作为第一要务，不断增强社会主义国家的综合国力，使人民的生活得到改善。

发展是当代世界的主题。江泽民同志在新的历史条件下进一步强调："必须把发展作为执政兴国的第一要务，不断开创现代化建设的新局面。"③如何抓住机遇应对挑战，这就要求我们必须适应先进生产力的发展要求，进一步全方位地扩大对外开放，主动地与世界经济接轨，自觉地把我国经济发展纳入世界经济发展的大循环，为促进先进生产力的发展创造条件。需要指出的是，"三个代表"不仅提出党要代表"生产力的发展要求"，而且强调的是"始终代表"先进的生产力，这是把生产力的发展作为一个现实的社会物质生产实践运动，作为一个社会物质生产实践的历史过程来把握的。江泽民同志指出："人类社会的发展就是先进生产力不断取代落后生产力的历史过程，社会主义现代化必须建立在发达的生产力的基础上。"④在这一历史过程中，中国共产党要"始终代表"而非"暂时代表"，代表"先进社会生产力"而非落后社会生产力。

那么什么是先进生产力呢？按照历史的唯物主义观点，先进生产力是指在一定历史条件下，先进的、高素质的劳动者运用先进的管理方式和先进的生产工具改造自然、创造财

---

① 《论"三个代表"》，中央文献出版社 2001 年版，第 152 页。
② 《论"三个代表"》，中央文献出版社 2001 年版，第 163 页。
③ 《江泽民"5.31"重要讲话学习读本》，中央文献出版社 2001 年版，第 3 页。
④ 《论"三个代表"》，中央文献出版社 2001 年版，第 155 页。

富、推动社会前进的能力。在当代，先进生产力，无疑是以原子能、电子计算机、空间科学技术、生物技术等等的发明和应用为主要标志的新技术革命所创造的生产力。当今世界，科技进步已成为一个国家综合国力最主要的内容和标志，综合国力的竞争实际上就是科学技术的竞争，要代表"先进社会生产力"，就必须深刻认识"科学技术是第一生产力，而且是先进生产力的集中体现和主要标志"①这一论断的时代意义，在实践中，"必须大力依靠科技进步和创新"，来实现我国社会发展的历史性跨越。②所以，"代表中国先进生产力的发展要求"，就是要在科学技术迅猛发展、综合国力竞争日益激烈的环境中，始终坚持实施科教兴国战略，加大教育投入、科研投入以及高新技术开发的投入，抢占科技制高点和世界高新技术产品市场；同时，还要不断加大教育和科技管理体制调整和创新的力度，扫除一切阻碍我国教育和科技发展的体制性障碍。

（二）先进的文化观："三个代表"重要思想崇尚道德、重视道德建设的价值取向

马克思主义的社会发展理论认为，社会发展是社会各种因素交互作用的结果。马克思主义的文化观认为，先进文化是综合国力的重要组成部分，根据历史唯物主义关于社会存在与社会意识辩证关系原理来判断，从一般意义上来说，先进文化就是促进社会发展的文化，归根到底就是促进生产力发展和人民利益实现的文化。当代中国先进文化就是有中国特色的社会主义文化，是以马克思主义为指导的，以培养有理想、有道德、有文化、有纪律的社会主义新人为目标的，面向现代化、面向世界、面向未来的，民族的、科学的、大众的社会主义文化。

文化作为一种精神财富的总和，它终究要孕育、凝聚一种思想，形成社会文化结构的核心和灵魂，用这种思想来指导行为，就形成了作为特殊社会意识、形态的道德，这也是马克思所强调的，道德就是以"实践—精神"的方式把握世界的一种文化类型。③正是通过一定的"道德行为"，文化的发展也实现了由精神到物质的转化，这种转化就带来看得见、摸得着的结果：对社会有益或有害。因而，道德是能直接给人、给社会带来结果的文化，是文化的核心层。江泽民同志指出："加强社会主义思想道德建设，是发展先进文化的重要内容和中心环节。"④这就确立了道德在文化体系中的核心地位，"始终代表先进文化的发展方向"这一先进文化观也就蕴含着社会主义道德能动作用的深刻思考，充分肯定并突出了在新世纪全面建设小康社会的历史进程中，社会主义道德建设对社会广大成员引导、激励、凝聚和提升的重要功能。

"三个代表"先进文化观不仅强调社会主义道德作为社会主义上层建筑的重要组成部分，对促进社会主义经济、生产力的发展具有能动作用，而且把道德素质作为劳动者素质

---

① 《论"三个代表"》，中央文献出版社 2001 年版，第 156 页。
② 《论"三个代表"》，中央文献出版社 2001 年版，第 36 页。
③ 《马克思恩格斯全集》（第 2 卷），人民出版社 1957 年版，第 104 页。
④ 《论"三个代表"》，中央文献出版社 2001 年版，第 159 页。

的重要组成部分，蕴含着把道德力作为生产力潜在的重要构成要素的深刻的伦理诉求。道德力是指调节人与人、人与社会之间行为规范的一种教化和感化力量，包括道德评价、道德说服力、道德影响力、道德感召力、道德凝聚力以及道德震撼力。道德力是一种精神动力，它由传统习惯、社会舆论和人们内心信念整合而成，人的劳动能力的发展和发挥很大程度受着道德力的决定和作用。通过种种手段提高人们的道德素质，形成良好的道德力，使社会风气健康、社会发展有序，是"三个代表"重要思想的价值诉求。

道德力的高低、强弱决定了一个人处理各种社会关系、自觉履行对社会整体和他人应尽的义务、维护社会利益的水平。社会主义市场经济从本质上说是法制经济，但这绝不是自然生成的，"应该"是一回事，实际可能是另一回事，只有发挥道德力的特殊功能，调适人们的关系、调整人们的心态、调节人们的行为，才能实现社会主义市场经济的正常运行。作为一种精神动力，道德力对社会人的行为具有导向性，指出了人们一定时期、一定活动的目标，推动人们的认识活动和实践活动向着一定的目标和方向前进。正如马克思所说："这个目的是他知道的，是作为规律决定着他的活动的方式和方法的，他必须使他的意志服从这个目的。"[①] 人的创新能力的提高、劳动技能的加强有赖于人的正确的价值取向和科学道德精神与道德实践。人在生产过程中要受到一定的意识支配和价值导向，人的道德力直接影响和制约着人的劳动积极性和人的劳动能量的正确释放。

江泽民同志指出："如果只讲物质利益，只讲金钱，不讲理想，不讲道德，人们就会失去共同的奋斗目标，失去行为的正确规范。"[②] 正因为道德力具有持久性，道德力在使用过程中不但不会消耗，而且一旦形成，往往会伴随着人的一生，对人一生的实践活动产生持久的终身的推动作用，甚至在个体生命结束以后，一定个体形成的道德动力也不一定会随着个体生命的消失而消失，它还可能变成他人的精神力量，对他人的实践活动继续产生影响，发挥作用。

（三）最深广的人民利益观："三个代表"重要思想的价值归宿

"三个代表"坚持唯物史观，把人民群众作为创造历史的主体，作为价值创造的主体，把代表"中国最广大人民的根本利益"作为价值取向和衡量标准。一种思想的形成、一项政策的制定，首先要明确的就是它为"谁"所用，为"谁"服务，即价值取向是谁。唯物史观强调"历史上的活动和思想都是群众的思想和活动"，把人民群众当作历史主体、价值的创造者[③]，这一基本原理要求无产阶级政党必须始终把代表最广大人民群众的根本利益作为价值取向，"三个代表"重要思想价值取向的归宿点就是最广大人民群众的根本利益，"三个代表"最具根本意义的是"始终代表中国最广大人民的根本利益"。江泽民同志指出："不断发展先进生产力和先进文化，归根到底都是为了满足人民群众日益增长的

---

① 《马克思恩格斯全集》（第 23 卷），人民出版社 1972 年版，第 202 页。

② 《论"三个代表"》，中央文献出版社 2001 年版，第 159 页。

③ 《马克思恩格斯全集》（第 2 卷），人民出版社 1957 年版，第 103 页。

物质文化生活需要，不断实现最广大人民的根本利益。"①实现最广大人民的根本利益，是中国共产党的根本宗旨，也是马克思主义群众观点和价值原则、价值取向的根本所在，只有清醒地认识到这一点，才会懂得为什么要发展生产力和先进文化，以及如何发展生产力和先进文化，才不会在发展生产力和文化问题上出现偏向。

"三个代表"重要思想以最广大人民群众根本利益作为最高价值标准。江泽民反复强调："党的一切工作，必须以最广大人民的根本利益为最高标准"，"都是为了不断实现好、维护好、发展好最广大人民的利益"。②"三个代表"以最广大人民群众根本利益作为最高价值取向和衡量标准，蕴含着必须处理好人民群众的各种利益关系的价值诉求，但人民群众的利益是由各方面的具体利益构成的，因而简单地说，以人民群众的利益为最高利益并不能解决现实中存在的种种利益矛盾，要在考虑并满足最大多数人利益要求的前提下，兼顾不同阶层、不同方面群众的特殊利益。与此同时，坚持先富与共富的结合，积极引导和鼓励先富带后富，采取有效措施防止两极分化，通过税收和再分配，扶持社会弱势群体，从而把不同阶层群众的特殊利益兼顾好，增强人民的团结，实现和发展最广大人民的根本利益。另外，要处理好群众眼前切身利益和长远利益、根本利益的关系，切切实实地解决大多数群众呼声最高、反映最强烈的问题，只有这样，人民群众的价值认同与党的价值认同才容易趋于一致，民众的凝聚力才会越来越强。

"三个代表"重要思想把人的全面发展作为最高的价值目标，确立了人的全面发展与实现最广大人民群众根本利益的一致性。2001 年江泽民同志在建党八十周年的"七一"讲话中对人的全面发展作了精辟的论述。他从社会主义物质文明建设，社会主义民主政治建设，提高全民族的思想道德素质和科学文化素质，促使人和自然的协调与和谐，使人们在优美的生态环境中工作和生活等方面论述了人的全面发展的内容。江泽民同志从发展的观点出发，提出了人的"全面发展"的价值目标，指出"我们进行的一切工作，既要着眼于人民现实的物质生活需要，同时又要着眼于促进人民素质的提高，也就是要努力促进人的全面发展"③，这些内容都是人民群众利益在各方面的具体表现，综合起来就是人民群众的"根本利益"。江泽民关于人的全面发展的思想，实质上正是反映了最广大人民群众的根本利益。在社会主义社会，促进人的全面发展的过程，也就是逐步实现最广大人民群众根本利益的过程。

实践"三个代表"重要思想，致力于执政为民、执政兴国，归根结底是要为人的全面发展创造良好的条件。在当代中国，促进人的全面发展，必须努力加强社会主义物质文明、精神文明、政治文明、社会文明、生态文明建设，不断满足人们日益增长的物质和文化生活需要，这正是最广大人民的根本利益所在。在实际工作中，我们党要真正做到代表中国最广大人民群众的根本利益，必须把怎样有利于人的全面发展作为考虑问题、制定政策和

---

① 《论"三个代表"》，中央文献出版社 2001 年版，第 163 页。
② 《论"三个代表"》，中央文献出版社 2001 年版，第 161 页。
③ 《论"三个代表"》，中央文献出版社 2001 年版，第 179 页。

做出决策的重要出发点，把它作为衡量工作成效的重要标志，这样，我们就能够在实践中做到代表最广大人民群众的根本利益与促进人的全面发展的统一。

（四）"价值规律性"和"价值目的性"的统一："三个代表"重要思想的价值特征

人类活动的能动性、合目的性表明人类活动的价值追求，而人类活动的受动性、合规律性表明人类活动必须不断追求真理，达到对客观世界本质的把握，实现自身的价值追求。所以，科学原则和价值原则是人类活动的两个基本原则，在实践基础上实现科学原则和价值原则的具体的、历史的统一，这是社会进步和发展对人类活动的根本要求。江泽民同志的"三个代表"重要思想正是体现了这一价值特征。

"代表中国先进生产力的发展要求"是指党的理论、路线、纲领、方针、政策和各项工作，必须遵循生产力发展规律，促进生产力的解放和发展："代表中国先进文化的前进方向"是指党的理论、路线、纲领、方针、政策和各项工作，必须遵循文化发展规律，促进社会主义文化的繁荣和发展。这两个代表就是要求中国共产党的建设必须做到"合规律性"，坚持科学原则。"代表中国最广大人民的根本利益"是指党的理论、路线、纲领、方针、政策和各项工作，必须反映最广大人民的需要和意愿，以最广大人民的根本利益为目的和归宿，也就是要求中国共产党的建设必须做到"合目的性"，坚持价值原则。

我们的党正是因为将"价值规律性"和"价值目的性"统一于中国的社会主义事业之中，才能够顺利走过 80 多个春秋，成为一个拥有七千多万党员，领导 13 亿人口大国的执政党。在新的历史时期，中国共产党又面临着改革开放进一步深入的严峻考验，面临着经济全球化带来的重大挑战，如何把自己建设好，提高自身的执政能力和水平，担负起领导全国各族人民全面建设小康社会，实现中华民族伟大复兴的历史重任，这是一个十分重大的现实问题，江泽民同志提出并加以系统论述的"三个代表"的重要思想，就很好地回答了这个问题。因为"三个代表"重要思想正确反映了历史客体的客观规律和历史主体的价值追求，高度体现了创造历史活动的科学原则和价值原则的有机统一。

四、以胡锦涛为代表的中国共产党人对社会主义核心价值理论的推进

胡锦涛在阐述科学发展观理念时提出："坚持以人为本，树立全面、协调、可持续的发展观，促进社会经济和人的全面发展。"并指出"以人为本"就是"强调以实现人的全面发展为目标，从人民群众的根本利益出发，谋发展、促发展，不断满足人民群众日益增长的物质文化需要，让发展的成果惠及全体人民"。这是在新的历史条件下对马克思主义价值理论的进一步创新和发展，对于深刻而全面地理解社会主义核心价值观的内涵具有重要意义。

（一）"为谁发展"：科学发展中"以人为本"的价值取向

毛泽东思想、邓小平理论和"三个代表"重要思想，都具有为中国人民谋利益的强烈的人民性，都是对马克思主义"以人为本"价值观意蕴的丰富和发展，以"全面协调可持续发展"为主体的科学发展观，反映的是一个新型的综合的发展理念，在这个综合的发展理念中以人为本是基本的价值取向。因为无论是经济发展，还是其他方面的发展，归根到底都是为了人的发展。

科学发展观中的"以人为本"摒弃了旧哲学人本思想中封建地主阶级、资产阶级的阶级局限和历史唯心主义的理论缺陷，是借鉴国际经验教训，针对当前我国发展中存在的突出问题和实际工作中存在的一种片面的、不科学的发展观而提出来的。这种片面的、不科学的发展观认为，发展就是经济的快速运行，就是国内生产总值（GDP）的高速增长，它忽视甚至损害人民群众的根本利益。这种发展观"见物不见人"，是一种"以物为本"的思想，它和"以人为本"所代表的是两种不同的发展观。对于执政的中国共产党而言，"以人为本"就是以民为本，就是要把代表最广大人民的根本利益，作为我们党一切工作的出发点和归宿点，把执政为民作为最高价值取向。

首先，"以人为本"必须把人作为发展的根本目的，通过发展，不断满足人民日益增长的物质文化生活需要。我国社会的基本矛盾，仍然是生产力与生产关系、经济基础与上层建筑的矛盾，突出表现在落后的社会生产与人民日益增长的物质文化需要之间的矛盾，所以，改革、发展、稳定三者的统一成为我们时代的精神。但是，从根本上说，发展本身不是目的，而是手段，是满足人们日益增长的物质文化生活需要的手段。没有发展，社会主义的目的就不能实现，同样，即使有了某种程度的发展，但如果这种发展是一种片面的、不科学的发展，这样的发展就偏离了方向，失去了社会主义发展的内在的价值。改革开放以来，我们党始终强调把发展生产力作为社会主义社会的根本任务，科学发展观并不否认经济发展、GDP增长，它所强调的是，经济发展、GDP增长，归根到底都是为了满足广大人民群众的物质文化需要。人是发展的根本目的，提出以人为本的科学发展观，目的是以人的发展统领经济、社会发展，使经济、社会发展的结果与我们党的性质和宗旨相一致，使发展的结果与发展的目标相统一。正如胡锦涛同志所说，坚持以人为本，就是要从人民群众的根本利益出发谋发展、促发展，不断满足人民群众日益增长的物质文化需要，切实保障人民群众的经济、政治和文化权益，让发展的成果惠及全体人民。

第二，"以人为本"必须充分尊重人民群众的首创精神，充分发挥人的积极性、主动性与创造性。以人为本，不仅主张人是发展的根本目的，回答了为什么发展、发展"为了谁"的问题；而且主张人是发展的根本动力，回答了怎样发展、发展"依靠谁"的问题。"为了谁"和"依靠谁"是分不开的，人是发展的根本目的，也是发展的根本动力，一切为了人，一切依靠人，二者的统一构成以人为本的完整内容。毛泽东曾说："战争的伟力之最深厚的根源，存在于民众之中。"① 同样，改革与发展的伟力之最深厚的根源，也存在于人民群众之中。充分尊重人民群众的首创精神，挖掘人的潜能，是推进发展的最重要的途径。人作为先进生产力和建构先进文化的重要创造者和传播者，是生产要素中最活跃、最重要的因素，是当今社会生产力发展的核心要素。当今世界，人力资源已上升为十分重要的战略资源，人才已经成为越来越重要的财富和资本，成为推动经济社会发展的主要力量和直接的动力源泉。实现全面、协调、可持续的发展，必须最广泛最充分地调动一切积极因素，全面贯彻尊重劳动、尊重知识、尊重人才、尊重创造的方针，不断增强全社会的创造活力，使一切有利于社会进步的创造愿望得到尊重、创造活动得到支持、创造才能得到发挥、创造成果得到肯定。

第三，"以人为本"必须把人的全面发展作为发展的重要内容，全力加以推进。2004年3月10日，胡锦涛在中央人口资源环境工作座谈会上发表重要讲话，他指出："坚持以人为本，就是要以实现人的全面发展为目标，从人民群众的根本利益出发谋发展、促发展，不断满足人民群众日益增长的物质文化需要，切实保障人民群众的经济、政治和文化权益，让发展的成果惠及全体人民。"马克思在《关于费尔巴哈的提纲》中指出："人的本质不是单个人所固有的抽象物。在其现实性上，它是一切社会关系的总和。"人的这一本质规定了人的全面发展应是劳动能力、社会关系和个人素质诸方面的自由而又充分的发展。而这些方面的发展有赖于以人为本的科学发展观的落实，"以人为本"与人的全面发展具有内在一致性，正如温家宝所说的那样："坚持以人为本，这是科学发展观的本质和核心，以人为本，就是要把人民的利益作为一切工作的出发点和落脚点，不断满足人们的多方面需求和促进人的全面发展。"②

从以人为本的价值取向出发，实现人的全面发展，要以现代人文精神为导向，以提高人的综合素质、满足人的各方面需求为主线，以保障人的权利、体现人的价值为核心，在经济、社会和自然的协调发展中实现人自身的发展。由其基本含义所决定，实现以人为本的价值取向必须做到：其一，在经济社会又好又快发展的基础上，让发展的成果惠及全体人民，不断提高人民群众的物质文化生活水平；其二，尊重和保障人权，包括公民的政治、经济、文化等权利；其三，不断提高人民群众的思想道德素质、科学文化素质和身心健康素质，为实现人的全面发展创造条件；其四，进行制度等各方面的创新，创造人们平等发展、充分发挥聪明才智的社会环境。这就为马克思主义价值观的发展增添了更加具体、更加丰富的内涵。

（二）"怎样发展"：发展定位中全面、协调、可持续发展的价值自觉

科学发展观是全面发展的发展观。所谓全面发展，就是着眼于经济、社会、政治、文化、生态等各个方面的发展，实现物质文明、政治文明和精神文明、社会文明、生态文明

---

① 《毛泽东选集》（第1卷），人民出版社1991年版，第136页。

② 温家宝：《坚持以人为本是科学发展观的本质和核心》，人民网，2004年2月29日。

的有机统一，缺少任何一个因素，社会大系统均不可能有序发展。对社会全面发展规律的揭示，是反思追求单一经济增长的传统发展观的必然结果。在传统发展观看来，"发展"就等于"增长"，现代化就等于工业化。这一发展观虽然在一定程度上促进了生产力的发展和经济的繁荣，但由于其内含片面性、极端功利性等缺陷，最终导致了"有增长无发展"的状况，同时带来了自然危机、社会危机、人自身的危机等日益严重的全球性发展问题。科学发展观深刻地体现了对生产力与生产关系、经济基础与上层建筑及人的发展的本质和规律的认识，深刻地体现了价值的本质，从而使价值自觉达到了一个新的高度。

科学发展观是协调发展的发展观。所谓社会的协调发展，就是要统筹城乡发展、统筹区域发展、统筹经济社会发展、统筹人与自然和谐发展、统筹国内发展和对外开放，推进生产力和生产关系、经济基础和上层建筑相协调，特别要通过统筹、协调，解决地域、城乡、不同社会阶层和社会群体等差距较大的问题，使发展的各个环节、各个方面相互衔接，相互促进，良性互动。传统发展观片面地追求经济增长，使得人类社会诸构成要素之间、各子系统之间不相适应的情况经常发生，有时甚至会出现严重的失调现象。目前，我国城乡差距持续扩大、地区发展差距持续扩大、经济发展与社会发展不协调、资源环境与发展不协调、经济增长与就业增长不协调等发展问题日趋严重。基于对社会主义现代化建设客观规律的深刻认识和正确运用，科学发展观提出，要协调城乡发展，逐步改变城乡二元经济结构；协调区域发展，形成东中西互动、优势互补、相互促进、共同发展的新格局；协调经济社会发展，努力解决经济和社会发展不平衡问题；协调人与自然的发展，建设资源节约型和生态保护型社会；统筹推进各方面改革，为促进经济社会全面、协调和可持续发展提供体制和机制保障。科学发展观坚持经济社会各方面协调发展，深刻地体现了对经济发展、社会发展的客观规律的认识，从而在经济社会建设上使价值自觉达到一个新的高度。

科学发展观是可持续的发展观。所谓可持续发展，就是要促进人与自然的和谐，实现经济发展和人口、资源、环境相协调，走生产发展、生活富裕、生态良好的文明发展道路，确保不以牺牲后代人的利益为代价来满足当代人的需要。传统发展观以单一的经济增长为旨归，这必然建构"大量生产—大量消费—大量废弃"的生产方式和生活方式。以"恶"的方式对待自然界，势必造成全球发展中日益突出的环境、资源、人口问题，既损害了当代人的发展，又损害了后代人的发展。在人与自然的关系问题上，科学发展观将物与物之间的关系深化为人与人之间的关系，要求两者相互统筹、和谐发展。这是基于人与自然、社会与自然的关系及发展规律的深刻认识基础上的一种价值自觉，而这种价值自觉也在发展观上达到一个新高度。

（三）科学发展观的价值观特征：实践基础上"科学原则"与"价值原则"的统一

人类的实践活动，正是要通过对真理的不懈追求，达到对客观世界的科学认知和客观规律的准确把握，从而实现自身的价值追求，因而，科学原则和价值原则是人类活动的两个基本原则，科学发展观深刻体现了马克思主义科学原则与价值原则的有机统一。一方面，它将以人为本作为最高价值取向，在对"为谁发展"这一问题的回答上表达了自己鲜明的立场，体现了人的活动的合目的性特征，具备了丰富的价值内涵；另一方面，它又回答了"怎样发展"这一问题，正确地把握了社会发展规律，体现了人的活动的合规律性特征，表现了自身极强的科学性。

科学发展观鲜明地坚持了唯物史观考察人类历史发展的价值尺度。科学发展观的一个突出贡献就是在我们党历史上第一次把"以人为本"、人的自由而全面的发展作为社会主义发展的最高价值目标，来导引和规范社会发展。不管是全面发展、协调发展，还是可持续发展，归根结底都是为了人，否则，所谓的发展就失去了任何意义。"以人为本"，是科学发展观的本质属性，它立足当代中国社会发展的阶段性特征，将"以人为本"理念渗透于全面、协调、可持续发展之中，界定了发展的主体，阐述了发展的动力，明晰了发展的价值目标，实现了马克思主义价值观在当代中国的具体化和新发展。如何体现"以人为本"这一核心？十七大同样作了精辟阐述：发展为了人民，发展依靠人民，发展的成果由人民共享。发展为了人民，就是要按照立党为公、执政为民的要求，坚持权为民所用、情为民所系、利为民所谋，把实现好、维护好、发展好最广大人民的根本利益作为党和国家一切工作的出发点和落脚点。发展依靠人民，就是要坚持人民在建设中国特色社会主义中的主体地位，尊重劳动、尊重知识、尊重人才、尊重创造，发挥人民的首创精神，充分调动人民群众的积极性、主动性、创造性，让创造激情争相迸发，财富源泉充分涌流。发展的成果由人民共享，就是要把国家财力进一步向民生倾斜，切实解决社会道德滑坡等一系列人民群众最关心、最直接、最现实的利益问题，营造公平公正的社会环境，保障人民的政治、经济、文化和社会权益，着力提升人的综合素质，和谐发展，共同富裕，最终实现人的自由全面发展。

科学发展观鲜明地坚持了唯物史观考察人类历史发展的科学尺度。对我国社会发展所处的历史条件，十七大报告提出了"两个没有变"：我国仍处于并将长期处于社会主义初级阶段的基本国情没有变，人民日益增长的物质文化需要同落后的社会生产之间的矛盾这一社会主要矛盾没有变。在这样的客观历史条件下，科学发展观强调，发展的第一要义是经济发展，离开经济发展，就无所谓发展。因而，坚持以经济建设为中心，紧紧抓住和切实用好重要战略机遇期，大力发展社会生产力，对中国这样一个发展中大国加快实现现代化具有重大战略意义。我们必须始终坚持以经济建设为中心，聚精会神搞建设，一心一意谋发展。只有坚持以经济建设为中心，加快发展生产力，才能为人的全面发展打下坚实的物质基础；只有坚持以经济建设为中心，加快发展生产力，才能更好地解决发展过程中的矛盾和问题，实现全面建设小康社会和社会主义现代化的宏伟目标。正是因为我们党能够清醒认识中国社会发展所处的历史条件，正确判断社会主义初级阶段的基本国情，科学分析和准确把握当前我国发展的阶段性特征，才能在新的历史起点上，正确把握发展规律，形成对当前我国经济社会发展的科学性认识，提出科学发展观，并把它上升到重要指导方针和重大战略思想的高度，来创新发展理念，创新发展模式，破解发展难题，实现我国经济社会又好又快发展。

科学发展观体现了"价值理性"与"工具理性"的内在一致性。只有经济发展，以人为本才能得到充分实现；也只有以人为本，依靠最广大人民的积极性、主动性和创造性，让人民享受发展的成果，才能为经济发展提供动力。科学发展观既把"以人为本"作为经济建设的最高价值取向，又把"以经济建设为中心"作为实现"以人为本"价值的根本途径，将价值实现的目标与手段统一起来。总之，科学发展观既反映了我国经济社会发展的客观规律，又代表了最广大人民群众的根本利益；既深刻体现了马克思主义真理观与价值观的有机统一，又是我们在新的历史条件下坚持科学原则与价值原则相统一，思考社会发展的最新理论成果。

因此，通过对社会主义价值观的历史考察，依据社会主义的价值目标、价值任务和价值理想，基于对资本主义价值观的历史超越，我们可以把社会主义核心价值观区分为"一般"和"具体"。社会主义核心价值观的"一般"是社会主义的终极价值理想和价值目标，即"人的自由全面发展"；社会主义核心价值观的"具体"是社会主义核心价值观的"一般"在社会主义发展的各个阶段的具体体现。

五、以习近平为代表的中国共产党人对社会主义核心价值理论的完善

习近平社会主义核心价值观是指导我们开展社会主义核心价值观教育的重要理论指南。深入研究社会主义核心价值观，既是增进对社会主义核心价值观的科学认识，提升理论认识和实践养成的需要，也是持续推进社会主义核心价值观像"空气一样"无处不在的需要，更是保持社会主义核心价值观生命力、凝聚力和感召力的需要。

（一）习近平"社会主义核心价值观本质"的思想

习近平指出："核心价值观，其实就是一种德。"[①] 在此，习近平指明了社会主义核心价值观的本质是一种"德"，既是一种"小德"，更是一种"大德"。培育和践行社会主义核心价值观首先要从培养个人的"小德"做起，但最终目标是形成国家和社会"大德"。

1. 大力弘扬中华民族传统美德

中华民族传统美德是中华民族优秀传统文化的"灵魂"。中华民族在五千年的历史长河中，创造了灿烂的中华文化，形成了高尚的道德准则，被世人称为"礼仪之邦"。古代思想家的"内省""慎独""居敬穷理""省察克治""习行"等修身思想同"齐家、治国、平天下"相结合，也就是，将个人之德与"国家兴亡、匹夫有责"的国家、民族命运相结合。在完善个人修养中实现"大德"。这些优秀的道德观念和文化传统都为社会主义

---

① 习近平谈治国理政 [M]. 北京：外文出版社，2014：169。

核心价值观提供了丰富的精神养料。

2. 在践行"小德"中实现"大德"

如何实现"小德"和"大德"的统一呢？对此，习近平也进行了阐释：报效祖国，服务人民，就是大德，但同时，养大德成大业还要从做小事和管好小节做起。修德，既要从大处着眼，更要从小处着手，人人皆可为，人人皆可成。雷锋精神就是最好的写照。把简单的事情做好就不简单，把平凡的事情做好就不平凡。俗话说："勿以恶小而为之，勿以善小而不为。"当然，只有心中有"大德"，方能成"小德"。一个人做一件好事并不难，难的是一辈子只做好事，不做坏事。每个人只有时刻将国家、民族、集体放在第一位，才能在遇到价值冲突的时候守公德、严私德。既能做到自觉加强道德修养，争做道德模范，弘扬真善美，传播正能量，培育和弘扬国家和社会所需要的"大德"，也能从孝老爱亲、助人为乐，从小事做起，从身边做起，积善成德。

（二）习近平"社会主义核心价值观性质"的思想

1. 社会主义核心价值观的阶级性

习近平指出："不同民族、不同国家由于其自然和社会发展历程不同，产生和形成的核心价值观也各有特点。"[①] 显然，这里的"各有特点"，实质已经隐含了社会主义核心价值观的阶级性问题。人类自出现剥削阶级以来，在不同时代的不同民族、不同阶级都从维护自身统治出发，通过对被统治阶级精神控制以达到维护自身统治的目的。因此，社会主义核心价值观的培育和弘扬不能割裂传统。任何一种价值观念，都与特定的国家、特定的民族、特定的文化、特定的传统相联系。世界上从来就没有"普世"的价值。我们既不主张社会主义核心价值观的"普世性"，更要警惕别有用心的人将西方的价值观鼓吹成"普世价值"。

2. 社会主义核心价值观的价值性

这里的价值，指的是一种思想或者理念对人的发展和社会进步的效用或意义。习近平认为社会主义核心价值观无论对国家、民族还是个人都具有重要意义。社会主义核心价值观对国家和民族而言，习近平指出："如果一个民族、一个国家没有共同的价值观，莫衷一是，行无依归，那这个民族、这个国家就无法前进。"[②] 就个人价值而言，习近平指出，养"大德"者方可成大业。显然，社会主义核心价值观培育既事关国家前途、民族命运，又与个人的成长成才直接相关。

3. 社会主义核心价值观的潜在性

作为一种价值理念，作为文化的灵魂，同文化一样，社会主义核心价值观根植于人们

---

① 习近平谈治国理政 [M]．北京：外文出版社，2014：170~171。

② 习近平谈治国理政 [M]．北京：外文出版社，2014：168。

的内心，潜移默化地影响着人们的行为方式。习近平用"中国人的独特精神世界""有百姓日用而不觉的价值观"①等语言描述核心价值观的这种潜在性。社会主义核心价值观无论在存在方式上还是表现形式上都是潜在和内隐的。可见，判断一个人的行为是否符合社会主义核心价值观的要求，不仅要听其言，更要观其行。不仅要看一时一事的表现，更要看其长期的行为。只有将核心价值观真正融化进血液里、深入到骨髓里，才能在日常生活中自觉践行核心价值观的要求。

（三）习近平关于"培育和践行社会主义核心价值观"的思想

习近平关于社会主义核心价值观培育和践行的思想具体而生动，如关于加强教育主体建设、选择教育方法、坚守教育的原则等等，高屋建瓴，内涵丰富。

1. 关于如何加强教育主体建设的思想

针对不同的教育主体，习近平提出了具体而富有针对性的要求。如在谈到教师的作用时，他指出："教师必须率先垂范，以身作则，引导和帮助学生把握好人生方向，特别是引导和帮助青少年学生扣好人生的第一粒扣子。"②在这里，习近平进一步明确了教师的责任和使命，也对教师教书育人提出了鲜明的要求。对宣传战线上的党员和干部，他说："所有宣传思想战线上的党员、干部都要旗帜鲜明坚持党性原则。"③对党员干部，他讲道："同企业家打交道一定要掌握分寸，公私分明，君子之交淡如水。"④在这里，习近平为宣传战线上的党员干部指明了为官之则和为官之德。既不能"失位"，更不能"越位"。因此，全体公民既是教育者也是施教者，尤其对于党员干部而言，只有时刻铭记自身责任，身体力行，加强学习和自省，才能做到"子帅以正，孰敢不正"。

2. 关于如何选择社会主义核心价值观教育方法的思想

习近平指出："要通过教育引导、舆论宣传、文化熏陶、实践养成、制度保障等，使社会主义核心价值观内化为人们的精神追求，外化为人们的自觉行动。"⑤因此，做到像"空气一样"无处不在，除了发挥社会主义核心价值观自身具有的吸引力以外，因时、因地、因人选择恰当的教育方法就显得尤为重要。在教育方法的选择上，既要开展旗帜鲜明的显性教育，也要重视润物细无声的隐性教育，更要加强规范性的制度保障。不仅如此，他还具体谈到了几种教育方法：榜样教育法，党员干部要发挥榜样的作用，自觉带动学习和弘扬社会主义核心价值观；隐性教育法，要创新文化形式，用润物细无声的方式告诉人们什

---

① 习近平谈治国理政 [M]. 北京：外文出版社，2014：170。

② 习近平，老师责任心有多大人生舞台就有多大 [EB/OL]. http://news. xinhuanet. com/politics/2014-09/09/e1112413723_2.htm，2014-9-9.

③ 习近平谈治国理政 [M]. 北京：外文出版社，2014：153。

④ 习近平. 干在实处走在前列——推进浙江新发展的思考与实践 [M]. 北京：中共中央党校出版社，2013：23.

⑤ 习近平谈治国理政 [M]. 北京：外文出版社，2014：164。

么是真善美，什么是假恶丑；教育与自我教育相结合的方法，青年人自觉遵循社会核心价值观的要求，从现在做起，从自我做起。可见，教育方法是完成任务的关键。

3. 关于培育和践行社会主义核心价值观应秉持的原则的思想

关于培育和践行应秉持的原则的思想，可以归结为普遍性和特殊性相结合的原则、渐进性原则和教育合力的原则。如习近平在 2014 年 5 月 4 日同北京大学师生在谈到"五四精神"时指出，社会主义核心价值观不仅青年人要坚持，全社会都要坚持。之后，他也在海淀区民族小学看望少年儿童时讲到，社会主义核心价值观培育和践行要适合青少年的特点。显然，这里的"全社会都要坚持""要符合青少年的特点"等思想，鲜明体现了社会主义核心价值观教育应坚持普遍性和特殊性相结合的原则。既要开展普遍性教育，面向全体社会成员，更要注重因材施教，一切以时间地点和条件为转移。关于渐进性原则，他认为核心价值观的养成绝非一日之功，要坚持由易到难，由远到近，这种观点既符合人的认识规律，又符合唯物辩证法的要求。社会存在决定社会意识，核心价值观作为中国特色社会主义主流意识形态，属于思想范畴，一种思想观念要真正内化于心，外化于形，不仅受自身固有观念的影响，更受经济社会现实的制约。因此，核心价值观教育要立足现实，着眼长远，避免急功近利。关于教育合力原则，习近平指出："让社会主义核心价值观在少年儿童中培育起来，家庭、学校、少先队组织和全社会都有责任。"因此，培育和践行社会主义核心价值观需要各级组织机构和教育部门履行自身的责任和义务。只有统筹规划，协同配合，发挥合力，才能取得实效。

总之，习近平社会主义核心价值观思想的内涵丰富，高屋建瓴。深入理解和学习习近平社会主义核心价值观思想既能深化对社会主义核心价值观的认识，也能给进一步丰富和发展社会主义核心价值观提供精神养料。

第四节　社会主义核心价值观提出的重要意义

一、何以产生：社会主义核心价值观的主要由来

（一）传统文化中蕴含的主要价值伦理

中国传统文化中的核心价值观，是指在中国传统文化的各种价值观念中居于核心地位、起着主导作用的价值观。中国传统文化的核心价值观包含两层意思：其一，是指中国传统文化的组成部分，即儒道佛三家各自的核心价值观。其二，是指儒道佛三家共同形成的中国传统文化所体现的核心价值观。儒家文化的核心价值观可以概括为自强不息，厚德载物；道家文化的核心价值观可以概括为道法自然，逍遥齐物；中国佛教文化的核心价值观可以

概括为慈悲为怀，普度众生。中国传统文化各家在处理与其他文化传统之间的关系时，普遍体现出融合会通、和而不同的价值取向。

1. 儒家：自强不息，厚德载物

儒家文化的核心价值观可以概括为自强不息，厚德载物。儒家非常重视仁，将仁视为"生生不已"的"天地之大德"，在《论语·里仁》里，孔子甚至提出，"君子无终食之间违仁，造次必于是，颠沛必于是"，表现出强烈的生死以之的志趣和情怀；此德赋之于人，则成为人的本性：率性而行，即成为道。儒学就产生于对此道的传授与修习之中，因此儒学常被说成是"修己治人之学"，其所蕴含的即是所谓"内圣外王之道"。"修己""内圣"云者，就是说儒家学者应不断充实自己的仁爱之心，不断地加强自我修养，努力形成圣人的品格和能力；"治人""外王"云者，就是说儒家学者要当仁不让，仁以为己任，自觉承担起治理国家和服务社会的责任，为天下国家的平治尽心尽力。宋儒张载要求儒家学者"为天地立心，为生民立命，为往圣继绝学，为万世开太平"，就是对儒家学者所具有的这种使命感和责任心的最好的阐释。"天行健，君子以自强不息"（《周易·乾·象》），就是说儒家君子为了完成自己的使命，负起自己的责任，奋发图强，永不止息；而"地势坤，君子以厚德载物"（《周易·坤·象》），是说君子应具有宽广的胸怀，能够容纳和善于接受不同意见和建议，不断地丰富自己的内涵。两千多年来，儒家的仁人志士在自强不息、厚德载物这种价值观念的熏陶之下，杀身以成仁，无求生以害仁，谱写了天地间一曲曲波澜壮阔的正气歌，逐渐形成了儒家文化虽历经艰难险阻而不断奋起的发展态势与善于容纳和接受异质文化的宽广视野。

2. 道家：道法自然，逍遥齐物

道家文化的核心价值观可以概括为道法自然，逍遥齐物。道家最为推崇的范畴"道"的原始意义是指道路，引申为人应遵守的规则和运动变化的规律，以及那些自觉遵守规则和规律的人所达到的自由境界。老子提出了"道法自然"的观点，在道家的始祖老子看来，道的运行法则就是"自然而然"，"得道"就意味着必须任由事物成为它所应是的样子，绝不能将自己的主观意志掺杂其中，这就是"无为"；一旦彻底否定了任何外在意志的驱使和强迫，事物就会在运动中完全实现自己的本性，此即"无不为"。易言之，"无为"是从"道法自然"中获得的方法论原则，而"无不为"是由此方法论而达到的最为理想的效果。以此自处，就可以实现庄子《逍遥游》中所谓的"至人无己，神人无功，圣人无名"，达到"逍遥"自在的"无为"之境；以此处世，则可以成就庄子所谓的"吹万不同，而使其自己也，咸其自取，怒者其谁耶"，从而实现"天地与我并生，万物与我为一"的"齐物"之境（《庄子·齐物论》）。也就是说，遵从"道法自然"的基本法则，既可以使自己的本性获得充分的实现，也可以使他人或他物获得完全的自由。从道家的核心价值观念来看，道家虽然没有儒家"己欲立而立人，己欲达而达人"的古道热肠，却有"我无为而民自化，我好静而民自正"的清醒与冷静，在某种程度上也可以修正和制约儒家过于专注化民成俗所导致的一些弊端。

3. 佛教：慈悲为怀，普度众生

中国佛教的核心价值观可以概括为慈悲为怀，普度众生。佛教将人生视为忧悲苦聚，充满着生苦、老苦、病苦、死苦、爱别离苦、怨憎恨苦、求不得苦、五盛蕴苦，是为苦圣谛；招致人生诸多痛苦的根源在于人有各种欲望，即对顺境的贪、对违境的嗔和对无违无顺之境的痴，是为集圣谛；若要从各种痛苦中解脱出来，必须灭除各种欲望，达到清净寂灭的境地，是为灭圣谛；而要实现清净寂灭，就必须修习正见、正思惟、正语、正业、正命、正精进、正念、正定等八圣道，是为道圣谛。小乘佛教知苦、断集、慕灭、修道，追求灰身灭智，最终实现的是个人的出离和解脱；而大乘佛教以慈悲为怀，对众生的各种痛苦都感同身受，将拔众生于苦海而给予众生快乐视为自己获得解脱的前提。在儒家达则兼济、穷则独善的传统影响下，中国佛教形成了以大乘为主融合小乘、一切众生皆有佛性的一佛乘思想，因此，以慈悲为怀，自觉觉他、自利利他、自度度他，普度众生，就成为中国佛教最基本和最核心的价值观念。这也是普门示现、大慈大悲、救苦救难的观世音菩萨在中国获得广泛信仰的根本原因。

4. 异质文化的相处之道：融合会通，和而不同

中国传统文化各家在处理与其他文化传统之间的关系时，普遍体现出融合会通、和而不同的价值取向。如儒家主张"天下一致而百虑，同归而殊途"，有"万物并育而不相害，道并行而不相悖，小德川流，大德敦化"的说法，就可以诠释为对不同文化所持的容忍态度，孔子的问礼于老聃，更是为儒家开启了虚心求教于异质文化的优良传统，而道家的"两行"及"齐物论"，实际上就意味着允许和承认各种思想观念和文化形态都具有充分发展的权利和自由。中国佛教也非常注重与儒道文化的会通与融合，逐渐形成了以儒治世、以道治身、以佛治心的文化分工。儒道佛三家在理想人格、理想境界、修行方法等许多方面具有同构性，因而可以相互融合和会通，实现和谐相处。但儒家关注人文化成，道家重视自然无为，佛教则主张清净解脱，三种文化的思想传统和价值追求又具有极大的异质性，因而又无法实现完全的同化。在融合会通、和而不同的价值观念指导下，中国传统文化形成了儒道佛三家并立共存的基本结构。

儒家是中国传统文化的主体，道佛二家则是作为儒家文化的补充而成为中国传统文化的重要组成部分。中国人"学焉各得其情性之所近"，优游于三种文化传统之中，尊其一而容其二，形成了中国传统价值观的多样性和丰富性，为中国人的精神翱翔提供了广阔的思想空间，也为今天社会主义核心价值体系的构建提供了宝贵的文化资源。

（二）传统文化中昭示的核心价值理想

1. 基于"大同社会"的早期共产主义思想

中国远古先人在对自身主体地位的确定上，经历了和其他民族相同的过程。中国古代

的"大同社会"的共产主义思想的生成时间、道路和模式也是由中国的现实所决定的，从孔子的大同社会思想到洪秀全的平等价值思想到康有为的大同世界，这些群体至上的价值判断与选择，一而再、再而三地被中华民族所肯定和强调，乃至在古代和古典时期以及现当代始终在人与自然、人与人的关系层面上占据着社会意识的主流和统治地位。

（1）孔子的"大同社会"

孔子推崇群体至上，讲究人世兼济，将社会安定与发展作为终极关怀，并以"修身、齐家、治国、平天下"的人格模式为其主张和理想，形成了高度概括的儒家整体主义价值观。以孔子为代表的儒家思想在中国古代的发育，几乎与文明的生长同步，有着深厚的历史土壤。西汉的《礼记·礼运》托名孔子而著，首倡"大同""小康"之说，把社会历史的演进分为两个阶段，即"大同"之世和"小康"之世，也就是"大道之行"与"大道既隐"两个阶段，《礼记·礼运》描述了两种令人十分向往的理想社会。夏代以前存在着一个"大同社会"，在"大道之行"的"大同"之世，"天下为公，选贤与能，讲信修睦""天下为公"，就是说天下非一姓一家之物，而是天下人所共有的，因此，天子位的继承，应该选贤选能，揖让圣德。同时，在"大同"之世，人人劳动，共享财货，因而"货，恶其弃之于地也，不必藏于己；力，恶其不出于身也，不必为己。"人没有私有的概念，"是故，谋闭而不兴，盗窃乱贼而不作，故外户而不闭。"在这种情况下，社会也无须用礼义规定人们的等级地位，实行财物的等级分配。总之，在"大同"之世，既无宗法等级的亲亲、尊尊之别，又无财产为己的私有之制，人们不争不夺，自然和合。显然，古人们的"大同"梦并没有能够实现。

（2）太平天国时期的平等价值观

洪秀全作为领导太平天国运动的杰出领袖，他把西方基督教的博爱观念同中国农民的朴素的平等观念结合起来，提出了一个以拜上帝为形式，以平等、平均为内容的比较完整的思想体系。

首先，洪秀全认为每个人都应该有享受现实的幸福的权利，也应该为获得现实的幸福而努力奋斗。洪秀全认为应该在享受现实的幸福的同时，建立人间"天国"，也就是说，突出人的地位，而并不仅仅是信仰基督教的所谓"原罪说"、人的堕落、神的惩罚等观念。其次，洪秀全主张平等、博爱。他认为，天下应该人人平等，也就是"普天之下皆兄弟"，他主张男女平等，他认为："天下多男人，尽是兄弟之辈，天下多女子，尽是姐妹之群"，因此"凡分田，照人口，不论男妇""有田同耕，有饭同食，有衣同穿，有钱同使，无处不均匀，无人不饱暖"和"天下人人不爱私，物物归上主"，这就是说，天下应该人人平等、男女平等、父子平等、君臣平等，而且要相爱互助，做到"他人有难尔救他""见人灾病同己病，见人饥寒同己寒"，不得"存此疆彼界之私""起尔吞我并之念"，见到别人生病就如同自己生病一样，这里强调的是一种和谐、大同思想。洪秀全领导的太平天国农民起义，沉重地打击了封建专制制度，太平军受到广大农民的拥护，其原因很多，重要的一条是洪秀全打出了"平等"的旗帜，如普天之下皆兄弟。他提出"有田同耕，有饭同食，有衣同穿，有钱同使，无处不均匀，无人不饱暖"的社会主义理想，还提出"天下人人不受私，物物归上主"的思想，体现了广大农民反对剥削压迫、要求平等自由的愿望。

这种平等的价值观，是太平天国农民革命运动的重要精神支柱，对团结广大劳苦大众反对封建统治，起了重要作用。但这种平等观是一种小生产者的平均主义思想，反映了广大农民反抗剥削压迫的价值取向，有其积极的作用，也有其局限。洪秀全提出的"强不犯弱，众不暴寡，智不诈愚，勇不苦怯"的"公平正直之世"，也就是建立在小农经济基础之上的共产主义国家。《天朝田亩制度》虽然曾两度颁布，但是平分土地的规定在战争环境下始终无法实行，圣库制度要推广到整个社会也缺乏现实的可能性。洪秀全将构建和谐社会的理想在攻克南京之后进行了建设和实施，南京攻克以后，改名天京，洪秀全在天京城内，将社会建设"小天堂"的蓝图付诸实施。《天朝田亩制度》所描绘的天下共享蓝图，在这里逐步显现，但由于"小天堂"方案超越了历史发展的进程，它没有发达的社会生产力和丰富的物质产品作后盾，这个方案也超越了当时人们的思想觉悟程度，"小天堂"的政策施行了两年，难以再维持下去，两年后正式宣告"小天堂"方案破产。

（3）康有为的"大同世界"

康有为的大同书可以说是中国历史上最详尽的宏伟图景，处处与封建专制制度相互对立。他所认为的理想社会是没有国家、君主、军队、监狱，只有民主选举出来的"公政府"，"公政府"只有议员、没有行政官、议长、统领，也没有帝王，任何大事都是以多数决之，这样的大同世界是没有等级、种族、贵贱、主权、爵位之争的，是人人平等，天下平等。大同之世，家界消失，男女平等，婚姻自由，生儿育女，均由"公政府"抚养；大同之世，土地公有，科学极为发达，生产高度发展，人人参加劳动，人人都有较高的文化教养和高尚的道德品质。

康有为曾经把实行国有化政策当成了社会主义。他曾说："民生主义者，即国家社会主义也。"在他看来，"真正的民生主义"也就是"共产主义"，即大同。为建立共和国，他主张实行民生主义的"四大纲"，即"平均地权""节制资本""铁路国有""教育普及"。他幻想在"平均地权"和"节制资本"的前提下，避免走资本主义道路，达到所谓"大同主义"。其实，"平均地权"和"节制资本"政策只能促进资本主义的发展，他"毕其功于一役"的革命论断则是混淆了民主革命和社会主义革命两个不同的阶段，事实上无法实现，他的"天下为公"思想实质上是一种空想社会主义。

2. 基于"和谐"的社会价值观

"和"是人类所向往的一种美好的社会生活状态，和谐社会是人类所追求的崇高社会理想。

（1）孔子"和为贵""和而不同"的社会和谐价值观

孔子是我国儒家思想的代表，他"和为贵""和而不同"的和谐社会价值观主要体现在"礼、仁、均、信"四个方面。孔子认为，"礼"作为一整套社会规范，其根本的用处在于使社会达到一种和谐状态，"礼"的目标是理想社会，是大同。在周王朝，所有的行为，不论大小，都是以"礼"为准则的，即"君君、臣臣、父父、子子"，上下级、尊卑、长幼进行严格而且明确的规定之后，每个社会成员都各安其位，只有这样才能做到"和而不同"，也就是孔子所提倡的"君子和而不同，小人同而不和"。在财富分配方面，孔子崇尚"不患寡而患不均，不患贫而患不安"的社会财富分配原则，他认为，国家的经济实力如何，不是衡量社会生活状况好坏的唯一标准，衡量社会生活状况好坏的标准应该是社会分配是否合理以及社会是否安定，所以，他强调要力求做到"均"，即在各阶层内部人与人之间做到均等，只有这样，各利益集团才可以和谐共处。孔子认为，如能做到"礼、仁、均、信"四个方面，老百姓就能过上和睦、安定、愉快的生活，这样的社会才是一个和谐的社会。

（2）老子"安居乐业"的社会和谐价值观

老子反对竞争、反对战争、反对冲突，提倡和平、社会公平，提出小国寡民。他说："小国寡民，使有什伯之器而不用，使民重死而不远徙；虽有舟舆，无所乘之；虽有甲兵，无所陈之；使人民复结绳而用之。甘其食，美其服，安其居，乐其俗。邻国相望，鸡犬之声相闻，使民至老死不相往来。"

老子认为社会和谐的前提是消灭一切技术，消除一切文明对人的侵害，他的核心思想是自然的静态平衡。他认为只有将文化所造就的人还原成自然的、没有任何印记的人，才能消除文化对人性的侵害。他反对压迫、反对开启民众的智力，他认为民愚、事简、结绳而治、清静无为，老百姓安居乐业。"民至老死不相往来"，就是为了切断那些引起纷乱的社会交往关系，让人们像植物一样固守在自己的园地里，保持一种静态和谐。老子追求的是一种组织规模小、自给自足、静态和谐的安定社会，是一个和谐、松散、运转良好的"小国寡民"社会，人们固守在自己的园地里，不使用任何先进的、大型的物质工具，没有任何先进文化印记，人们没有"欲望""攀比""竞争"之心，甚至老死不相往来，处于一种自然的疏散状态。

（3）孟子"推己及人"的社会和谐价值观

在孟子看来，社会要和谐稳定，关键在于统治者要施行仁政，"以民为贵"，推恩而及四海，做到推己及人。他曾对齐宣王说，君主如果能够与民同乐同忧，百姓就会与他同心同德；反之，如果君主做不到与民同乐同忧，百姓就会与他离心离德。孟子说："乐民之乐者，民亦乐其乐；忧民之忧者，民亦忧其忧。乐以天下，忧以天下；然而不王者，未之有也。"另外，孟子认为人性是善的，也就是，人皆有恻隐之心、羞恶之心、恭敬之心、是非之心。他的这一社会思想，在强调人的尊严方面，无疑具有非常积极的作用。在经济上，他主张"制民以恒产"。他充分注意到经济生活的稳定对于稳定民心的作用，指责统治者不重视"制民之产"，使老百姓"仰不足以事父母，俯不足以畜妻子；乐岁终身苦，凶年不免于死亡"，他认为，只有"制民以恒产"，才会出现"老者衣帛食肉，黎民不饥不寒"的理想社会。

（4）荀子"公平中正"的社会和谐价值观

荀子认为，人性天生是恶的，"人之初，性本恶"。基于对人性恶的思想定位，等级贵贱之分与对物质财富的占有都应该按照制度的形式规定不同的人。礼的规定以及人们对礼的认同，是整个社会和谐的基础，"人无礼不生，事无礼不成，国家无礼不宁"，礼是整个社会的等级规范，既是治国之本，又是社会分配原则，"礼者，养人之欲，给人以求。"荀子认为，人如果按照自然本性去竞争财富、地位，必然导致社会混乱，我们只有按照不同的等级、地位，进行"度量分界"，才能相安无事。在这里，他强调的是不同政治地位者的利益差异，其实质是要求人们对现实不平等的财富分配方式的认同，使人在一定等级观念支配下，安心于自己的所得，但也暗含了区分人们贡献差异的因素，有一定的合理性。按照贡献的差异进行差异分配的原则，是符合人的利益和天性的。

3. 基于"仁"的集体主义价值原则

儒家思想是主导中国古代社会政治伦理生活的精髓，儒家思想的仁和礼是中国传统社会价值体系的内核。儒学也被人称为"仁学"，"仁"之所以成为儒家学说的本位价值与核心价值，首先要明确什么叫"仁"。

《论语·雍也》有一段记载："子贡曰：如有博施于民，而能济众，何如？可谓仁乎？子曰：何事于仁，必也圣乎！尧舜其犹病诸！夫仁者，己欲立而立人，己欲达而达人。能近取譬，可谓仁之方也已。"张岱年先生认为"己欲立而立人，己欲达而达人"是孔子给"仁"下的一个界定，也就是说，在孔子看来"仁"的本旨，乃"自己求立，并使人亦立；自己求达，并使人亦达。"即自强不息，而善为人谋。简言之，便是既成就他人，也成就自己。仁包含着两层含义，一是"樊迟问仁，子曰：'爱人'"。《礼记·中庸》说："仁者，仁也，亲亲为大。"也就是说，孔子所认为的仁是建立在爱人的基础之上的。二是，爱人的方式是什么？"仁者，己欲立而立人，己欲达而达人，能近取譬，可谓仁之方也已。"《论语·颜渊》说："仲弓问仁。子曰：'出门如见大宾，使民如承大祭。己所不欲，勿施于人。在邦无怨，在家无怨'。"也就是说，要爱一个人，就要从自己出发，你自己愿意做的才要求别人去做，自己不愿意做的事情，就不要强加于别人。也就是说，只有做到这样，才能称得上是"仁"。孔子在这里强调的是人的价值在于对他人的尊重，他人的价值的实现是自我价值实现的前提条件。

（1）"仁"是人的本性

仁道原则乃儒家价值体系的根本原则。孔子、孟子甚至将"仁""人"互训，将仁作为人的同义语，如孔子曰："仁者，人也。"孟子亦曰："仁也者，人也。"作为有异于其他动物的人，人的根本特性就在于人有仁义之德，人的价值也主要体现在仁义之道上：一方面，正如孟子所说，仁是人固有之"善端"，"仁义礼智根于心"，仁是人的内在需要，如孔子说："民之于仁也，甚于水火。"另一方面，仁义也是人区别于其他一切的根本特质和价值之所在，如荀子说："水火有气而无生，草木有生而无知，禽兽有知而无义，人有气、有生、有知，亦且有义，故最为天下贵也。"以人或爱人界定仁，特别是孔子"天地之性人为贵"之说，意味着确定人在万物之中的至上地位，意味着仁道原则乃儒家价值体系的根本原则。

（2）"忠恕爱人"是"仁"的基本内涵

《论语·颜渊》中记载了孔子对仁的解说："樊迟问仁。子曰：'爱人。'"这是孔子对仁之内涵的最一般规定，爱人即爱众，孔子提倡"泛爱众而亲仁""博施于民而能济众"，他要求人们，从消极方面说，"己所不欲，勿施于人"，从积极方面说，"己欲立而立人，己欲达而达人"。孟子也要求，"仁者以其所爱及其所不爱""老吾老以及人之老，幼吾幼以及人之幼"这些思想，直到今天仍然是人们为人处世、和谐相处的基本而崇高之道，表现着儒学难能可贵、历久弥新的精神实质。

（3）"仁"是社会道德修养的崇高境界

孔子从不同角度说"仁"，"仁者乐山""仁而静""仁者寿""仁者不忧""仁者必有勇""里仁为美""不仁者不可以久处约，不可以长处乐""苟志于仁矣，无恶也"。孟子也说，"仁则荣""仁者无敌"，正因为如此，"仁者安仁""求仁而得仁，又何怨"。孔子所谓"里仁为美"所揭示的是，道德修养达到一定境界，理想人格得以塑造，不但是至善，更给人一种深刻的美感，是人的内心中具有的一种最高的精神境界。同时，"仁"也是儒学价值观取向的首要选择，孔子主张："当仁，不让于师。""志士仁人，无求生以害仁，有杀身以成仁。"（《大学》）也就是说，"仁"是一种类似于道德价值与其他价值发生冲突时，要毫不犹豫地牺牲其他价值，甚至不惜生命，也要保存的道德价值。

在义与利的问题上，重义而轻利。孔子很少说利，其为人处世只问合义不合义，而不管有利与否。孟子认为一切行动只需以义为准绳，更不必顾虑其他。孟子认为，如果只讲利，则肯定会引起社会危乱，因为利本身是矛盾的，而义是和谐的，所以，有仁义就足够了。儒家以仁为本、仁义至上的价值标准和价值原则，在一定程度上突出了人的重要地位，体现了现代社会的人道原则与人文精神，属于一种可贵的人本思想，特别是"己所不欲，勿施于人""己立立人，己达达人"的泛爱博爱精神、"忠恕之道"，更是被视为"黄金法则"，为今天全球伦理、普遍价值的追寻，提供了初步的原则和思想资源。

二、何以存在：社会主义核心价值观的生命力

（一）价值样本：对既往社会价值观的凝聚

中国传统文化是中华民族在长期的历史发展过程中，经过几千年演化的古代礼仪，形成的一套完整的礼仪制度。这种礼仪体系构成中国文化的主体精神，如"内修外教""达则兼济天下，穷则独善其身""先天下之忧而忧，后天下之乐而乐""舍生取义，杀身成仁""虽体解吾犹未变兮，虽九死其犹未悔"等等。在此道德价值的基础上，创作了一系列文学作品，形成了古代文人的主体精神，这种精神贯穿于一切文学作品。中国还有独特

的音乐、书法、美术等，都无不体现着中国古代文化的精神追求。而值得称道的，还是中华文化的包容性精神，儒释道三教合一的宗教体系，以及儒家文化博大精深、具有包揽世界万物的文化气魄。由于特殊的自然、地理、环境、经济形式、政治结构、意识形态的作用而形成的文化积累，不可避免地折射出封建礼教桎梏的影子，凝聚了古圣先贤几千年经验和智慧的结晶，它在中华民族的思想意识和行为规范中，内化为社会个体的心理和性格，并渗透到社会政治、经济，特别是精神生活的各个领域，成为制约社会历史发展，甚至人的思想行为的强大力量。

中国传统文化将道德阐释为"天道""天理"，认为道就是法，是万物之奥、万事之源，道先天地而存，是阴阳相合、遵自然法则运行不息的规律。德是物质场，万物存在的基础，道与德连在一起就是尊道重德。传统道德产生于社会的需要，它在维系社会秩序安定，维护统治阶级的统治和政治的稳定，规范人们的言行举止上，起到了巨大的作用。中国几千年的封建社会主要就是靠以儒家思想为主的传统道德来维系和延续的，历史上，最早意识到道德对于社会长治久安的重要性的是周公，春秋战国时期，在思想领域出现了"百家争鸣"的局面，先后出现了儒、道、法诸子的伦理思想，经过后来的不断发展和完善，"德治""重利轻义"成为封建社会居主导地位的道德思想。礼、义、廉、耻，是道德的四大纲纪，中国传统文化道德的创始者——各诸子百家都把重德修身看作是立身治国的根本原则，把个人的荣辱与祖国的荣辱紧紧相连，把道德视为国家兴亡、政治成败的基础和关键。

中国传统文化的特征，概括起来，可以归纳为这么几点：第一，以德行修养为安身立命之本。在中国传统文化中，最注重的就是个人的自我修养。第二，以中庸为基本处世之道。作为儒家推崇的为人处世之道，中正平和、不偏不倚的中庸之道，成为人们追求的理想状态。第三，以耕读传家为本的治家之道。中国是一个以农业为主的国家，人们世世代代被束缚在土地之上，而科举取仕又成为他们光宗耀祖的唯一通道，于是耕田、读书成为古代文化基本治家之道。第四，以经学为治学之根本。因为是科举举仕，而封建统治者又崇尚儒家之道，儒家一概以经学为根本，因此学习儒家经典成为文人治学的根本。第五，以义利合一为基本价值追求。义利合一是价值追求的理想状态，二者冲突时，舍利取义。第六，以主观意象为基本的思维方式，与西方哲学相比，中国哲学明显缺乏思辨性，而更注重形象性，强调一种外在形式之优美。以上六点，是中国文化的基本精神，这种精神，构成了中国传统文化的主要因素。

（二）整肃纲纪：奠定公民社会秩序的基础

中国传统道德一方面造就了中国社会价值观体系丰富的内容，另一方面也不可避免地带来了价值观的历史复杂性。毫无疑问，我们应当承认传统价值观在历史发展的过程中，受封建专制制度的制约，具有许多片面性和局限性，比如"三纲"之说、"三从"之论等等；但同时我们更应当清醒地认识到，千万不能因为传统价值观在历史发展过程中具有许多片面性和局限性，而一味地否定甚至放弃传统价值观，我们应该撇开其片面性和局限性，正确认识传统价值观中的精髓。

1. "以人为本"：人权价值的萌生

传统道德中的精髓肯定人的价值，注重人格的尊严。孔子说，"天地之行人为贵"，就是说在天地之间人的生命是最为宝贵的，人是最有价值的。孟子也说，"民为贵，社稷次之，君为轻"，有人认为孟子的根本目的是维护君主的统治，不是把社会大众即人民的地位放在君主之上。我们必须明确"君"这一概念的两种不同含义，一是从社会分工的角度来讲，君是社会必不可少的角色，即必须要有"君"这样一个社会职位，其职责是掌握和行使社会的最高管理权，二是处于"君"这个角色位置的某个人即具体的君主。在此我们主要谈谈前一层意义上的君，孟子的思想中是以"君道"来表述的，正是从这个意义上，他主张和强调君臣都应该各尽其"道"，"欲为君，尽君道；欲为臣，尽臣道"，这里的道就是职责，君臣都必须按照自己的职责进行活动，对于"君道"意义上的"君"，孟子确实是竭力进行维护的。但是，按照孟子的阐释，君道意义上的"君"不仅不具有现今通常理解的与社会大众利益的对立，而且是统一的。因为，孟子所阐释的"君道"就是贯彻"天意"，而"天意"就是民意，就是老百姓的愿望和要求："天视自我民视，天听自我民听。"儒家还进一步阐释，因为人人都有良知，所以也就都有自己的内在价值，这个内在价值不是别人给予的，是每个人生来就有的，内在价值的内容就是人的价值观意识。正因为人有价值观意识，人与禽兽就区别开来了，人就具备了独特的内在价值，人也就有了做人的尊严。对人的价值的肯定、对人格尊严的注重，是价值观优秀传统的一个重要方面，正是在这一优秀传统的熏陶下，形成了中华民族特有的价值观心理结构和行为模式。

2. "公而忘私"：爱国敬业的发端

传统道德中的精髓强调为民族、为国家的整体主义理念。所谓"整体"，就是民族和国家；所谓整体主义，就是强调个人必须服从并服务于民族和国家。正因为传统价值观强调整体主义理念，就形成了顾全大局、乐于奉献、公而忘私、以民族和国家利益为重的特有的民族精神。历代传颂的"国而忘家，公而忘私""先天下之忧而忧，后天下之乐而乐""苟利国家生死以，岂因祸福避趋之"等至理名言，就是对这一民族精神的生动展示。正是在中国传统价值观整体主义的优秀传统的熏陶下，涌现出了一批又一批顾全大局、乐于奉献的仁人志士，从而使得我们的民族和国家虽历经无数次内忧和外患，但始终能够一次次获得新生，走向充满希望的康庄大道。在实现途径上，传统价值观充分肯定个人作为价值观主体的能动性，强调任何人只要立志向善，就一定能够成为一个价值观高尚的人，这样的能动性体现在将价值观认识"见之于生活行动"，提倡"身体力行""躬行实践"，不怕艰难险阻，坚忍不拔，百折不挠，一往直前的顽强意志和精神，"君子以自强不息""苦其心志，劳其筋骨，贫乏其身……所以动心忍性，增益其所不能"早已成为人所共知的"微言大义"的名言，其价值和意义依然巨大，将重视修养实践、崇尚理想人格作为根本追求，从而使得中华价值观具有了实践的品格和旺盛的生命力，既成为历史上许多儒家思想的信奉者、追求者的精神支柱，也是人类现在和将来所需要的精神力量。

3. "鱼和熊掌友善秩序"的操守

传统道德强调"诚信取舍"，主张以义为上，重视正确处理义与利的关系，即物质生活与精神生活以及私利与公利的关系。中华民族的价值观从来就不简单地否定人们对利益的追求，据《论语·子路》记载："子适卫，冉有仆。子曰：'庶矣哉！'冉有曰：'既庶矣，又何加焉？'曰：'富之。'"据朱熹的解释，之所以要"富之"，乃因为"庶而不富，则民生不遂"。传统价值观一方面不简单地否定人们对利益的追求，另一方面也感到，如果人们对利益的追求全然不受任何约束和引导，那势必会造成现实的利益关系的恶化。正是在这样的背景下，传统价值观提出了"以义为上"的重要思想，孟子的一段话充分反映了这一主张："生，亦我所欲也。义，亦我所欲也。二者不可得兼，舍生而取义者也。"中华价值观强调"以义为上"，因而形成了中华民族见利思义的优秀品质，在经济生活中讲价值观，成为家喻户晓、妇孺皆知的基本价值观规范，这也有利于市场经济活动的伦理化。除了"义利"的取舍之外，在处理人际关系上，传统文化推崇"仁爱"。孟子说"仁者爱人"，亦将仁释为爱人，由此形成了仁者爱人的重要理念。"仁者爱人"有着十分丰富的含义，首先，它强调仁爱应当分亲疏远近，从爱最亲近的人即父母兄弟开始，逐步推广扩大到其他。其次，它强调在不同的人际关系中，对不同的人，仁爱应当有不同的内容和不同的表现。再次，它强调"推己及人"，应当将仁爱贯穿到施政原则和社会理想中去，通过实行仁政教化，达到理想的大同世界，用现代话语表述就是，你要生存，有生存的权利，别人也要生存，也有生存的权利，你要发展，有发展的权利，别人也要发展，有发展的权利。因此，你在谋求生存和发展的时候，也应该想到别人的生存和发展要求，要使别人也能够生存和发展，应该帮助别人去谋求生存和发展。最后，它强调要将对人的爱推及对自然界万物的爱。仁者爱人的理念，使得中华价值观具有了古代人文主义的特征，对于协调人际关系、维护社会稳定、保证人与自然的和谐发展具有十分积极的价值。

4. 积淀传承：华夏精神血脉的延续

自从上个世纪初以来，中国兴起了一股学习西方的热潮，"全盘西化"和"部分西化"的问题在中国曾有过热烈的争论。于是，中国传统文化的现代化问题便日益被关注，困扰着中国文化人。

封建社会几千年来，中华文化都是处于世界中心位置，是世界文化的引导者，并因此在亚洲形成了"日本""韩国""朝鲜""新加坡"的中华文化圈。我们很容易区分什么是中国传统的，什么是外国的，什么又是中国现代的……全球化使各种文化相互融合，导致各国文化出现自身的"边缘化"，但是，在西方文化的冲击下，属于中国的传统文化被打得支离破碎，我们在现代社会生活中，很难找到一个真正属于中国文化的完整的东西，因为我们引以为自豪的传统文化有很大一部分是牢牢依附于封建经济基础的，于是，在新文化的冲击下，在新的经济基础上，找到中国传统文化的生存土壤必将是重要的问题。而中华文化失去其主体性，也成为我们所应该焦虑的，中国共产党在经过近百年的努力，要建立一种"民族的""科学的""大众的"的社会主义文化，要在社会主义经济基础的条件下，构造一种现代民族文化，必须从民族的传统文化中寻根。

中华民族传统文化处处闪现着可以借鉴的道德法则的精髓，但传承传统文化不是将这些价值观拿来、拼凑就可以"完工"的，因为在一个"局外人"看来，中国人也许还是千百年前的中国人，一提起中国，他们就会联想到汉字、米饭、筷子、功夫、太极、风水、针灸、书法等等。的确，我们是这些东西的全部，但又远远大于其全部之和，因为中国人也不是马赛克般的镶嵌，也不是蒙太奇般的拼接，在这浮世绘的下面，我们曾经还有千百年来贯穿一线、不绝如缕的华夏之魂，这就是孔子"知其不可而为之"的精神，孟子"当今之世，舍我其谁"的浩然之气，范仲淹"先天下之忧而忧，后天下之乐而乐"的民本思想，顾炎武"天下兴亡，匹夫有责"的天下情怀；这也是老子"道可道，非常道；名可名，非常名"的宇宙大智慧，庄子"扶摇直上千万里"的自由阔达心境，六祖禅师惠能"运水担柴，皆有妙道"的人生顿悟……正是这千百年来生生不息的智慧传承，塑造了中华民族的精神意志、道德理想、价值伦常、行为举止、风格气质。华夏精神衰萎，则其文明花果飘零；华夏精神畅达，则其文明灿烂辉煌。

三、何以发展：社会主义核心价值观的时代意义

（一）社会主义核心价值观树立了中国特色社会主义事业的思想旗帜

培育和践行社会主义核心价值观是团结和凝聚全国人民的思想旗帜，主要体现为倡导"富强、民主、文明、和谐"的价值要求的团结与凝聚作用。建设富强、民主、文明、和谐的社会主义现代化国家是我国现代化建设的奋斗目标，也是中国特色社会主义伟大事业的奋斗目标。社会主义核心价值观首先在国家层面倡导"富强、民主、文明、和谐"，它明确了国家、民族、社会发展的目标，为中国特色社会主义事业指明了方向，它理应成为指引当代中国发展的旗帜，成为全党全国各族人民团结奋进的旗帜。

我国改革开放的不断深入，以及经济全球化进程的不断推进，对国民的精神状况有一些负面影响。一部分人对中国特色社会主义丧失信心，缺乏理想信念，找不到方向；一部分人向往西方资本主义的自由民主，主张走资本主义道路；一部分人因改革利益受损，而向往建国初期简单而有激情的生活，主张重新走计划经济的老路。所有的这一切归结起来就是缺乏理想信念——对中国特色社会主义缺乏理想目标，缺乏信心。正是在这种情况下，我们党才在十八大报告中提出培育和践行社会主义核心价值观，大力倡导"富强、民主、文明、和谐"的价值要求。富强、民主、文明、和谐，集中反映了社会主义现代化国家在经济、政治、文化、社会各方面的核心价值，鲜明地体现了中国特色社会主义伟大事业的内涵与特征。社会主义核心价值观把国家富强、民族振兴、人民幸福这三者紧密联系在一起，具有强大的感召力、亲和力、凝聚力。它拨开了人们心头的迷雾，为中国特色社会主

义事业指明了方向和奋斗目标。

（二）社会主义核心价值观规定了中国特色社会主义事业的发展方向

社会主义核心价值观是当下中国全体人民奋发向上的精神力量和团结和睦的精神纽带，也是中国共产党和中国人民长期追求的目标与梦想。无论是社会主义核心价值体系还是社会主义核心价值观，它们都是以马克思主义思想为指导的。马克思主义指导思想从根本上规定了我国社会的前进方向。数十年的革命和建设经验表明，如果我们偏离了马克思主义、怀疑马克思主义、忽视对马克思主义的学习和实际应用，我们的事业就会出现困难、挫折甚至失败；相反，只要我们忠实地坚持马克思主义在全党和全国的指导思想地位，我们的事业就会转败为胜，转危为安，节节胜利。

"富强、民主、文明、和谐"指明了中国特色社会主义事业的奋斗目标。把我国建设成为富强、民主、文明的社会主义现代化强国，是我国工人、农民、知识分子和其他劳动者、爱国者的利益、愿望与要求，是在整个社会主义初级阶段乃至在以后更高发展阶段我国各族人民的共同理想和价值取向，它规定着中国特色社会主义事业的发展模式、发展方向和发展路径。

"自由、平等、公正、法治"指明了我国社会建设的基本价值取向，是构建社会主义和谐社会的价值支撑。社会主义和谐社会是中国特色社会主义事业的重要组成部分，当前，我国种种利益矛盾盘根错节，构建社会主义和谐社会困难重重。而"自由、平等、公正、法治"的价值要求为妥善处理各种利益矛盾提供了根本的价值标准，是新形势下构建社会主义和诸社会的重要指导方针。

"爱国、敬业、诚信、友善"为社会主义市场经济条件下全体社会成员判断行为得失、做出道德选择、确定价值取向提供了基本的价值准则和行为规范，是新形势下社会主义思想道德建设的重要指导方针，具有很强的现实性。可见，社会主义核心价值观适应了社会主义市场经济发展的要求，适应了社会主义和谐社会建设的要求，适应了现阶段社会主义思想道德建设的要求，必然会引领中国特色社会主义事业的发展方向。

（三）社会主义核心价值观为中国特色社会主义事业提供了人才保障

"国以才立，政以才治，业以才兴"，当今世界，人才资源已成为最重要的战略资源，综合国力竞争说到底就是人才的竞争，谁拥有了人才优势，谁就拥有了竞争优势。从世界各国发展历程来看，重视人才成长，加强人才培养是实现民族兴旺、国家发达的根本途径。同样，顺利推进中国特色社会主义事业必须要有数以亿计的高素质人才作为保障，能否汇聚各方面人才共同致力于我国的现代化建设是中国特色社会主义伟大事业成败的关键。在人才汇聚与人才培养方面，社会主义核心价值观发挥着独特的优势，它为中国特色社会主义伟大事业提供了人才保障。

社会主义核心价值观有利于实现人才汇聚，主要体现在倡导"富强、民主、文明、和谐"的国家层面价值观上，它树立起了全国各族人民团结奋进的思想旗帜，有利于汇聚各方面人才共同致力于中国特色社会主义伟大事业，极大地增强了社会主义事业对人才的吸引力与凝聚力。

社会主义核心价值观有利于促进人的全面发展，主要体现在倡导"爱国、敬业、诚信、友善"对人民思想道德的规范上。中国特色社会主义伟大事业的顺利推进需要数量宏大、结构合理、全面发展的高素质人才。而人的全面发展的一个重要方面就是思想道德水平的提高，树立正确的世界观、人生观、价值观是个人全面发展的前提。"爱国、敬业、诚信、友善"的社会主义核心价值观在日常生活和道德实践层面为个人道德建设指明了方向，有利于树立正确的世界观、人生观、价值观，有利于公民道德素质的不断提升，有利于人才的全面发展。同时，全体国民道德素质的提升为顺利推进中国特色社会主义事业提供了坚实的道德保障，也是中国特色社会主义事业发展进步的重要体现。

党的十一届三中全会以来，特别是随着改革开放和现代化建设事业的深入发展，我国社会的精神文明建设有了历史性的发展，社会主义精神文明建设呈现出健康向上的良好态势，人民的道德水平有了明显的提高，公民道德建设也取得了积极的历史成果。但同时我们也应该看到，在一些领域和一些地方，存在着严重的道德失范现象，一部分人的拜金主义、享乐主义、极端个人主义的思想观念明显有所滋长；见利忘义、损公肥私、假公济私、不讲信用、蒙骗欺诈等行为四处蔓延。这些腐朽的价值观和道德观，成了我们社会主义道德建设之路上的障碍，严重影响了公民道德素质的提升。改革开放以来，中央在强调以经济建设为中心的同时也不忽视社会主义文化建设和思想道德建设，并把加强社会主义精神文明建设作为改革开放的重要任务来抓。但是在市场经济的强大冲击下，思想道德的防线还是显得过于脆弱。这就要求我们在现有成就的基础上，积极培育和践行社会主义核心价值观，不断提升国民的思想道德素质，不断促进人的全面发展，从而为中国特色社会主义事业培养数量更多、质量更高的高素质人才。

（四）社会主义核心价值观是实现中华民族伟大复兴的信念基石

实现中华民族的伟大复兴是一个长期的历史过程，需要一代又一代的中华儿女不懈奋斗。在这个过程中，我们必须始终培育和践行社会主义核心价值观，社会主义核心价值观是实现中华民族伟大复兴的信念基石，它为实现中华民族伟大复兴树立了理想目标、奠定了社会基石与道德基石。

社会主义核心价值观为实现中华民族伟大复兴树立了理想目标。倡导"富强、民主、文明、和谐"是社会主义核心价值观在国家层面的价值要求。这个国家层面的价值要求，不仅为国民明确了我们国家民族的发展目标，也为实现中华民族伟大复兴提供了未来展望。这个目标，能够凝聚全国人民的智慧与力量，共同致力于实现中华民族的伟大复兴。

社会主义核心价值观为实现中华民族伟大复兴奠定了社会基石。倡导"自由、平等、公正、法治"是社会主义核心价值观在社会层面的价值要求，它也是我们建设社会主义和谐社会的基本要求。这个社会层面的价值要求，为实现中华民族伟大复兴勾勒出了和谐社会的美好前景，能够凝聚更多的人为实现社会主义和谐美好而不懈奋斗，从而早日建成社会主义和谐社会。而和谐社会是实现中华民族伟大复兴的社会保障、社会基础，没有一个和谐有序的社会基石，中华民族伟大复兴的系统大厦就会坍塌。从这个意义上讲，社会主义核心价值观为构建社会主义和谐社会提供了价值导向，为实现中华民族的伟大复兴奠定了社会基石。

社会主义核心价值观为实现中华民族伟大复兴奠定了道德基石。实现中华民族的伟大复兴需要良好的道德风尚做保障，需要数以亿计的具有良好道德素质的高素质人才的不懈努力。倡导"爱国、敬业、诚信、友善"是社会主义核心价值观在公民个人层面的价值要求，它将中华民族的优良传统美德与时代精神要求紧密结合起来，为个人的道德努力提供了价值导向。它为在社会主义市场经济条件下，我们坚持什么、反对什么，为公民的道德建设指明了方向。它的指引不仅有助于全体国民道德素质的提升，而且有助于形成良好的道德风尚，从而为实现中华民族的伟大复兴打下坚实的道德基础。

四、何以扬弃：社会主义核心价值观的创新与发展

以马克思主义为指导的社会主义核心价值观，基于马克思主义发展、联系的哲学观点，从系统与部分的关系出发，构建当代中国的价值准则，与中国传统哲学系统性思维方式具有高度的契合。党的十七届六中全会提出，"优秀传统文化凝聚着中华民族自强不息的精神追求和历久弥新的精神财富，是发展社会主义先进文化的深厚基础，是建设中华民族共有精神家园的重要支撑。"[1] 坚持马克思主义中国化，是我们党领导人民取得社会主义革命、建设和改革发展巨大成就的基本经验。社会主义核心价值观在倡导、培育与践行过程中，必须坚定不移地坚持这一基本经验，让当代中国的社会主义核心价值观既能够植根于自身的文化传统，又能在发展中凝练起中国人的精神血脉。

（一）唯物史观——认知与评判传统文化的核心价值观

新文化运动以后的历史表明，马克思主义理论指导下的中国新民主主义革命最终取得了成功，灾难深重的中华民族结束了被侵略、被瓜分、被奴役的历史。但是，革命的胜利能否意味着新的文化价值观体系的建成？

"内外危机愈来愈加深，对理论与手段的选择也愈来愈激进。"[2] 如果说在民族存亡关头抛弃传统文化核心价值观是不得已的选择，那么在革命胜利后仍然视之为洪水猛兽就是时代性的错误。这种错误表面看来是革命家们过于迷信革命理论的思维定式使然，实质上恰恰是西方文化核心价值观的入侵表现，因为，"天人二分"主导下的斗争征服作为西

---

① 《中共中央关于深化文化体制改革推动社会主义文化大发展大繁荣若干重大问题的决定》，人民出版社 2011 年版，第 35 页。

② 张立文：《中国和合文化导论》，中共中央党校出版社 2001 年版，第 56 页。

方文化的核心价值观，始终是与包容、和谐的东方价值观背道而驰的，前者在社会实践中总是表现为"征服与被征服、打倒与被打倒、消灭与被消灭"[①]。如果僵化教条地套用马克思主义经典理论，那么落入西方文化核心价值观的窠臼就难以避免，如树立共产主义信仰就不允许其他信仰的存在，褒扬集体主义，于是把个人主义驱逐，资本主义存在市场经济于是社会主义只能与计划经济为伍等等"非友即敌、非此即彼"的论调。为什么我们曾经犯过的这些错误总是一再重复？原因在于我们对传统文化失掉了自信，放弃了对传统文化核心价值观的继承，逐渐丧失了文化鉴别力，所以构建中国特色的社会主义核心价值观，当务之急是对传统文化中核心价值观的扬弃，否则，绵延五千年的中华文明就有断裂乃至消亡的可能。

（二）实践论——传承与创新传统文化的核心价值观

1. 顺应构建中国特色社会主义社会的实践需要

民族生命依文化传统的绵延而持续，如果社会变革最终使自身文化传统消灭殆尽，那么这个民族实际上已经不存在了。150 年来，占据历史制高点的西方文化形成强大的外部压力，不断压缩中国传统文化的生存空间，而民族精英为救亡图存，不断否定传统文化，无形中为文化传承造成极大的内部阻力。在内外压力的共同作用下，传统文化中积极向上的核心价值观逐步丧失其核心地位，首先取而代之的是阶级斗争价值观。阶级斗争价值观在一定时期内确实对中国革命起了极大的指导推动作用，但是它并不适用于和平建设时期，为推动改革开放，我们逐步放弃了阶级斗争价值观，同时也未能确立新的核心价值观。由于失去核心价值观的制约与引导，各种不良价值观如崇洋主义、拜金主义、利己主义、享乐主义、极端个人主义等等逐渐泛滥开来，不少人丧失了对是非、善恶、美丑的判断能力，甚至以耻为荣、以恶为美，不仅败坏了社会风气、扰乱了社会秩序、破坏了社会稳定，而且对国家长治久安与中华民族复兴大业构成了严重威胁。因此，中共十六届六中全会提出社会主义核心价值体系，党的十八大提出社会主义核心价值观"三个倡导"，这些都体现出鲜明的中国特色，证明只有传承与创新中国传统文化命脉，逐步形成适应时代发展潮流的当代中国文化传统，才能真正体现中国特色，实现中华民族的伟大复兴，实现中国梦。

2. 顺应构建国际政治经济新秩序的实践需要

西方文化以产业革命的巨大成功为后盾，伴随西方列强的殖民扩张而迅速席卷全球。在其核心价值观主导下，西方列强把"丛林法则"奉为圭臬，世界近现代史实际是列强互相争霸以及对其他文明的征服和掠夺的历史。冷战结束后，以西方文化价值观为武器的文化渗透和文化扩张成为美国称霸全球战略的重要组成部分，美国学者塞缪尔·亨廷顿在总结西方文化在全世界扩张征服的"成就"与"挫折"后指出，虽然西方主导下的经济全球化成效显著，但是文明、文化具有"本土化"趋势，非西方国家实力全面提高后，越来越

---

① 张岱年：《张岱年全集》（第五卷），河北人民出版社 1996 年版，第 418 页。

强调民族文化身份认同与文化价值观传承与创新，因此导致未来国际局势发展。[①] 亨廷顿的"文明冲突论"显然根源于西方文化的核心价值观，他秉持西方中心论立场，把西方文化与非西方文化视为势不两立的两个事物，对非西方文化尤其是中华文化的复苏忧心忡忡。

事实上，文化的多元性是人类社会发展的内在要求，民族文化的碰撞与汇通根源于民族之间的冲突与融合，而这正是人类社会进步的动力源泉。西方列强以唯我独尊的心态，企图以西方文化取代一切非西方文化，这是人类社会进步的最大障碍，因此，促进世界和平与发展，推动人类社会不断进步，当务之急是要超越西方文化主张的斗争征服的"天人二分"价值观，与之相对，以平等开放的精神维护文明的多样性，加强不同文明的对话和交流，协力构建各种文明兼容并蓄的和谐世界，这其间中国传统文化中核心的价值观显然有着无可替代的先天优势，当然，这种优势能否充分发挥最终取决于中国的综合国力与国际地位，取决于我们的文化软实力。

（三）发展观——扬弃与发展传统文化的核心价值观

1. 承续：注重实施的可行性

社会存在决定社会意识，不同的社会存在必然有不同的社会意识。然而，不同时代之间的社会意识并不是彼此隔绝的，总是存在承续与发展的关系，文化及其价值观体系属于社会意识范畴，对于同一个民族而言，传统文化与现实文化之间必然存在继承与发展的关系。历史遗产是祖先留给我们的宝贵财富，坚持对传统文化遗产的批判、继承和创新，是形成适应时代发展潮流的当代中国文化传统的本质要求。和谐社会不仅是马克思、恩格斯关于科学社会主义的天才构想，也是中华民族祖先圣哲的社会理想，源远流长的中华民族传统文化蕴藏着丰富的文化遗产，继承文化遗产是构建社会主义和谐社会的基础条件。坚持以马克思主义理论为指导，"取其精华，弃其糟粕"，这是对待一切文化遗产应当坚持的正确态度，我们主张传承与创新核心价值观的取向，目的在于加强核心价值观的统摄作用，体现的是对传统文化精华的继承与发展。传承与创新核心价值观不仅是中华民族接续传统文化命脉的自我身份认同，也是人类对自身文化发展过程的反思和扬弃，是人类社会自由、全面、永续发展的必然选择。

2. 超越：自觉自省的先进性

任何社会理想的最终实现，归根到底取决于社会成员的自觉行为；而社会成员自觉行为的养成，必须依赖于核心价值观的引导与制约。实践中，仍有不少人盲从"斗争哲学"，喜欢戴着阶级斗争的有色眼镜看待传统文化，还有不少人受西方文化中心论的毒害，总以为西方的认识论是唯一的认识途径，喜欢以所谓"科学"或"伪科学"为标准肢解传统文化，把传统文化描成一团漆黑。我们主张在打造适应时代发展潮流的先进文化中传承与创新核心价值观，必须紧紧围绕实现中华民族伟大复兴的宏伟目标，既反对泥古不化、故步

---

① 塞缪尔·亨廷顿：《文明的冲突与世界秩序的重建》，新华出版社 1998 年版，第 275 页。

自封、不思进取的文化保守主义，更反对崇洋媚外、否定传统、数典忘祖的文化洋奴心态，只有这样，才能最终形成具有历史穿透力与时代超越性的当代核心价值观。实际上，兼容并蓄、"和而不同"是价值观扬弃的固有之义。从文化层面来看，马克思主义中国化实际上就是本属异质文化的马克思主义基本原理与中国文化传统不断交流、融合和创新的过程，作为全人类的共同理想，传统文化所追求的"大同社会"与马克思主义所描绘的共产主义社会并不存在不可逾越的鸿沟。因此，以超越原则构建当代核心价值观，既是对传统文化保守主义的超越，也是对西方文化霸权主义的超越，只有这样，才能保持社会主义核心价值观的先进性，充分发挥其引领、制约作用，进一步形成全社会共同的理想信念和道德规范，使价值观建设内化为人民群众的自觉行为。

3. 整合：秉持客观的科学性

关于价值观延续和发展层级的问题，由于采用的标准与视角的不同，古今中外均有不少可资借鉴的经验与理论，其中中国传统文化中的"修身、齐家、治国、平天下"却一直遭受质疑甚至否定，不少学者将之限定为封建士大夫投靠统治阶级的理论，实际上，"修身、齐家、治国、平天下"出自《礼记·大学》，与"穷则独善其身，达则兼济天下"一起均属于传统"内圣外王"的哲学观，作为人生自我价值实现的阶梯理论，它并非封建时代士大夫所专用，不必将之贴上统治阶级标签而全盘否定之，于今同样值得借鉴采用。因此，秉持客观的科学性去整合、扬弃传统文化的核心价值观，一是要保持宽容心态。面对社会转型时，社会的阶层分化、利益矛盾冲突的日益加剧，认清价值观的多元化趋势，兼容并蓄是价值观传承与发展的应有之义。二是要立足于国情。既要立足于对传统文化遗产的批判继承，又要从中国正处于并将长期处于社会主义初级阶段这个实际出发，始终坚持马克思主义的指导地位，牢牢把握社会主义先进文化的前进方向，扎扎实实地培育共同理想，倡导价值理念、道德精神，营造和谐的文化氛围，使传统美德深入人心，使优秀文化成为全社会共享的价值遗产。三是要有世界眼光。"和合包容"是中国传统文化绵延不绝的根源所在，扬弃与发展传统价值观、构建当代中国的核心价值观，既不能盲目自信也不能妄自菲薄，既要认清霸权主义的图谋，又要善于汲取、积极借鉴世界各民族人民创造的优秀文明成果，只有坚持兼容并蓄、和谐共生，才能不断增强传统文化核心价值观在当代中国的生命力与创造力。

第二章　中国特色社会主义法治体系构建的基本理论

第一节　中国特色社会主义法治体系的内涵解读

一、法治的含义

法治是人治的对立物。与凭据当权者个人意志进行统治的人治不同，法治的基本含义乃是指"法律的统治"，旨在于强调法律高于当权者的个人意志，一切国家机关、社会组织和个人的行为都要遵行法律的规定，受到法律的约束。[①]法治现象内涵丰富，价值底蕴深广。在这里，我们拟从治国理政、良法善治、行为规范、生活方式等方面，努力揭示法治的内在价值意义。

（一）作为治国理政基本方式的法治

法治概念至为关键的首要的含义，诚如党的十八大报告所指出的，"法治是治国理政的基本方式"。[②]法治的基本特点是：国家和社会生活的统治形式和统治手段是法律；国家机关不仅仅运用法律，而且其本身也受到法律的支配；法律是衡量国家、组织及个人行为的标准。作为治国理政基本方式的法治，要通过一系列具体过程体现出来，这些具体过程尽管千差万别，各具特色，但有一点是共同的，即：各个法律实践过程（从立法、执法到司法）都需要遵循严格而合理的法律程式，并且每个环节或过程都是为了实现法律正义。很显然，法治的核心价值意义就在于：通过法律制约不确定的专横权力的行使，并且确信法律能够提供可靠的手段来保障每个公民自由地合法地享用属于自己的权利，而免受任何人专横意志的摆布。在大力发展社会主义市场经济、积极推进社会主义民主政治、加快建设社会主义法治国家的现时代，法治作为治国理政基本方式的核心价值意义得到了愈益充分的体现，并且具有如下的两个基本意义。

第一，法律是对国家权力的制约。法治的对立面是使用不确定的权力，这是一种无目

---

① 参见张文显主编《法理学》，第181—182页，高等教育出版社，1999。

② 《中国共产党第十八次全国代表大会文件汇编》，第25页，人民出版社，2012，并参见张文显《法哲学通论》，第365页，辽宁人民出版社，2009。

标的瞬间即逝的权力。要约束这种不确定的权力，就必须借助法律。这种对国家权力的法律限制，意味着严格按照法律的规定确立不同国家机关之间的分工与制衡关系，并使之制度化、形式化；它也意味着国家权力的内容、行使范围、运作方式等都必须由法律明文加以规定，超越法律规定而行使的权力是非法的、无效的。在建设社会主义法治国家的时代条件下，人民是国家的主人。为了使国家权力真正按照人民的意志进行活动，国家就必须运用法律形式为国家权力的行使规定必要的原则和程序，确定不同权力系统之间的合理分工及其相互关系，维护社会主义的民主制度，保障国家的长治久安。正是基于这一点，邓小平强调，必须对权力进行必要的限制和制约。他指出："权力过分集中，妨碍社会主义民主制度和党的民主集中制的实行，妨碍社会主义建设的发展，妨碍集体智慧的发挥，容易造成个人专断，破坏集体领导"。[①] 邓小平深刻地总结了国际共产主义运动的经验教训，以此来进一步论证对权力进行制约的必要性。他分析了苏联斯大林时期的错误，指出："斯大林严重破坏社会主义法制，毛泽东同志就说过，这样的事件在英、法、美这样的西方国家不可能发生。"他又分析了原因，指出"文化大革命"的十年浩劫的"这个教训是极其深刻的。不是说个人没有责任，而是说领导制度、组织制度问题更带有根本性、全局性、稳定性和长期性。这种制度问题，关系到党和国家是否改变颜色，必须引起全党的高度重视。"[②] 邓小平主张从制度上解决权力制约问题，认为"这些方面的制度好可以使坏人无法任意横行，制度不好可以使好人无法充分做好事，甚至会走向反面"[③]。而要防止和反对权力的滥用，就必须建立一套监督制约制度。当然，邓小平也指出，强调权力的制约和监督，决不能照搬西方的"三权分立"体制，"如果过分强调搞互相制约的体制，可能也有问题"[④]。而必须从中国的实际出发，建立具有中国特色的权力制约机制。中国共产党是中国现代化事业的领导核心。如何处理好党与法的关系，这对于实现社会主义民主制度化法律化，建立国家权力的监督制约机制，推进国家和社会生活的法治化进程，具有重大意义。江泽民强调，"宪法和法律是党的主张和人民意志相统一的体现。必须严格依法办事，任何组织和个人都不允许有超越宪法和法律的特权"[⑤]。要"保证国家各项工作都依法进行，逐步实现社会主义民主的制度化、法律化，使这种制度和法律不因领导人的改变而改变，不因领导人看法和注意力的改变而改变"[⑥]。胡锦涛强调，作为执政党的中国共产党要带头模范地遵守宪法，带头严格按照宪法办事。他指出："宪法是在党的领导下和广泛发扬民主的基础上制定的，反映了党的路线和方针政策，反映了全国各族人民的利益和意志，是党的主张和人民意志相统一的体现"。因此，"党的各级组织和全体党员都要模范地遵守宪法，严格按照宪法办事，自觉地在宪法和法律内活动""任何组织或者个人

①　《邓小平文选》第 2 卷，第 321 页，人民出版社，1994。
②　《邓小平文选》第 2 卷，第 323 页，人民出版社，1994。
③　《邓小平文选》第 2 卷，第 323 页，人民出版社，1994。
④　《邓小平文选》第 3 卷，第 178 页，人民出版社，1993。
⑤　《江泽民文选》第 3 卷，第 553 页，人民出版社，2006。
⑥　《江泽民文选》第 2 卷，第 29 页，人民出版社，2006。

都不得有超越宪法和法律的特权"。① 习近平把推进治国理政活动法治化、加强权力运行制约监督看作是提高依法执政能力的基础性工作，强调指出："我们要健全权力运行制约和监督体系，有权必有责，用权受监督，失职要问责，违法要追究，保证人民赋予的权力始终用来为人民谋利益"，从而"不断提高依法执政能力和水平，不断推进各项治国理政活动的制度化、法律化"。② 因之，社会主义法治国家的基本要义之一在于法律支配权力，只有在权力按照一定的法律范围行使而不是相反的情况下，才有可能谈得上现代意义上的民主与法治的问题。也就是说，一切政治组织或国家机关的权力，只有按照法律设定的轨道运行，才能成为合法的权力，才能提出并实现真正的民主与法治。反之，人治只能导致专制的横行。这就是为什么社会主义民主制度必须法律化的重要原因或根据之一。

第二，法律是维护社会主体权利的重要保障。法治发展的实践充分表明，只有法治型的社会统治形式才是保障和扩大社会主体权利的基本组织形态。在现代法治社会里，它意味着社会主体的自主性、自由和尊严，是文明成长与进步的标尺，也是法治的真正价值所在：它意味着必须运用法律形式系统地、明确地确认社会主体的权利；它也意味着必须运用法律手段切实保障社会主体的权利。权利的法律意义就在于它是社会主体按照自我意志来满足其个人利益的行为的法律可能性，是保证社会主体的独立性、自由选择行为方式的可能性，是法律所确认的并受到国家严格保护的自由。在社会生活中，如果社会主体不具有做出决定和行为的自由选择权利，并以此来实现一定的需要和利益，那么就谈不上现代意义的民主与法治。当代中国法治发展的一个重要方向，就是要在法律的基础上确认和实现社会主体的自由与权利。因此，邓小平十分重视法律对于维护社会主体权益的价值意义，指出："要使我们的宪法更加完备、周密、准确，能够切实保证人民真正享有管理国家各级组织和各项企业事业的权力，享有充分的公民权利"。③ 他把尊重人民群众的自主首创精神，调动人民群众的积极性，看作是政治体制改革的重要目标之一，将其视为改革的一条基本经验；并且把人民相信不相信、人民答应不答应、人民满意不满意，看作是判断制度、路线和政策成功与否的基本尺度。江泽民把法治看作是维护人权、促进人的全面发展的重要手段，指出："民主、自由和人权的一个根本问题，是人在社会上的生存权和发展权，也就是人能否真正掌握自己命运的权利。而人类对自己命运的掌握又是同人类自身的生存、发展和完善紧密相连的，这包括政治、经济、文化、教育等诸多方面。"④ 在当代中国，"我们建设有中国特色社会主义的各项事业，我们进行的一切工作，既要着眼于人民现实的物质文化生活需要，同时又要着眼于促进人民素质的提高，也就是要努力促进人的全面发展。"⑤ 这是社会主义法治的基本价值目标。胡锦涛把坚持以人为本看作是建设社会主

① 参见《十六大以来重要文献选编》（上），第74页，中央文献出版社，2005。
② 参见习近平《在首都各界纪念现行宪法公布施行30周年大会上的讲话》（2012年12月4日），第12页，人民出版社，2012。
③ 《邓小平文选》第2卷，第339页，人民出版社，1994。
④ 《江泽民论有中国特色社会主义（专题摘编）》，第322页，中央文献出版社，2002。
⑤ 《江泽民文选》第3卷，第294页，人民出版社，2006。

义法治国家的价值准则，指出贯彻落实以人为本的要求，"必须扩大人民民主，保障人民享有更多更切实的民主权利，保证人民赋予的权力始终用来为人民谋利益，更好保障人民权益和社会公平正义"。① 习近平强调，要善于运用法律手段保障公民享有广泛的权利。他指出："我们要依法保障全体公民享有广泛的权利，保障公民的人身权、财产权、基本政治权利等各项权利不受侵犯，保证公民的经济、文化、社会等各方面权利得到落实，努力维护最广大人民根本利益，保障人民群众对美好生活的向往和追求"。② 因此，在社会主义社会里，既然人民是一切国家权力的源泉，那么，人民作为社会主体，就应当首先使自身的权利得到实现。他们不仅拥有积极行为的权利，可以在复杂的社会关系中自主地选择行动方案，而且还享有要求其他人履行法律义务的权利，当其上述权利受到非法侵犯时，他们有权要求得到有组织的国家强制力的保护。因此，社会主义法治国家的又一个基本要义，就是要运用法律规范确认和保障社会主体的广泛社会自由，赋予他们以广泛的社会权利，进而发挥社会主体的积极性、能动性和首创精神，推动社会的进步。

（二）作为良法善治的法治

关于法治的内涵，亚里士多德曾经作过经典的表述。他把法律至上作为好的国家的标志，认为法律是普遍的规范，它的主体是公民；而要保证公民拥有自由，就要诉诸法治。"法治应包含两重意义：已成立的法律获得普遍的服从，而大家所服从的法律又应该本身是制订得良好的法律"。③ 可见，在亚里士多德那里，法治是为了公民的利益而实行的统治，以区别于为某种偏私利益或个人利益的宗法统治或专横统治。公民自愿服从、遵从普遍的法律，而决非在暴力的威胁下被迫服从；而这样的法律必须是良法，决非"恶法"。因之，法治乃是一种合法的统治，而不是专横的统治；是一种凭据良法的统治，而不是恶法的统治；是一种公民自愿服从的统治，而不是被迫服从的消极统治。因而法治是一种良好的统治，这是法治的基本标志，由此而达至善治的状态。亚里士多德之所以强调法治，是由于他不是把法治看作是一种权宜之计，而是视为一种不受主观愿望、个人感情影响的理性，并且是有道德的和文明生活的一个不可缺少的条件。因之，尽管亚氏没有明确提出善治的概念，但是他的法治观念蕴含着善治的深刻意义，对后世影响很大。善治作为一个正式的概念表达，乃是现代的事情。第二次世界大战以后，随着全球化进程的展开，全球治理问题突出地提上了国际议程。而政治国家与市民社会关系的新变化，一种致力于探究政府与公民对公共生活的合作管理的善治学说风靡国际学术界。人们通常把合法性、法治看作是善治的基本构成要素之一，强调没有得到公民发自内心的体认与服从的权威和秩序，没有公民对法律的充分尊重和自愿遵从，就没有善治可言。④ 在这里，我们可以看到，善治的

---

① 《十七大以来重要文献选编》（上），第 107 页，中央文献出版社，2009。
② 习近平：《在首都各界纪念现行宪法公布施行 30 周年大会上的讲话》（2012 年 12 月 4 日），第 10 页，人民出版社，2012。
③ [古希腊] 亚里士多德：《政治学》，吴寿彭译，第 199 页，商务印书馆，1965。
④ 参见俞可平《论国家治理现代化》，第 24—30 页，社会科学文献出版社，2014。

前提和基础乃是具有良好的法律，只有良好的法律才能得到公民的自愿服从，也才能取得公民对权威和秩序的信任和自觉体认。因之，存在着对作为良法善治的法治的价值评价尺度问题。这是我们理解良法善治的关键之点。

毫无疑问，法治建构于非人格的关系之上，因为法律是无感情的，更是以形式上的正确合理的程序制定出来的，因而成为每个人行为的一般模式，从而使人的行为及其后果具有可预测性。但是，法治不仅仅具有形式的理性化的特征，而且具有实体的理性化的特征，内含着深厚的价值底蕴。现代法治通常是同诸如自由、平等、正义、权利等价值因素内在地联系在一起的，从而构成良法善治的基础与价值尺度。完全可以说，不与自由、平等、正义、权利等价值要素相联系的法治，就谈不上良法善治，不过是徒具虚名而已。"良善法律何为？即是以增进一国的幸福及安乐者是。这种法律在他们本身上自有可取，因之，在社会上最为需要"。[①] 这是传统法律与现代法治的根本性区别所在。一般来说，自由作为一种价值取向，集中体现了社会主体对自身价值、尊严、地位及责任和使命感的执着期待或追求，反映了主体的一种特定的目标、目的或方向。法律是实现社会主体自由的重要手段。不与自由相联系的法律，就丧失了其应有的价值意义。马克思说："法律不是压制自由的手段，正如重力定律不是阻止运动的手段一样恰恰相反，法律是肯定的、明确的、普遍的视范，在这些规范中自由的存在具有普遍的理论的、不取决于个别人的任性的性质。法典就是人民自由的圣经"。[②] 真正的法律乃是以自由为基础并且是自由的确认和实现。这是理性化的现代法治的一个重要的价值评价尺度。此外，与平等观念相连的法治体系，必然是确立公民在法律面前一律平等的原则；必然是重视法律在调整社会生活关系、地位和价值，实行法治，严格依法治理；必然是注重对社会关系的平权型的、横向的法律调整，充分发挥社会主体的自主独立性和能动性。再者，在价值取向上，传统人治主义与现代法治主义的一个重大差异，就在于对社会主体权利的不同态度。有的学者认为，当代社会是一个权利的时代，准确地来讲，是一个权利最受关注和尊重的时代，是一个权利发展显著的时代。这意味着与权利相联系的道德、法律和社会体制的进步，并因此意味着权利的社会配置方式的改善，意味着社会正义的增进。[③] 这一论断确乎把握了当代社会发展的本质性趋势，也揭示了现代法治进程的价值目标。权利现象是社会生活的产物。权利发展与社会发展处于同一个历史过程之中。然而，一个有效的权力运行机制则有赖于体现现代法治精神的制度架构。权利的发展在很大程度上取决于由社会进步所推动的法治发展。现代法治必然同时是一个有机协调的合理的现代权利体系。正是在这里，充分展示了现代法治的精髓所在。因此，作为良法善治的法治，实际上是与自由、平等、正义、权利内在联结的价值共同体。

---

① 参见 [英] 戴雪《英宪精义》，雷宾南校，戚渊校勘，第42页，中国法制出版社，2001。

② 参见《马克思恩格斯全集》第1卷，第71页，人民出版社，1956。

③ 参见夏勇主编《走向权利的时代——中国公民权利发展研究》，第9—11页，中国政法大学出版社，1995。

（三）作为行为规范的法治

法治是规则之治，是一个规则规范体系。它的基本单元是法律规范。法律规范是由国家机关确认和保障实施的调整社会成员或组织活动的一般规则。在文明社会中，没有一般的法律规则就不可能实现社会关系的统一调整，排除主观随意性，也就无法保障一个巩固、稳定的法律秩序。然而，法律规范只在法律规范体系中，才能充分发挥其调整功能，进而实现规则之治的法治价值。

应当看到，法律调整具有特殊的规范性，这集中体现在法律规范是通过赋予社会关系参加者权利并使他们履行相应义务的方式来调整社会关系的。具体来说，法律规范以明确的规定，为社会主体的行为提供一定的模式或标准，从而构成规则之治的基础。法律规范模式通常分为三类：

（1）授权性的行为模式，或称允许性模式，这是允许或授权社会主体可以这样行为的模式；

（2）义务性的行为模式，或命令性、约束性的模式，即要求社会主体必须这样行为的模式；

（3）禁止性的行为模式，亦即禁止社会主体不得这样行为的模式。

但是，在实行法治的社会条件下，在法律调整的规范性中，授权性因素居于主导的地位。这是因为，社会主体的能动性、创造性和积极性及其所表现出来的一定社会自由和权利，是社会生活中的决定性因素。从法的发生学意义上讲，法律规范中的授权性因素的出现和增长，乃是人类社会由野蛮向文明的飞跃，由低级文明向高级文明阶段转变的强大动力。法的现象的产生和发展，就是社会主体的自由获得日益发展的过程，也是一个从禁令到义务性规范再到授权性规范的产生过程。在法权关系的历史进程中，法和法律的这一重要特征表现得日益明显。特别是在现代市场经济活跃的国度和地区，法律始终与人的行为具有一定的社会自由密切联系在一起。这种联系往往借助于所谓"私法"来实现。这种私法反映已经产生的私有财产的不可侵犯性，反映了所有者按照自己意志支配所占有的财产的权利，也反映了任何违背所有者的意志而转让这些财产的非法性。这种私法调节着所有者对其财产的支配权，确认各个所有者和一切为保证私人占有所必需的机关之间的相互权利，解决各种财产纠纷，改变财产所有权的形式，禁止以任何方式破坏所有权，从而保障市场经济的正常秩序。从简单商品经济发展基础上产生的罗马私法，到在近代市场经济基础上产生的拿破仑法典的历史运动，就充分证明了这一点。法治发展的历史进程迄至今日，社会主体的自由和权利在法律现实中的比重不断增长，这已成为一个必然的法权趋势，即彰显规则之治的价值蕴涵，着重用授权性规范来调动社会主体的积极性，促进社会的进步和发展，推动人类由必然王国向自由王国的飞跃。

（四）作为一种生活方式的法治

关注法治的价值功用，重要的是要认识到法治作为一种生活方式的意义所在，在日常的社会生活过程中确立法治的应有位置，彰显法治的实践理性精神，使法治成为社会主体日常生活过程的有机要素，深深地融入人们日常生活过程之中，而不是与日常生活相疏离。在这里，将会展现日常生活中的社会主体的有关法治的知识以及对待法治生活的态度，进而把握社会与个人的活动准则和前进方向。这不仅裨益于国家的法治发展，而且对我们这个社会的善治与健康发展，都是至关重要的。

对于社会主体来说，法治成为一种生活方式，这表明法治使社会主体能够自由、安全、安康、有序地生活，从而享有生活的幸福感，有尊严地生活着。[1]在这里，从法哲学角度来看，如何认识社会主体的意志自由与社会责任之间的关系，对于理解作为生活方式的法治的内在价值，就显得尤为必要。在现代社会，法律对社会生活关系的调节活动，不是直接的，而是间接的，是通过社会关系参加者的行为来实现的。这亦即是说，法律调整的直接对象是社会关系参加者的行为。"我只是由于自己表现自己，只是由于踏入现实的领域，我才进入受立法者支配的范围。对于法律来说，除了我的行为以外，我是根本不存在的，我根本不是法律的对象。我的行为就是我同法律打交道的唯一领域，因为行为就是我为之要求生存权利、要求现实权利的唯一东西，而且因此我才受到的支配"。[2]当然，人的行为总是由自己的意志所支配并有一定的目的性的行为。在一定情况下，社会主体在一定条件影响下所形成的各种需要，体现在行为的目的之中，即体现在社会主体的意志所期望得到的各种后果之中。不管哪一种形式的行为，说到底不过是社会主体一定意志的外化。意志是社会主体的一种意愿、意图，即精神状态。既然法律调整的直接对象是社会关系参加者的有意识的行为，那么，法律只有通过影响社会关系参加者的有意志、有意识的活动，才能调整社会关系。因之，法权关系的出发点是人的有意志的有意识的行为。而人的意志又是自由的。许多思想家都反复论及意志自由问题。黑格尔认为，"自由是意志的根本规定"，"自由的东西就是意志。意志而没有自由，只是一句空话；同时，自由只有作为意志，作为主体，才是现实的"。[3]正因为人的意志是自由的，所以人的意志具有相对独立性。这就是说，在同一个具体情况下，社会主体具有选择自己行为的能力，从而做出反映自己内在精神意愿的行为。由于客观上存在着若干种行动方案可供人们加以选择，这样就有可能产生人的行为选择与社会客观需要之间的矛盾或冲突。因之，这实际上指明了一个深刻的道理，即人的意志自由为法律调整提供了可能性。这亦表明，社会主体的行为在客观上是被制约的，即受一定社会的具体的历史条件所决定，因而人的意志不是绝对自由的。脱离一定社会经济关系的意志自由是不存在的，那种把意志自由看作是决定社会经济关系的观点不过是一

---

[1]　参见王利明《法治应该成为一种生活方式》，载《人民的福祉是最高的法律》，第19—22页，北京大学出版社，2013。

[2]　《马克思恩格斯全集》第1卷，第16—17页，人民出版社，1956。

[3]　[德]黑格尔：《法哲学原理》，范扬、张企泰译，第12页，商务印书馆，1961。

种法律幻想。

需要进一步指出的是，社会主体的意志自由总是同一定的社会责任联系在一起的。从社会学意义上讲，责任体现了个人与社会、个人与他人之间的关系，反映了社会成员对自己在社会生活中所处的地位和所起的作用的认识。它表明了个人的需要、利益与社会的需要、利益之间的和谐一致的关系，它与个人的主观任性是格格不入的。个人的社会责任，意味着个人必须用社会中占统治地位的规范来衡量自己的行为及其结果，它的本质意义在于个人对社会的一定义务的认识以及所认识的义务的完成。责任的表现形式是多种多样的。在现代社会，个人的行为总是同法律要求联系在一起，法律规范对个人的行为起着指引和评价的作用。这样，就产生了个人行为的法律责任问题。恩格斯在《反杜林论》中指出："如果不谈所谓自由意志、人的责任能力、必然和自由的关系等问题，就不能很好地议论道德和法的问题"。[1] 这就是说，在一定客观条件下，人的意志具有相对的独立性和相对的自由。个人的意志自由是他的社会责任的必要前提。"一个人只有在他握有意志的完全自由去行动时，他才能对他的这些行为负完全的责任"。[2] 如果没有选择自由和意志的自由表现，就不可能存在行为的责任问题。因此，任何社会成员在履行社会责任时，必须以具有意志自由为前提，否认相对意志自由的抽象的外在的社会责任，不过是霍布斯心目中的"利维坦"式的外来强加物。另一方面，从来就不存在拒绝一定社会责任的意志自由。这样的"自由"，只不过是任性，即单纯的偶然性或任意性。黑格尔说，意志自由决不等于可以为所欲为，把自由看作是可以随心所欲的看法，乃是完全缺乏思想素养的表现，是对意志自由、法和伦理毫无所知的表现，也是任性。"任性的含义指内容不是通过我的意志的本性而是通过被规定成为我的"。[3] 因之，任何具有健全理智而清醒的社会成员，当他们在一定客观条件下获得相对独立性和相对自由时，总是相应地承担社会责任，使自己的行为尽可能符合社会利益的要求。一旦社会成员选择了背离社会利益要求的行为方案，就必然招致随之而来的社会的与法律的责任。

因之，在现代社会，法律调整的本质乃是实现一定社会自由与社会责任的内在统一。这表明，法治是一种理性化的生活方式。法治为社会成员拥有这样的理性的生活方式提供了基础和保障。"我们重视选择生活风格和方式的能力，以及确立长期目标并有效地指导自己的生活靠近它们的能力。人们这样做的能力，有赖于保证其生活和行为的稳定且安全的框架的存在。法律可以在两方面有助于确保这些既定的目的：（1）稳定那些若非因为法律可能以不稳定的和不可预测的方式分解或发展的社会关系；（2）通过一项自律的政策使法律成为个人计划的稳定而安全的基础。这后一方面与法治相关"。[4] 在这样的理性

---

① 　《马克思恩格斯选集》第 3 卷，第 490 页，人民出版社，2012。

② 　《马克思恩格斯全集》第 21 卷，第 93 页，人民出版社，1965。

③ 　[德]黑格尔：《法哲学原理》，范扬、强企泰译，第 25、27 页，商务印书馆，1961。

④ 　[英]约瑟夫·拉兹：《法治及其德性》，郑强译，载夏勇编《公法》第 2 卷，第 96 页，法律出版社，2000。

的生活方式中，社会主体不仅享有自由，而且履行责任。在实行现代法治的条件下，法律确认和保障社会主体的自由与权利为社会主体自由选择行动方案提供了可能。法律决不能是压制自由的手段，而是实现社会主体自由的重要工具。在法律的范围内，社会主体按照法律规范的要求做出一定的行为，行使法律赋予的自由。即使对主体的自由做出一定的限制或约束，要求主体履行必要的社会责任，这亦是把这种限制看作是防止自由遭到更大损害的重要环节或条件，看作是使主体的自由的运用获得更多有益性的基本方式，也看作是确证人的价值、使人们过上有尊严的理性生活的可靠途径。社会主体的意志自由本身内在地包含着责任的要素，对自由的限制往往同主体的社会责任感或义务感密切联系在一起。"法律制度一直维护着赞同自由的设想，但是至少在正常时期，当代生活日趋增长的复杂性以及各种相互抵触的社会势力的冲突，使法律在某些情形下为了公众利益而分配自由或限制自由成了必要"。因而，社会与法律责任的目的不是绝对限制社会主体的自由，而是为了保护和扩大主体的自由。这是现代法治的基本价值要求。

二、法治体系的概念

（一）社会主义法治体系的基本概念

社会主义法治体系概念的提出，丰富了社会主义法治理论，体现了党科学务实、改革创新的精神，必将对国家治理体系和治理能力的现代化以及社会主义法治国家建设产生积极而深远的影响。深入理解社会主义法治体系的内涵，对于推进依法治国，建设社会主义法治国家具有重大现实意义。

首先要区分几个非常相近的概念，包括法律体系、法制体系与法治体系的区别。法律体系、法制体系是相对静态的，而法治体系是相对动态的。法律是指载有法律规范的书面文件，法制是指法律和制度的总称，而法治则是指运用法律和制度治理国家、治理社会的过程和状态。法律体系、法制体系相对于法治体系，前者是手段，后者是目的。完善法律体系和法制体系是为建设法治体系和法治国家服务的。

法律运行的全部过程都属于社会主义法治体系的组成部分。改革开放的头三十年，我们致力于中国特色社会主义法律体系的建设，在相当长的时间里，立明执法法成为我国法治建设的重中之重，法治建设的主要任务就是要"有法可依"。经过几十年的不懈努力，2010年，中国特色社会主义法律体系宣告形成。法治绝不应停留在静态规范和制度层面，而应当延伸到法的动态运行的整个过程。社会主义法治体系包括三个方面：政府的严格执法、司法机关的公正司法、民众的自觉守法。

（二）社会主义法治体系的确立

我们党一贯高度重视法治，但在不同阶段，法治建设的工作重点不同。改革开放的前三十年，法治建设要解决的主要问题是无法可依，加强立法工作成为法治建设的中心工作，形成中国特色社会主义法律体系成为法治建设的主要目标。2010 年，中国特色社会主义法律体系如期形成，无法可依的问题基本解决，有法不依、执法不严、违法不究等法律实施的问题日益突出，切实保证宪法法律全面实施，统筹解决立法、执法、司法、守法等问题就成为全面推进依法治国的主要任务，建设中国特色社会主义法治体系就成为全面推进依法治国的目标追求。从形成法律体系到建设法治体系的重大转变，是我国经济社会深刻变革和法治实践全面发展的必然要求，是全面建成小康社会、全面深化改革、全面从严治党的必然要求，是党领导人民开启治国理政新征程的必然要求。

十八大以来，党中央从坚持和发展中国特色社会主义全局出发，从实现国家治理体系和治理能力现代化的高度，紧紧围绕治理一个什么样的国家、怎样治理国家这一根本问题，深刻阐释了当代中国共产党的治国理政新思想，明确提出"法治是治国理政的基本方式，要加快建设社会主义法治国家，全面推进依法治国"。党的十八届四中全会专门做出《中共中央关于全面推进依法治国若干重大问题的决定》，鲜明提出全面推进依法治国的总目标是"建设中国特色社会主义法治体系，建设社会主义法治国家"，并明确提出把建设中国特色社会主义法治体系作为全面推进依法治国的总抓手，提出要形成完备的法律规范体系、高效的法治实施体系、严密的法治监督体系、有力的法治保障体系，形成完善的党内法规体系。加快建设中国特色社会主义法治体系，应从治国理政的战略高度来把握和推进。总目标、总抓手的提出，是党治国理政思想的重大创新，标志着我们党对法治文明发展规律、社会主义建设规律和共产党执政规律的认识达到了一个新的高度。

"十三五"规划纲要明确提出，"必须坚定不移走中国特色社会主义法治道路，加快建设中国特色社会主义法治体系"。在新形势下，加快推进中国特色社会主义法治体系建设，要把法治体系的建设和实施全面融入治国理政的实战进程，既充分发挥法治体系对治国理政的规范、促进和保障作用，实现依法治国、依规治党，保证治国理政的有序进行；要在治国理政的具体实践中检验法治体系建设的成效，用实践的标准评价法治体系建设的质量，用实践的力量推动法治体系不断完善、更加成熟。

（三）社会主义法治体系的内容

社会主义法治体系包括五个子体系：法律规范体系、法治实施体系、法治监督体系、法治保障体系和党内法规体系。

法律规范体系和党内法规体系，都是法治的基础和前提。如果没有完善的法律，一个国家不可能实现法治；没有完善的国法和党规，我国也不可能实现法治。在中国实现法治，不仅要有完善的法律规范体系，还要有完善的党内法规体系。执政党既要依国法执政，也要依党规管党和执政。党规服从国法，严于国法，补充国法，主要规范执政党内部的组织和活动。直接规范执政公权力行为的党规，在条件成熟时，可以通过国家立法程序转化为国法。

法治实施体系，对于法治有着决定性的作用。法律的生命力在于实施，法律的权威也在于实施，而法律实施的关键在于建设法治政府，推进政府依法行政。为此，必须完善行政组织法、行政程序法和行政责任法。政府的机构、职能、权限必须由法律规定而不是由政府自己制定，"权力清单"必须建立在法治的基础上，而不应由政府自己给自己授权。在法治实施体系中，政府依法定程序行政比依法定职能、权限行政更重要。为此，必须抓紧制定行政程序法，保证政府公正、公开、公平行使公权力，防止和遏制权力滥用及腐败。

法治监督体系，对于法治的运行至关重要。法治监督体系主要包括六大环节：首先是人大监督，这是最重要的监督；其他几个环节分别是纪委监察监督、审计监督、行政机关内部的督察监督、舆论监督和司法监督。

法治保障体系主要包括四大环节：一是法治人才队伍，二是法律纠纷、争议化解机制，三是国民的法治理念和法治文化，四是党的领导。

党的十八届四中全会通过的《中共中央关于全面推进依法治国若干重大问题的决定》指出必须"加强立法队伍、行政执法队伍、司法队伍建设，畅通立法、执法、司法部门干部和人才相互之间以及与其他部门具备条件的干部和人才交流渠道，推进法治专门队伍正规化、专业化、职业化，完善法律职业准入制度"，加强法律服务队伍建设，构建优势互补、结构合理的律师队伍，"培养造就熟悉和坚持中国特色社会主义法治体系的法治人才及后备力量"。

必须"健全依法维权和化解纠纷机制，建立健全社会矛盾预警机制、利益表达机制、协商沟通机制、救济救助机制，畅通群众利益协调、权益保障法律渠道"。

必须"弘扬社会主义法治精神，建设社会主义法治文化，增强全社会厉行法治的积极性和主动性，形成守法光荣、违法可耻的社会氛围，使全体人民都成为社会主义法治的忠实崇尚者、自觉遵守者、坚定捍卫者"。

必须"加强和改进党对法治工作的领导，把党的领导贯彻到全面推进依法治国全过程。坚持依法执政，各级领导干部要带头遵守法律，带头依法办事，不得违法行使权力，更不能以言代法、以权压法、徇私枉法。健全党领导依法治国的制度和工作机制，完善保证党确定依法治国方针政策和决策部署的工作机制和程序，加强对全面推进依法治国统一领导、统一部署、统筹协调，完善党委依法决策机制"。

三、中国特色社会主义法治体系的基本内涵

（一）努力形成完备的法律规范体系

良法是善治的前提。建设中国特色社会主义法治体系，首要的是完善以宪法为核心的中国特色社会主义法律体系。目前，我国有法律 250 多部、行政法规 700 多部、地方性法规 9000 多部、行政规章 11000 多部，中国特色社会主义法律体系已经形成，但还需适应中国特色社会主义进入新时代的要求进一步完善。今后，我们要紧紧围绕提高立法质量和立法效率，坚持科学立法、民主立法、依法立法，坚持立改废释并举，增强法律法规的及

时性、系统性、针对性、有效性，提高法律法规的可执行性、可操作性。加强重点领域立法，及时反映新时代党和国家事业发展要求，回应人民群众关切期待。

（二）努力形成高效的法治实施体系

法律的生命力和权威在于实施，而法律的有效实施，是全面依法治国的重点和难点。目前，我国在法律实施过程中还存在许多不适应、不符合的问题，执法体制权责脱节现象仍然存在，执法司法不规范现象较为突出，群众对执法司法不公和腐败问题反映强烈。今后，我们要加快完善执法、司法、守法等方面的体制机制，坚持严格执法、公正司法、全民守法。各级政府必须在法治轨道上开展工作，创新执法体制，完善执法程序，推进综合执法，严格执法责任，建立权责统一、权威高效的依法行政体制，加快建设职能科学、权责法定、执法严明、公开公正、廉洁高效、守法诚信的法治政府。

（三）努力形成严密的法治监督体系

没有监督的权力必然导致腐败。为什么党内这么多高级干部走上犯罪的道路？根本原因在于理想信念动摇了。铲除不良作风和腐败现象滋生蔓延的土壤，根本上要靠法规制度。今后，我们要以规范和约束公权力为重点，构建党统一指挥、全面覆盖、权威高效的监督体系，把党内监督同国家机关监督、民主监督、司法监督、群众监督、舆论监督贯通起来，增强监督合力，强化监督责任，提高监督实效，做到有权必有责、有责要担当、失责必追究。

（四）努力形成有力的法治保障体系

没有一系列的保障条件，法治就难以实现。建设中国特色社会主义法治体系，建立有力的法治保障体系至关重要。我们要切实加强党对全面依法治国的领导，提高依法执政能力和水平，为全面依法治国提供有力的政治和组织保障。加强法治队伍建设，为全面依法治国提供有力的队伍保障和坚实的物质经费保障。改革和完善不符合法治规律、不利于依法治国的体制机制，为全面依法治国提供完备的制度保障。弘扬社会主义法治精神，增强全民法治观念，完善守法诚信褒奖机制和违法失信行为惩戒机制，使遵法守法成为全体人民的共同追求和自觉行动。

（五）努力形成完善的党内法规体系

治国必先治党。党内法规既是全面从严治党的重要依据，也是全面依法治国的有力保障。党的十八大以来，我们制定和修订了140多部中央党内法规，出台了一批标志性、关键性、基础性的法规制度，有规可依的问题基本得到解决，下一步的重点是执规必严，使党内法规真正落地。今后，我们要坚持依法治国与制度治党、依规治党统筹推进、一体建设，注重党内法规同国家法律的衔接和协调，构建以党章为根本，以民主集中制为核心，以准则、条例等中央党内法规为主干，由各领域各层级党内法规制度组成的党内法规制度体系，切实提高党内法规执行能力和水平。

第二节　中国特色社会主义法治体系构建的重大意义

一、明确了全面推进依法治国的总抓手、总纲领

法律是治国之重器，法治是国家治理体系和治理能力的重要依托。习近平总书记强调，全面推进依法治国总目标是建设中国特色社会主义法治体系、建设社会主义法治国家。全面推进依法治国总目标的提出，既明确了全面依法治国的性质和方向，又突出了工作重点和总抓手，具有举旗定向、纲举目张的重大意义。

（一）擘画了全面依法治国的总蓝图

全面依法治国是涉及立法、执法、司法、守法等各个环节，涉及统筹推进"五位一体"总体布局和协调推进"四个全面"战略布局等各个方面的庞大系统工程，必须进行顶层设计、做出总体安排。党的十八大以来以习近平同志为核心的党中央从关系党和国家前途命运的战略全局高度来定位法治、布局法治、厉行法治，围绕为什么推进依法治国、如何推进依法治国、建设什么样的法治国家等一系列重大问题，进行了全面探索，形成了丰富经验，取得了重大成就。全面依法治国总目标，是在深刻总结成功经验和历史性成就的基础上，做出的科学概括和理论升华，明确了全面依法治国的根本性质、整体架构、工作布局、重大任务等，为统一全党全国各族人民的思想、意志和行动奠定了坚实的基础。

（二）指明了全面依法治国的正确道路

世界上不存在定于尊的法治模式，也不存在放之四海而皆准的法治道路。综观当今世界不同国家和地区，由于各自的历史背景、政治制度、法律文化和发展道路不同，法治模式和法律体系也各不相同。我们党提出全面依法治国的总目标，就是旗帜鲜明地表明，要毫不动摇坚持社会主义法治的性质和方向，毫不动摇坚持走中国特色社会主义法治道路。习近平总书记指出："我们治国理政的根本，就是中国共产党领导和社会主义制度。"

（三）明确了全面依法治国的总抓手

全面依法治国涉及很多方面，在实际工作中必须有一个总揽全局、牵引各方的总抓手习近平总书记强调，建设中国特色社会主义法治体系是全面推进依法治国的总抓手，是国家治理体系的骨干工程，各项工作都要围绕这个总抓手来谋划、来推进。提出建设中国特色社会主义法治体系，是以习近平同志为核心的党中央对中国特色社会主义法治理论和法治实践的重大创新和重大贡献，充分说明我们党对我国法治建设的理论认识和实践推动都更有科学性、更富规律性、更具创造性。

二、推动了法治中国建设的转型升级

法治建设既是一项复杂的系统工程，也是一个长期的奋斗过程。在全面深化改革的新时期，只有以中央精神为指导，切实强化对法治建设一系列理论问题的研究，才能不断深化认识、广泛凝聚共识，有力推动中国的法治实践攻坚克难、行稳致远。

（一）进一步深化对法治建设新形势的认识，增强行动自觉

当前，我国正处于改革的攻坚期、发展的关键期、稳定的风险期，形势深刻变化，利益冲突频繁，内外矛盾叠加，特别是发展中长期积累的各种深层次矛盾逐步显现、亟待解决。人民群众在物质生活条件不断得到改善的同时，民主法治意识、政治参与意识、权利保障意识也得以普遍增强，对于社会公平正义的追求越来越强烈，对于更加充分地发挥法治在国家治理和社会管理中的作用也越来越期待。虽然我国法治建设已经取得巨大成就，但与人民群众日益增长的法治需求相比，仍然存在较大距离。现实中，有法不依、执法不严、违法不究、司法不公的现象仍然存在，以权压法、以言代法、徇私枉法、信访不信法的情况时有发生，损害了执政权威，影响了民心向背，阻碍了经济发展，破坏了和谐稳定，违背了公平正义。这些问题表明，实现依法治国，依然任重道远。法治兴则国家兴，法治强则国家强。可以说，推进法治建设已经不是执政者主观意志的选择，而是社会发展对国家治理方式的必然要求。特别是党的十八大提出 2020 年要全面建成小康社会，全面落实依法治国基本方略也被纳入这一总体目标。在朝着中华民族伟大复兴的中国梦扬帆奋进的今天，我们迫切需要法治在调节利益关系、化解社会矛盾、促进社会和谐稳定、保障国家长治久安中发挥更大的作用，迫切需要执政党、国家机关、社会组织和全体人民共同参与、全面推进社会主义法治国家建设。只有深刻认识、牢牢把握这一新形势，才能不断增进对加快推进法治建设的思想认同、理论认同和感情认同，以更强的责任感、使命感和紧迫感积极投身建设法治中国的伟大实践。

（二）进一步深化对法治建设新目标的认识，明确努力方向

2013 年初，习近平总书记在对全国政法工作电视电话会议的批示中，首次提出了建设"法治中国"的奋斗目标，党的十八届三中全会再次进行了强调。从十五大提出实行"依法治国"到十八大以来提出建设"法治中国"，中国法治建设的目标越来越明确，那就是致力于打造法治建设的"中国版"和"升级版"——"法治中国"，建设中国特色社会主义法治国家。习总书记强调，"人民群众对美好生活的向往，就是我们的奋斗目标"。理解和把握法治中国的建设目标，也应当以公民的幸福生活为终极追求，唯有如此才能契合社会主义国家的本质，符合公民的期待。围绕这一目标推进法治建设，必须做到以下几点：

一是既要遵循法治的普遍要求、价值共性和精神实质，又要尊重中国的文化传统、现实国情和公民诉求，使法治规律与中国国情有机结合，走出一条中国特色社会主义法治发

展道路。

二是既要坚持依法治国、依法执政、依法行政共同推进，又要坚持法治国家、法治政府、法治社会一体建设，更加注重法治建设的整体性、综合性和协调性，使自上而下身体力行与自下而上全民推动有机结合，全面而深入地推进法治建设。

三是既要使宪法法律的权威得到坚决维护，公民的权利自由得到充分保障，公共权力的行使严格依法进行，司法的独立公正得以有效实现，还要使法治成为政治清明、经济富强、文化繁荣、社会和谐和生态文明的有力支撑，使抽象的宏观目标与具体的法治实践有机结合，从而为实现中华民族的伟大复兴创造自由民主有序的政治环境、安全稳定和谐的社会环境和公平正义权威的法治环境，用法治保障国家长治久安、人民幸福安康。只有深刻认识、牢牢把握这一新目标，才能不断克服各种错误思想的干扰，确保法治建设始终保持正确的发展方向。

（三）进一步深化对法治建设新路径的认识，做到"三个结合"

从坚持依法治国、建设法治国家，到习近平总书记在纪念现行宪法公布施行30周年大会上首次提出"坚持依法治国、依法执政、依法行政共同推进，坚持法治国家、法治政府、法治社会一体建设"，法治中国建设的路径越来越清晰。这一路径选择，意味着中国法治建设向系统构造转型升级，向全面深化战略推进。依法执政、依法行政是依法治国的基本要求和具体抓手，依法治国是依法执政、依法行政的总体目标，三者共同推进体现了法治的协调性和配合性；法治政府与法治社会是法治国家的题中之义和主要支撑，法治国家是法治政府与法治社会的总体样态，三者一体建设，体现了法治的全局性和整体性。沿着这一路径推进法治建设，把握好重点突破与全面推进的关系是关键。

第一，必须加快转变党的领导方式、执政方式，充分发挥党总揽全局、协调各方的领导核心作用，坚持依法执政，正确处理党的政策与国家法律、党的领导与权力机关、执政与行政以及党的领导与司法机关依法独立公正行使职权的关系，善于使党的主张通过立法程序成为国家意志，善于使党组织推荐的人选通过人大民主选举成为国家政权机关的领导人员，善于通过国家政权机关实施党对国家和社会的领导，支持国家权力机关、行政机关、司法机关依照宪法和法律独立负责、协调一致地行使职权，做到总揽不包揽、协调不代替，真正做到党领导立法、保证执法、带头守法。

第二，必须加快转变政府职能、推进依法行政，从规范权力开始，从限制权力切入，依法调整政府与市场、企业、社会的关系，建设法治政府。要制定政府权力清单，切实做到职权法授、程序法定、行为法限，推动各级政府依法决策、依法管理、依法服务；要建立法治评价体系，将其与经济指标、社会指标、人文指标和环境指标等共同纳入官员政绩考核范围，充分发挥考核的激励和导向作用，推动各级领导干部高度重视法治、积极践行法治、自觉维护法治；要严格责任追究制度，对行政执法中的不作为、乱作为以及失职渎职等现象，加大监督力度，推动责任落实，确保各级行政机关严格规范公正文明执法，切实提升政府公共服务质量。

第三，必须加快推进司法改革、维护司法权威，确保法院、检察院依法独立公正行使职权。要着力从体制机制上破解司法机关公信力不足和司法的行政化、地方化问题，通过推动省以下地方法院、检察院人财物统一管理，强化司法人员的职业保障等改革，切实减少司法面临的干扰，提升公正司法的水平，积极构建公正高效权威的司法制度，真正使司法成为维护社会公平正义的最后一道防线。只有深刻认识、牢牢把握这一新路径，才能最大限度地增强法治建设的协同性和实效性，努力走出一条成本小、代价低、成效高的新路子。

三、拓展了国家治理体系和治理能力现代化的实践路径

国家治理体系和治理能力现代化作为全面深化改革的总目标，定位明确，内涵丰富，令人振奋。"治理"是哲学的命题，是思维与存在围绕有序性的矛盾运动过程。"治理"又是一个属于历史的范畴。作为一个古老的词汇，中国历代都讲治理，积累了大量国家治理的智慧和经验，但这个概念在近二三十年被赋予了许多新的内涵。当下公共领域的实践和现代政治学、行政学等研究将治理拓展为一个内容丰富、包容性很强的概念，重点是强调多元主体管理，民主、参与式、互动式管理，而不是单一主体管理。《中共中央关于全面深化改革的决定》中指出的作为全面深化改革总目标的"国家治理"，是党关于全面深化改革的思维体系、话语体系和制度体系中的一个核心范畴，是一个重大理论创新。从传统"管理"到现代"治理"的跨越，虽只一字之差，却是一个"关键词"的变化，是治国理政总模式、包括权力配置和行为方式的一种深刻的转变。从"管理"到"治理"的跨越，说明我国将在完善和发展中国特色社会主义制度方面，在推进国家治理体系和治理能力建设方面，采取具有革命性的变革，把中国带入改革开放的新阶段。

国家治理体系现代化的实现路径，我理解是要做到四个统一、三个结合。

四个统一，一是党和政府的领导与多元主体参与公共事务管理的统一。充分发挥市场主体在经济生活中的作用，充分发挥社会主体在社会生活中的作用，充分发挥人民群众在国家事务管理与决策中的作用。二是法治与德治的统一。按照依法治国与以德治国并重的要求，以社会主义核心价值体系为引领，全面推进立法、司法、行政、执法体制改革，坚持依法执政、依法行政、领导带头、全民守法与精神文明建设、道德建设共同推进，使法成为善法，使政府治理成为善治，实现外部控制与内省教化统一。三是管理和服务的统一。管理与服务是一个事物的两个侧面，只有充分尊重人、理解人、关心人，以人民利益为重，以群众期盼为念，寓管理于服务之中，把管理与服务有机统一起来，才能实现管理效率与服务公平的兼顾。四常态管理与非常态管理的统一。当今社会是一个风险社会，各种突发公共事件导致社会常态的破坏已经成为"常态"，国家治理结构必须适应这一需要，建立既遵循通行的行政管理规则，也有利于风险管理、应急管理的体制、机制和制度体系，实现预防突发事件与有效应急处置的统一。这四个统一是"治理"的本质属性在管理主体上

的实现路径。

三个结合，一是坚持解放思想、解放和发展社会生产力、解放和增强社会活力相结合。把解放精神力量与解放物质力量，释放制度活力与释放人的活力结合起来，使之相互促进、相辅相成，才能形成强大的改革动力和社会发展动力。解放思想的重点是要把治理的思想系统化、理论化，以理论的彻底性打动人、说服人、动员人，让大家把思想活跃起来，把行动统一起来。二是要坚持顶层设计与摸着石头过河相结合，推进治理制度创新。由于我们现在的改革属于"刺激—反应"式，揭露了问题再去解决问题，这容易导致改革的"碎片化"。顶层设计就是立足增强改革的系统性、整体性、协同性。同时，必须坚持实践第一的思想，把多年来成功的做法上升到全局的高度，把地方特别是基层的经验上升到国家政策层面。三是要坚持发挥市场和社会在资源配置中的决定性作用与更好发挥政府作用相结合，推进治理方式创新。市场和社会配置资源，实质是对人的自发行为的尊重。发挥政府作用就是要通过构建科学的理论体系、制度体系和政策体系，广泛凝聚共识，建立不改革、在改革问题上"不作为"的问责机制。有了这样的机制，改革才会更有劲头，才能让更多的人尝到改革的甜头。这三个结合是"治理"的本质属性在管理方法上的实现路径。

治理能力现代化是把治理体系的体制和机制转化为一种能力，发挥治理体系功能，提高公共治理能力。治理体系现代化和治理能力现代化的关系是结构与功能的关系，硬件与软件的关系。治理体系的现代化具有质的规定性，是治理结构的转型，是体制性"硬件"的更换，只有实现了治理体系的现代化，才能培养治理能力的现代化；同时，治理能力又对治理结构会产生积极或消极的影响，善于治理、敢于变革，可以有效地推动治理体系现代化。

治理能力现代化建设的重点是处理好政府、市场、社会的关系。这种能力存在于对社会发展规律的认识之中，存在于自觉遵循生产力决定生产关系、经济基础决定上层建筑的要求之中，存在于主动把握科学协调、统筹谋划、共同治理的内在基本逻辑之中。在经济治理体系中就是要按照政府调控市场，市场引导企业的逻辑深化经济体制改革，发挥市场在配置经济资源中的决定性作用；在政治治理体系中就是要按照党的领导、人民当家做主、依法治国有机统一的逻辑深化政治体制改革，发挥法治在配置政治资源中的决定性作用；在社会治理体系中就是要按照党和政府领导、培育、规范社会组织，社会组织配置社会资源的逻辑深化社会体制改革，发挥社会组织在配置社会资源中的决定性作用；同时，更好发挥党和政府在经济、政治、社会领域中的作用。

第三节　中国特色社会主义法治体系的基本构成

十八届四中全会提出，全面推进依法治国，总目标是建设中国特色社会主义法治体系，建设社会主义法治国家。实现这个总目标，必须坚持中国共产党的领导，坚持人民主体地位，坚持法律面前人人平等，坚持依法治国和以德治国相结合，坚持从中国实际出发。要准确把握这个总目标，将依法治国作为一个系统工程来全面推进，实现国家治理体系现代化，实现国家各项工作法治化，向着建设法治中国不断前进。

一、完备的法律规范体系

提高立法质量的问题，是立法工作永恒的主题。怎么衡量提高立法质量？至少有这样几个方面：首先，法律要反映社会发展的客观规律。我们制定法律首先要符合客观规律。其次，能够体现党的政策主张和广大人民的共同意志。经过实践检验正确的，我们党的方针政策要通过法律把它固定、确定下来。法律要体现以人为本，所以要体现广大人民的共同意志和最广大人民的根本利益。同时法律也要符合我国的实际，不能超前，也不能落后。法律要有可操作性，这些都是我们提高立法质量需要达到的方面。

完善法律体系是一个永无止境的任务，因为社会生活没有止境，所以法律体系的完善也没有止境，社会的发展永远会给法律体系提出新的任务和新的要求。一是更加注重对现行法律的修改完善。有些法律的规定在制定法律的时候是合理的、有效的，但随着社会发展它可能会出现问题，可能不那么有效、不那么合理，就要对这个法律进行修改。二是更加关注配套法规的制定工作。法律的实施是一个很复杂的事情，法律规定有时候比较原则，很多法律法规的落实要靠配套法规的制定。法律规定要落到实处，要转化为社会相关主体的权利和责任非常细微、非常复杂，哪一个环节的规则没有到位，都会影响法律的实施。所以配套法规的制定是完善法律体系的一项重要任务。三是根据社会发展的需求制定法律，制定法律也是永远没有尽头的工作，因为总会有新的问题被提出，需要通过法律手段调整。

科学立法是处理改革和法治关系的重要环节。要实现立法和改革决策相衔接，做到重大改革于法有据、立法主动适应改革发展需要。在研究改革方案和改革措施时，要同步考虑改革涉及的立法问题，及时提出立法需求和立法建议。实践证明行之有效的，要及时上升为法律。实践条件还不成熟、需要先行先试的，要按照法定程序做出授权。对不适应改革要求的法律法规，要及时修改和废止。要加强法律解释工作，及时明确法律规定含义和适用法律依据。要把党的十八届四中全会提出的180多项对依法治国具有重要意义的改革举措，纳入改革任务总台账，一体部署、一体落实、一体督办。

二、高效的法治实施体系

法律实施包括执法、司法、守法和法律监督等各个环节。一是强化法律实施的思想保障。社会主义法治理念既是立法的指导思想，也是司法、执法活动的价值基础。在遵循依法治国、执法为民、公平正义、服务大局、党的领导为基本内涵的社会主义法治理念的同时，必须深化、细化法治理念的要求，树立正确的司法理念，使法律体系所体现和承载的公平、秩序、人权、自由、效率和利益协调、制约公权、关注民生等理念的价值得以延续和实现。二是落实法律实施的职责保障。法律的生命力在于实施，必须切实做到有法必依、执法必严、违法必究，确保法律的权利保障、违法制裁、秩序维护、社会治理等功能作用得到充分发挥。三是完善法律实施的机制保障。推进法律实施，必须建立起一整套确保法律统一适用的制度机制，以适应法律实施对执法能力提出的新要求。

三、严密的法治监督体系

由于缺乏强有力的监督，党的一些干部长期脱离于法律法纪之外，在经济快速发展、利益主体多元化、物质丰富的情况下，走向腐败，败坏风气，付出的代价是高昂的。因此，从制度上加强对干部特别是主要领导人的监督显得十分必要。

"一切有权力的人都容易滥用权力，这是万古不变的一条经验。""要防止滥用权力，就必须以权力约束权力。"孟德斯鸠的这些至理名言告诉我们，任何权力脱离了监督就必然会给社会带来危害。依法治国关键是依法行政。行政权是一种作用范围非常广泛的权力，几乎涉及社会生活的方方面面，监督得好坏，直接关系到人们的切身利益。要建构一切有监督权力的主体对行政机关及其行为的监督，包括国家行政机关、司法机关、专门监督机关及其广大公民和社会组织对行政主体及其行政行为所实施的合法性、合理性监督。具有行政机关上下级之间的层级监督、相互之间完全没有组织隶属关系和内部管理关系的行政主体间的监督、执政党的监督、其他国家机关对行政机关的监督、舆论监督、民主党派、人民团体、企事业单位等社会组织的监督，以及公民个人对行政机关及其工作人员的监督。要从健全各种监督方式入手，建立结构合理、配置科学、程序严密、制约有效的权力运行机制，从决策和执行等环节加强对权力的监督，保证人民赋予的权力真正用来为人民谋利益。要完善我国法治监督机构，维护人大监督的法律地位。要设置合理的监督程序，以法定的程序确保监督主体能充分有效地行使监督职权。要完善监督立法，使法律不只是成为政府"办事参考"，而是一种超越任何当事人之上的普遍化"规则"。要积极发挥社会监督作用，向社会放权增加社会权利，实现权利对权力的有效制约。要重视提高监督主体的法律素质，强化监督意识和素质。

四、有力的法治保障体系

在我们这样一个人口众多的大国，实现社会公正、民心稳定、人民幸福的关键还是法治。法治是调节社会利益关系的基本方式，是社会公平正义的集中体现，是构建社会主义和谐社会的重要基础。要把依法治国作为加强社会管理、实现国家长治久安的根本途径，破解法治体系建设中的难题，进一步强化法治保障，把依法治国的基本方略落实到社会建设的各领域，从立法、司法、执法、普法等各个环节推动社会诚信建设，使全社会养成尊重法律、遵守法律的良好氛围。各级政府机关和工作人员特别是领导干部是推进依法行政的中坚力量，其法治意识、法治素养、法治能力如何，直接关系整个法治建设的进程和效果。必须不断提高各级领导干部运用法治思维和法治方式解决问题的能力，努力以法治凝聚改革共识、规范发展行为、促进矛盾化解、保障社会和谐，为经济、政治、文化、社会、生态文明建设提供强有力的法治保障。

建设社会主义法治国家的目标需要全民守法去实现，社会主义法治精神需要全民守法去弘扬和传递，科学立法、严格执法、公正司法需要全民守法去推动。全民守法是法治建设从传统走向现代、从理论走向实践、从精英走向大众的必然趋势。苏格拉底说："遵守法律是一种美德。"守法不仅是一种美德，更是一种行为规范，一种生活方式。"虽有良法，要是人民不能全都遵守，仍不能实现法治"，亚里士多德的这句名言，再明白不过地说出了全民守法的重要性。近代法学家沈家本说："法立而不守，辄曰法之不足，此固古今之大病也。"推进全民守法同样是一个长期、复杂的社会系统工程，应从普及法律知识、增强法律意识、培育法律信仰三个层面，从守法主体、守法客体、守法内容三个维度，从完善立法、加强普法、规范执法、公正司法、提高权力主体法治能力、加强公民道德建设等多个方面来综合谋划和实施。要贯彻落实好"六五普法计划"，推进法律宣传教育进机关、进乡村、进社区、进学校、进企业、进单位，要积极创新普法方式，善于运用现代化的手段，采用群众喜闻乐见的方式，让老百姓听得懂、能接受、愿参与，激发广大群众学法用法的热情，增进广大群众对法律知识的了解和认知。还要通过推进科学立法、严格执法、公正司法，弘扬法治精神、树立法治理念、维护法治权威，在全社会营造浓厚的法治氛围，让厉行法治、追求公平正义成为全体社会成员的最大共识。

五、完善的党内法规体系

对厉行节约反对浪费进行党内法规的明确约束，是必要而且重要的。它是党依法执政的一个重要体现。

我们要坚持党总揽全局、协调各方的领导核心作用，坚持依法治国基本方略和依法执政基本方式，善于使党的主张通过法定程序成为国家意志，善于使党组织推荐的人选成为国家政权机关的领导人员，善于通过国家政权机关实施党对国家和社会的领导，支持国家权力机关、行政机关、审判机关、检察机关依照宪法和法律独立负责、协调一致地开展工作。按照党的领导主要是政治、思想和组织领导的原则，抓紧制定和完善党的领导和党的工作方面的党内法规，通过科学、规范的机制安排，加强和改善党的领导，提高党科学执政、民主执政、依法执政水平。

要完善地方党委工作制度。规范和完善党组工作制度。完善党领导国家法治建设的党内法规。完善意识形态工作方面的党内法规，坚持党管媒体原则，完善新闻媒体及新闻从业人员管理制度和办法，加强对互联网等新兴媒体的管理，把舆论导向管理落到实处。完善统一战线工作、群众工作、外事工作、军队政治工作方面的党内法规。

第三章　社会主义核心价值观与法治体系构建的逻辑关系

第一节　社会主义核心价值观引领法治体系构建

一、社会主义核心价值观为法治体系构建指明了社会主义方向

2016 年底，中共中央办公厅、国务院办公厅《关于进一步把社会主义核心价值观融入法治建设的指导意见》中指出，要深入贯彻习近平总书记系列重要讲话精神，大力培育和践行社会主义核心价值观，运用法律法规和公共政策向社会传导正确价值取向。这为把社会主义核心价值观融入法治体系建设指明了方向与路径。

社会主义核心价值观是社会主义核心价值体系最深层的精神内核，具有强大的感召力、凝聚力和引导力。法治由于其强制性的规范作用，对于培育和弘扬社会主义核心价值观具有特殊的重要作用。但从我国现实情况来看，现行法律、政策对推动核心价值观建设还存在"保障不力、支持不足"的问题，引导性、激励性、约束性不够，在一些重要领域和环节明显滞后，对人民群众反映强烈的一些热点难点问题缺乏强有力的法律、政策措施。如，信用缺失、行为失范，特别是一些经济案件执行难等问题，严重影响着经济运行秩序；腐败高发，败坏党在人民心中的形象，损害党的执政基础；空巢老人数量较大，老无所养甚至被遗弃的现象时有发生；网络上的暴力、黄赌毒信息以及网络谣言对青少年的危害严重，等等。这些问题的产生，除了道德与诚信体系建设不完善的因素之外，法治建设薄弱、对一些违法乱纪行为惩戒不力也是重要原因。

总之，社会主义核心价值观是法治体系建设的灵魂，为法治建设指明了"前进的方向"，也承载了法治建设的精神内涵；法治是核心价值观的保障，有了核心价值内涵的法治建设才能行稳致远。社会主义核心价值观有助于实现"良法善治"；设良法就是让立法反映人民意志，贯彻社会主义核心价值观；行善治则是要将"平等""公正""法治"等价值观融入法治各个环节。这些都少不了社会主义核心价值观的融入。

二、社会主义核心价值观为法治体系构建奠定了道德基础

社会主义和谐社会的构建既需要法治建设，同时也离不开道德建设，二者都是和谐社会建设的重要影响因素，应将二者有机地结合起来。党的十四大指出，全面推进依法治国，既需要高度重视以宪法为核心的社会主义法治建设，充分发挥法律的作用，而且还需要注重社会主义道德建设，不断发挥道德在弘扬中华民族传统文化以及法治精神建设上的重要作用。法治建设与道德建设是同步进行的，二者的建设也是相辅相成的，高度重视社会主义道德体系的建设，一方面能够培养民族的法治精神，充分普及法治文化知识；另一方面还能够为法治国家的建设奠定坚实的思想道德基础。总之，社会主义和谐社会的构建需要法治与德治的密切配合，二者共同为社会主义和谐社会的构建提供良好的发展环境。

长期的发展实践表明，一个国家要想长久稳定的发展，就必须充分发挥法律与道德的双重作用，将法治建设与道德建设有机结合起来，才能实现最大的治理效应，从而为促进社会的稳定发展奠定坚实的基础。法律与道德就像一枚硬币的正反面，它们是同一个整体的不同方面，二者是相辅相成、不可分割的。社会主义和谐社会的构建离不开社会主义道德建设与社会主义法治建设，社会主义法治建设也就是依法治国的必然要求，从整体上分析看来，法律具有其强制性与权威性，这两个特点能够从一定程度上规范社会全体成员的行为，而道德建设往往能够通过对人们内心信仰以及思想活动的调整，进而促使人们遵守道德规范的目的。总之，将法治建设与道德建设结合起来，不仅是社会主义和谐社会建设的要求，而且还是全面推进依法治国的必然要求。

随着我国社会主义经济的快速发展，我国已走上依法治国的发展道路，在法治建设的进程中，党与国家领导人逐步意识到我国法治的建设必然离不开道德的建设，道德建设在一定程度上是公正司法的关键保障。现阶段，社会秩序的维护主要依赖法律与道德，而法律是一种具有约束力的手段，有时不可避免地会存在滞后性与僵硬性，因此社会的正常运转还不能仅仅依靠法律，还必须借助道德力量的约束。司法的公正性能够确保法律成为社会的衡量器，然而，司法的公正性不能仅仅依靠法律与制度，司法人员的道德素养也是极其重要的影响因素，如若司法人员缺乏道德素养，即使有严格的法律，也不可避免地会出现法律遭到践踏以及法律权威性下降的现象。由此看来，加强司法人员的道德素养，提升其道德意志力是保障我国道德建设的重要基础，同时也是促进依法治国建设的要求。

道德建设与法治建设同等重要，而且从一定意义上讲，道德应是社会秩序维持的最高准则，违背道德，没有良知的行为是受谴责的。可以说，社会法律是建立在社会道德基础上的，这一点应引起我们特别的重视。随着依法治国战略的提出，我国人民的法治意识在不断增强，这有利于维护社会主义现代化建设的成果。然而，我国的法律体系与法律机制还不是很健全，有时会出现法律空白的现象，如何全面推进依法治国便成为当前重点探讨的话题。依法治国是新时期我国治国理念的重大转变，依法治国战略的提出，一方面体现

了我国政治发展质的飞跃，另一方面这一战略联系起来，使大学生真正成为具有合格政治素养的社会主义事业接班人。

三、社会主义核心价值观为法治体系构建提供了价值支撑

任何一种价值观在全社会的牢固确立，都是一个思想教育与社会孕育相互促进的过程，都是一个内化与外化相辅相成的过程。弘扬社会主义核心价值观，教育引导是基础，但仅靠教育引导是不够的，还要有制度规范、有政策保障。否则，社会主义核心价值观就不容易落地生根，现实中的一些道德失范和价值扭曲现象也不能得到有效约束和遏制。党的十八大以来，我们党在治国理政中坚持德法相济、协同发力，重视发挥法律政策在核心价值观建设中的促进作用，专门制定了推动核心价值观融入法治建设的指导性文件和立法修法规划，推动出台一系列有利于培育和践行核心价值观的法律法规、规章制度和公共政策，在实践中取得了很好的效果。事实表明，以法律政策承载价值理念和道德要求，核心价值观建设才有可靠支撑。要坚持依法治国和以德治国相结合，完善弘扬社会主义核心价值观的法律政策体系，把社会主义核心价值观要求融入法治建设和社会治理，体现到国民教育、精神文明创建、文化产品创作生产全过程，增强全社会对核心价值观的认同归属感和自觉践行力。

完善弘扬社会主义核心价值观的法律政策体系，首先要强化法律法规的价值导向，推动核心价值观入法入规。要坚持把社会主义核心价值观全面融入中国特色社会主义法治体系之中，贯穿到法治国家、法治政府、法治社会建设全过程，贯穿到科学立法、严格执法、公正司法、全民守法各环节，使社会主义法治成为良法善治。要把核心价值观的要求转化为具有刚性约束力的法律规定，坚持法律的规范性和引领性相结合，积极推进立改废释，特别是要聚焦道德约束不足、法律规范缺失的重点领域，把实践中广泛认同、较为成熟、操作性强的道德要求及时上升为法律规范，更好用法治的力量引领正确的价值判断、树立正义的道德天平。各行各业的规章制度和行为准则，是推动核心价值观渗透到社会生活方方面面的重要保障。要不断完善市民公约、乡规民约、学生守则、行业规章、团体章程等，使规范社会治理的过程成为弘扬核心价值观的过程。公共政策与群众生产生活和现实利益密切相关，其中蕴含的价值取向对人们的影响更切实、更直接、更广泛。要坚持政策目标和价值目标相统一，把核心价值观的要求体现到经济、政治、文化、社会、生态文明建设等各方面政策制定和实施之中，建立健全政策评估和纠偏机制，推动形成有效传导社会主流价值的政策体系，实现公共政策和核心价值观建设良性互动。

社会主义核心价值观融入法治建设，是加强社会主义核心价值体系建设的重要途径，社会主义核心价值体系建设内在地需要法治的支撑和保障。通过立法、执法、司法、普法、依法治理等机制将社会主义核心价值观转化为刚性的法律约束力和柔性的法理指引力，形

成有利于培育和践行社会主义核心价值观的法治环境，可以更好地构筑中国精神、彰显中国价值、凝聚中国力量，特别是对解决道德价值领域的突出问题有着极为重要的作用。在结构深刻变动、利益日趋多元的转型社会中，道德滑坡形势严峻、道德冲突时常发生，仅仅依靠道德建设自身难以解决棘手的道德难题，而必须依靠法律制度的支撑和保障，以法的制度优势引导兴善惩恶，以国家价值共识强化道德认同，从而使社会主义核心价值观落地生根。否则，它们就可能成为游离于宪法法律之外的无根的"浮萍"。

第二节　法治体系构建丰富了社会主义核心价值观的内涵

一、法治是社会主义核心价值观的基本构成要素

法治既是社会主义核心价值观的基本要素，又是社会主义核心价值观的实现载体，还是社会主义核心价值观的保障机制。在社会主义核心价值观的构成要素中，法治和自由、平等、公正一起共同构成了核心价值观社会层面的价值取向，这无疑有其现实的合理性。这是因为，法治蕴含着丰富的价值内涵，具有鲜明的社会价值属性，这集中地表现为个人与社会之间的关系问题。而个人与社会之间相互关系的社会与法律意义，通过自由、平等、公正等价值要素表现出来。因之，法治的价值属性更为深刻的内涵在于：一定社会的法律是对生产力和交换关系发展的基础上形成的一定社会自由、平等和公正的确认，是对社会主体的自由、平等和公正的价值需求的维护和实现。所以，在培育和践行社会主义核心价值观的过程中，将"倡导自由、平等、公正、法治"作为社会层面的价值共识，显然有着深厚的法哲学与社会哲学根据。其实，法治价值要素与核心价值观国家层面的价值目标和公民个人层面的价值准则之间亦都有着密切的联系。这就是说，厉行法治、坚持依法治国、建设社会主义法治国家，这是当代中国国家现代化建设的基本目标指向，因而与社会主义核心价值观国家层面的价值目标内在相连；作为规范体系的法治，对公民个人行为产生明确的指引、评价和预期功用，因而与社会主义核心价值观公民个人层面的价值准则密切相关。

法治作为社会主义核心价值观的有机构成要素，这首先是基于中国共产党人对治国安邦历史经验和现实需要的理性反思与深刻总结。中国是一个有着悠久的封建主义传统的国度。旧中国留给我们的封建专制传统比较多，民主法制传统很少。所以，在法律生活中，人治主义影响比较深。在新中国成立以后的相当长一段时间内，法制不够完备，也不很受重视。在当时的计划经济体制下，政策调整机制优先于法律调整机制，纵向的行政命令取代了横向的主体自由。国家对经济生活实行了一元化的全面直接调控，并且这种调控方式

的经济性、法律性因素比较薄弱，主要诉诸直接命令的行政控制手段，政府对市场生活的干预常常具有超经济的垄断性质，市场交易规则受到严重干扰而难以确定，政府行为难以规范化、合理化。所以，当中国改革开放刚刚启动的时候，邓小平就清醒地看到了当代中国法治进程的历史基础及其独特性质，告诫全党全国人民要充分估量到封建主义残余对中国社会政治生活的影响，指出："我们进行了二十八年的新民主主义革命，推翻封建主义的反动统治和封建土地所有制，是成功的，彻底的。但是，肃清思想政治方面的封建主义残余影响这个任务，因为我们对它的重要性估计不足，以后很快转入社会主义革命，所以没有能够完成。"进入社会主义社会以后，由于封建主义影响没有肃清，特权现象滋生蔓延。少数手中掌握一定权力的干部，不把自己看作是人民的公仆，把权力凌驾于体现国家意志的法律之上，从而损害了法律的权威，破坏了公民在法律面前人人平等的社会主义法治原则。因此，1978年12月召开的党的十一届三中全会深刻总结"文化大革命"严重破坏法治的惨痛历史教训，把加强民主法制、确保法律权威、保持国家长治久安的历史性任务突出地提到全党全国人民面前，确立了新时期当代中国法制建设的指导方针，强调："为了保障人民民主，必须加强社会主义法制，使民主制度化、法律化，使这种制度和法律具有稳定性、连续性和极大的权威，做到有法可依，有法必依，执法必严，违法必究。从现在起，应当把立法工作摆到全国人民代表大会及其常务委员会的重要议程上来。检察机关和司法机关要保持应有的独立性；要忠实于法律和制度，忠实于人民利益，忠实于事实真相；要保证人民在自己的法律面前人人平等，不允许任何人有超于法律之上的特权"。党的十一届三中全会所确立的我国法制建设的指导方针，有力地推动了当代中国法治化的时代进程。1982年12月4日，五届全国人大五次会议通过了新宪法，这在新中国法制建设史上具有里程碑意义。"八二宪法"把党的十一届三中全会以来我们党推进法制建设的成功经验上升为宪法规定，确立了法制统一原则，规定："国家维护社会主义法制的统一和尊严"，"一切法律、行政法规和地方性法规都不得同宪法相抵触"，"一切国家机关和武装力量、各政党和各社会团体、企业事业组织都必须遵守宪法和法律。一切违反宪法和法律的行为，必须予以追究"，"任何组织或个人都不得有超越宪法和法律的特权"。20世纪90年代以来，我国法制建设取得了显著成效，国家法治化的进程进一步加快。1997年9月召开的党的十五大郑重提出了坚持依法治国、建设社会主义法治国家的战略任务。1999年3月，九届全国人大二次会议通过的宪法修正案，把依法治国、建设社会主义法治国家的基本方略载入了宪法，使之成为不可动摇的宪法规范，为国家法治进程奠定了根本法的基础。2007年10月召开的党的十七大对全面落实依法治国基本方略，加快建设社会主义法治国家做出了战略部署。2012年11月召开的党的十八大进一步把"依法治国基本方略全面落实，法治政府基本建成，司法公信力不断提高，人权得到切实尊重和保障"确立为到2020年全面建成小康社会宏伟目标的重要内容。2013年11月召开的党的十八届三中全会做出了《关于全面深化改革若干重大问题的决定》，从完善和发展中国特色社会主义制度、推进国家治理体系和治理能力现代化这一全面深化改革的总目标出发，提出"推进法治中国建设"的重大历史性任务，指出："推进法治中国，必须坚持依法治国、依法执政、依法行政共同推进，坚持法治国家、法治政府、法治社会一体建设"。2014年10月召开的党的十八届四中全会，在我们党的历史上第一次专题研究全面推进依法治国重大问题，第一次专门做出《关于全面推进依法治国若干重大问题的决定》，进一步强调要坚定不移走中国特色社会主义法治道路，提出全面推进依法治国的总目标是建设中国特色社会主义法治体系，建设社会主义法治国家。这具有重大的现实意义和深远的历史意义。由此可见，把法治确立为社会主义核心价值观的重要内容，源自于当代中国改革开放和国家现代化建设的伟大实践，源自于中国特色社会主义法治发展的极不平凡的历史进程，源自于我们党对建设中国特色社会主义事业的历史教益和基本经验的科学总结，来之殊为不易，弥足珍贵。

法治作为社会主义核心价值要素加以确立，亦是转型中国重塑法理型社会生活秩序的必然要求。当代中国社会正处在一个深刻变革与转型过程之中，如何凝聚全社会的价值共识，引领社会思潮，整合社会秩序，进而创设既充满活力又和谐有序的社会共同体，这是当代中国人面临的紧迫课题。诚如习近平所指出的，"我国正处在大发展大变革大调整时期，国际国内形势的深刻变化使我国意识形态面临着空前复杂的情况"，"培育和弘扬核心价值观，有效整合社会意识，是社会系统得以正常运转、社会秩序得以有效维护的重要途径，也是国家治理体系和治理能力的重要方面"。应当看到，在急剧变革的社会转型时期，利益关系格局重新调整，社会矛盾错综复杂，各种深层次的社会矛盾逐渐显现出来，多元化的利益主体之间的利益失衡、碰撞和冲突的现象越来越突出。因此，全力维护转型期的社会稳定，保证社会生活的安定有序，已经成为当代中国法治的一项重要任务。在这里，充分发挥法律调整的职能作用，有效化解新形势下人民内部矛盾，协调平衡社会利益，有着特殊的意义。近些年来，因城市房屋拆迁、农村土地征用、企业破产改制、劳动争议、医患矛盾、环境保护等引发的矛盾纠纷和群体性事件呈现增多趋势，而且往往涉及面广、参与人数多、动机复杂、情绪激烈，突发、偶发和连锁反应等特点都很突出，其中还出现了因当事人行为过激以致构成刑事犯罪的事件。而由人民内部矛盾引发的群体性事件已经成为影响社会稳定的突出问题。这些群体性事件的情况较为复杂，往往参与者的合理诉求与他们的不合法手段交织在一些，多数人的合理诉求与少数人的无理取闹交织在一起，群众的自发行为和一些别有用心的人插手利用交织在一起，如果处置不当，局部问题就可能影响到全局，非对抗性矛盾就可能转化为对抗性问题。这些矛盾纠纷以及群体性事件许多都涉及改革发展中的一些焦点和难点问题，不仅关系部分群体的切身利益，还关系到改革发展。如何依法协调平衡社会利益关系，妥善化解新形势下的人民内部矛盾纠纷，这给转型时期的社会建设与社会治理提出了新的挑战。为此，《中共中央关于构建社会主义和谐社会若干重大问题的决定》强调，要适应我国社会结构和利益格局的发展变化，形成科学有效的利益协调机制、诉求表达机制、矛盾调处机制、权益保障机制。党的十八届三中全会提出了改进社会治理方式、创新社会治理体制的新要求，强调要运用法治思维和法治方式化解社会矛盾。因此，充分运用法治方式和手段，积极预防和妥善处理社会矛盾纠纷，引导群众以理性合法的形式表达利益诉求，坚持依法治理，按照政策办事，切实解决利益矛盾，从而既依法维护群众正当权益，又依法维护社会安定团结，这对于在新的形势下加强和改进社会治理，妥善协调平衡社会利益，形成全社会学法遵法守法用法的良好氛围和价值取向，建构法治型社会秩序，保证社会转型的平稳有序健康运转，无疑有着重要的社会价值效应。这也充分表明，在培育和践行社会主义核心价值观的过程中，必须高度重视法治的功能作用，努力运用法治的价值取向凝聚社会共识，化解社会矛盾，整合社会关系，重塑社会秩序。

二、法治有助于正确平衡不同的价值冲突

党的十八大以来，我们积极推动社会主义核心价值观入宪入法，为社会主义核心价值体系建设提供坚实的法治保障。也应看到，与全面依法治国、推进国家治理体系和治理能力现代化、建设社会主义核心价值体系的目标要求相比，社会主义核心价值观融入法治建设的工作还有不小提升空间。一些法律对弘扬社会主义核心价值观仍存在引导性、激励性、约束力、强制力不够等问题。当前，可以从以下几方面入手，在更高水平上推进社会主义核心价值观融入法治建设。

1. 坚持求真务实的科学立法精神

把社会主义核心价值观融入法治建设，要努力实现实质性融入，实现核心价值观与法律法规水乳交融。这就要求在遵循法治建设客观规律的基础上，科学建构充分体现社会主义核心价值观的法律规范体系。习近平同志强调坚持全面推进科学立法，并指出"科学立法的核心在于尊重和体现客观规律"。在核心价值观融入法治建设方面，也要秉持科学精神，尊重立法规律，坚持科学立法。立法工作应注重坚持问题导向，提高立法的针对性、及时性、系统性、可操作性，发挥立法的引领和推动作用。

2. 善于用法理话语表达核心价值观

法理是法的内在精神，是对法律实践的科学认知，也是法律实践的理论依据。从法理的维度考察核心价值观融入法治建设，就要考虑如何正确平衡不同价值冲突，善于把体现核心价值观的道德话语、宣传话语、文件话语转换为权利、义务、行为、责任等法律概念和法理话语，转换为行为标准和法律规范，进而形成内涵精确的法律规则和法律制度。通过转换，把抽象的价值观法理化、具体化、规范化，既有利于体现法律定纷止争的实践价值，又有利于培育公民美德，营造崇德向善的社会风尚。

3. 把握文明标准合理设置规范

核心价值观融入法律，既要引导人、激励人、约束人，又不能超出高限、强人所难。如果简单地将道德要求视为法律规范，会使社会生活泛道德化，甚至混淆法律与道德的界限。将核心价值观融入法律的时候，要对社会文明程度和道德水平进行科学研判，做到与

当下的社会文明程度相匹配，与大多数人的道德水平相适应。

4. 多管齐下统筹推进核心价值观入法入规

社会主义核心价值观融入法治建设，意义重大，影响深远。但也不能因此产生"立法依赖"，把涉及社会主义核心价值观教育、引导、践行的事情都由立法包揽下来。应促进法律法规、公共政策、宣传教育多管齐下、互相协同、通力合作。特别是发挥好社会主义核心价值观对习惯、习俗、惯例、村规民约、市民公约等社会规范的评价功能，支持公序良俗、促进移风易俗。社会主义核心价值观融入法治建设是一个长期过程，需要有序推进、持之以恒、久久为功。要继续深化社会主义核心价值观研究，准确把握社会主义核心价值观的发展及其立法需求，提高核心价值观融入法治建设的科学性、时代性和前瞻性。

第三节　法治体系构建保障社会主义核心价值观的培育和践行

一、法治体系构建助力国家层面价值目标的实现

"富强、民主、文明、和谐"，是我国社会主义现代化国家的建设目标，也是从价值目标层面对社会主义核心价值观基本理念的凝练，在社会主义核心价值观中居于最高层次，对其他层次的价值理念具有统领作用。富强即国富民强，是社会主义现代化国家经济建设的应然状态，是中华民族梦寐以求的美好夙愿，也是国家繁荣昌盛、人民幸福安康的物质基础。民主是人类社会的美好诉求。我们追求的民主是人民民主，其实质和核心是人民当家做主。它是社会主义的生命，也是创造人民美好幸福生活的政治保障。文明是社会进步的重要标志，也是社会主义现代化国家的重要特征。它是社会主义现代化国家文化建设的应有状态，是对面向现代化、面向世界、面向未来的，民族的、科学的、大众的、社会主义文化的概括，是实现中华民族伟大复兴的重要支撑。和谐是中国传统文化的基本理念，集中体现了学有所教、劳有所得、病有所医、老有所养、住有所居的生动局面。它是社会主义现代化国家在社会建设领域的价值诉求，是经济社会和谐稳定、持续健康发展的重要保证。

（一）坚持中国共产党的领导

党的领导是中国特色社会主义最本质的特征，是社会主义法治最根本的保证。把党的领导贯彻到依法治国全过程和各方面，是我国社会主义法治建设的一条基本经验。我国宪法确立了中国共产党的领导地位。坚持党的领导，是社会主义法治的根本要求，是党和国家的根本所在、命脉所在，是全国各族人民的利益所系、幸福所系，是全面推进依法治国

的题中应有之义。党的领导和社会主义法治是一致的，社会主义法治必须坚持党的领导，党的领导必须依靠社会主义法治。只有在党的领导下依法治国、厉行法治，人民当家做主才能充分实现，国家和社会生活法治化才能有序推进。依法执政，既要求党依据宪法法律治国理政，也要求党依据党内法规管党治党。必须坚持党领导立法、保证执法、支持司法、带头守法，把依法治国基本方略同依法执政基本方式统一起来，把党总揽全局、协调各方同人大、政府、政协、审判机关、检察机关依法依章程履行职能、开展工作统一起来，把党领导人民制定和实施宪法法律同坚持在宪法法律范围内活动统一起来，善于使党的主张通过法定程序成为国家意志，善于使党组织推荐的人选通过法定程序成为国家政权机关的领导人员，善于通过国家政权机关实施党对国家和社会的领导，善于运用民主集中制原则维护中央权威、维护全党全国团结统一。

（二）坚持人民主体地位

人民是依法治国的主体和力量源泉，人民代表大会制度是保证人民当家做主的根本政治制度。必须坚持法治建设为了人民、依靠人民、造福人民、保护人民，以保障人民根本权益为出发点和落脚点，保证人民依法享有广泛的权利和自由、承担应尽的义务，维护社会公平正义，促进共同富裕。必须保证人民在党的领导下，依照法律规定，通过各种途径和形式管理国家事务，管理经济文化事业，管理社会事务。必须使人民认识到法律既是保障自身权利的有力武器，也是必须遵守的行为规范，增强全社会学法遵法守法用法意识，使法律为人民所掌握、所遵守、所运用。

（三）坚持法律面前人人平等

平等是社会主义法律的基本属性。任何组织和个人都必须尊重宪法法律权威，都必须在宪法法律范围内活动，都必须依照宪法法律行使权力或权利、履行职责或义务，都不得有超越宪法法律的特权。必须维护国家法制统一、尊严、权威，切实保证宪法法律有效实施，绝不允许任何人以任何借口任何形式以言代法、以权压法、徇私枉法。必须以规范和约束公权力为重点，加大监督力度，做到有权必有责、用权受监督、违法必追究，坚决纠正有法不依、执法不严、违法不究行为。

（四）坚持依法治国和以德治国相结合

国家和社会治理需要法律和道德共同发挥作用。必须坚持一手抓法治、一手抓德治，大力弘扬社会主义核心价值观，弘扬中华传统美德，培育社会公德、职业道德、家庭美德、个人品德，既重视发挥法律的规范作用，又重视发挥道德的教化作用，以法治体现道德理念、强化法律对道德建设的促进作用，以道德滋养法治精神、强化道德对法治文化的支撑作用，实现法律和道德相辅相成、法治和德治相得益彰。

（五）坚持从中国实际出发

中国特色社会主义道路、理论体系、制度是全面推进依法治国的根本遵循。必须从我国基本国情出发，同改革开放不断深化相适应，总结和运用党领导人民实行法治的成功经验，围绕社会主义法治建设重大理论和实践问题，推进法治理论创新，发展符合中国实际、具有中国特色、体现社会发展规律的社会主义法治理论，为依法治国提供理论指导和学理支撑。汲取中华法律文化精华，借鉴国外法治有益经验，但决不照搬外国法治理念和模式。

二、法治体系构建助力社会层面价值取向的贯彻

"自由、平等、公正、法治"，是对美好社会的生动表述，也是从社会层面对社会主义核心价值观基本理念的凝练。它反映了中国特色社会主义的基本属性，是我们党矢志不渝、长期实践的核心价值理念。自由是指人的意志自由、存在和发展的自由，是人类社会的美好向往，也是马克思主义追求的社会价值目标。平等指的是公民在法律面前的一律平等，其价值取向是不断实现实质平等。它要求尊重和保障人权，人人依法享有平等参与、平等发展的权利。公正即社会公平和正义，它以人的解放、人的自由平等权利的获得为前提，是国家、社会应然的根本价值理念。法治是治国理政的基本方式，依法治国是社会主义民主政治的基本要求。它通过法制建设来维护和保障公民的根本利益，是实现自由平等、公平正义的制度保证。

（一）法治为社会主义核心价值观社会层面的价值取向

法治确立为社会主义核心价值观社会层面的价值取向，体现了现代法治的规范调整的社会价值功用。我们知道，社会是一个具有多层次结构的，通过内在矛盾的解决而发展着的，并且在自我调节的基础上来发挥功能的有机系统。任何一个社会在客观上都要求具有调整体系，以满足社会生活的一般需要。这是因为，社会的存在和发展都离不开一定的秩序性和组织性，这种秩序性和组织性是社会自身的内在属性，它不可避免地表现为一定的行为规则体系。在社会的发展过程中，社会的行为规则体系以其特有的方式影响着社会的生存和发展。这就必然要形成一定的社会调整过程及其机制。实际上，社会调整是社会自身获得存在和发展的必然要求，亦即通过一定的行为规则体系，按照一定的方向和目标，把社会主体的行为纳入一定的轨道和秩序之中，旨在使整个社会摆脱单纯偶然性和任意性的羁绊。诚如马克思所指出的，"这种规则和秩序，正好是一种生产方式的社会固定的形式，因而是它相对地摆脱了单纯偶然性和单纯任意性的形式"。没有社会调整，社会生活就会无组织、无秩序，处于混乱不安的状态之中，甚至导致社会有机体的"溃解"。法律是社会调整系统中的有机组成部分，它的基本价值目标，就是要合理地调整个人与社会、个人与国家之间的相互关系，并以此为根据建立富有效率的法律调整机制。特别是在高度分化和整合的现代社会的发展过程中，法律的社会功能价值得到了愈益充分的展现，法律

调整的社会价值意义获得了明显增长。这主要表现在对社会成员行为的规范性的社会控制转变为在社会利益允许的范围内，法律规范授予社会成员及其各种组织以广泛的权利和自由，保障其利益的充分实现。因之，现代法律调整的本质特征，乃是以保证社会主体的创造性活动和选择自由为基础的特殊形式的国家调整活动，从而"让一切劳动、知识、技术、管理、资本的活力竞相迸发，让一切创造社会财富的源泉充分涌流，让发展成果更多更公平惠及全体人民"。因此，法治在现代社会中的价值地位得到充分体现。把法治确立为社会主义的核心价值要素，无疑将为现代社会的规范调整与有序运转提供行为准则和前进方向。这是现代社会健康成长的至为重要的价值根基与制度土壤。

（二）加强法治建设的社会意义

党的十八届四中全会提出了全面推进依法治国的总目标，明确了全面推进依法治国的重大任务。全会提出关于依法治国的新观点、新举措，描绘了"法治中国"的路线图，从报告中对于法治的论述不难看出，无论是加快政治体制改革，促进经济建设的发展，还是健全社会文化管理体制等方面法治都发挥着举足轻重的作用。法治贯穿了改革发展的全过程，覆盖了经济政治文化社会的全领域。

1. 法治是深化政治体制改革，加快民主政治的重要内容

政治体制需要随着社会的不断发展，根据新时代所出现的新形势，新情况进行政治体制改革，完善社会民主化。为此，"必须'构建系统完备、科学规范、运行有效的制度体系'，但是任何改革发展，必须'在宪法法律范围内活动'，不得突破法治框架，否则就可能造成'以言代法、以权压法、徇私枉法'的恶果。"

发展民主政治的重点是加快推进社会主义民主政治制度化、规范化、程序化，从各层次各领域扩大公民有序政治参与，实现国家各项工作法治化，但是没有法治作为保障的民主可能成为暴民政治。法治建设的不断发展，有利于反腐倡廉，实现政治清明。因为滋生腐败的主要原因在于缺乏对权力的有效制约和监督机制，要有效防止权力滥用，必须摈弃人治，厉行法治。只有注重发挥法治的作用，深化重点领域和关键环节改革，健全反腐败法律制度，才能更加科学有效地防治腐败。法治和民主共生共存的关系决定了政治体制改革的方向，法治成为深化政治体制改革，完善民主政治最重要的共识。

2. 法治是完善市场经济体制，规范经济活动的重要保证

法治的基本要求是：法律是至高无上的；一切国家机关的活动、任何权力的获得都必须得到法律的明确授权；任何公民、组织不得享有法律之外的特权。因此，在法治的观念里，法律享有权威的政治地位，各种活动都必须按照法律的意志进行。法治是科学发展的前提。破除阻碍科学发展的体制后就应该建立新的适应经济发展现状体制，而这个新的经济体制的建立过程应该靠法治才能得以实现的。

三、法治体系构建助力个人层面价值准则的落实

"爱国、敬业、诚信、友善",是公民基本道德规范,是从个人行为层面对社会主义核心价值观基本理念的凝练。它覆盖社会道德生活的各个领域,是公民必须恪守的基本道德准则,也是评价公民道德行为选择的基本价值标准。爱国是基于个人对自己祖国依赖关系的深厚情感,也是调节个人与祖国关系的行为准则。它同社会主义紧密结合在一起,要求人们以振兴中华为己任,促进民族团结、维护祖国统一、自觉报效祖国。敬业是对公民职业行为准则的价值评价,要求公民忠于职守,克己奉公,服务人民,服务社会,充分体现了社会主义职业精神。诚信即诚实守信,是人类社会千百年传承下来的道德传统,也是社会主义道德建设的重点内容,它强调诚实劳动、信守承诺、诚恳待人。友善强调公民之间应互相尊重、互相关心、互相帮助,和睦友好,努力形成社会主义的新型人际关系。

(一)依法治国与以德治国之间的关系

依法治国需以以德治国为基础。这首先是因为道德是立法的基础,重要和基本的道德规范是法律规范的主要来源之一,先进的道德规范是法律规范的主要价值目标之一,良好的道德规范是评价法律规范善恶的主要标准之一。其次是因为道德是执法的基础,法律规范不可避免地具有一定的模糊性,能否公正地、准确地把握立法宗旨,取决于执法者的素质;执法者不可避免地具有一定的自由裁量权,能否恰当地运用这一权力,则取决于执法者的素质;执法者不可避免地具有证据采信方面的自由心证权,能否恰当地运用这一权力,则取决于执法者的素质。再次是因为道德是守法的基础。大多数人对法律的认同和信仰是法律存在的基础;权利是现代法治的核心,如何将法定权利兑现成为现实权利取决于公民的自觉和自愿意识,与权利意识相对应的义务意识也与公民的自觉和自愿意识相关联。

以德治国需以依法治国为补充与保障。以德治国着力于通过提高人的内心觉悟和建设人的动机文明,来端正人的文明行为;依法治国则着力于通过约束人的外部行为和建设人的行为文明,来开掘人的内心文明。以德治国着力于建设个体文明,通过榜样的力量促进社会主义群体文明水平的提高;依法治国则着力于建设群体文明,通过群体文明的提高,防范、震慑个体的越轨行为。以德治国着力于强调人的义务意识、责任意识,依法治国着力于维护人的权利,强调人的权利意识,两者相得益彰。

(二)依法治国与以德治国相结合的重要意义

坚持"依法治国"同"以德治国"相结合,是中国共产党人在不断探索和总结历史经验基础上做出的重大理论创新,是对马列主义、毛泽东思想、邓小平理论的继承和发展,是对于开创社会主义现代化建设新局面,把我国建设成为富强、民主、文明的社会主义现代化实现中华民族的伟大复兴,具有重大而深远的意义。

（1）坚持"依法治国"同"以德治国"相结合，是人类社会历史经验的深刻总结

在中国历史上，曾有不少开明的政治家和思想家萌发并提出过治国不能没有法治又不能没有德治的思想，认为只有二者"并用"对是治国之大道。在西方国家，同样有人提出"法治"与"德治"的治国思想。但就实际看，纯粹的"法治"或"德治"并不存在，而是"法治"与"德治"的结合或并用。社会主义社会的"法治"和"德治"与封建社会；资本主义社会的"法治"和"德治"具有本质不同。社会主义法制是自有法以来最能体现广大人民群众根本利益的法制，社会主义道德是比人类社会历史上以往任何时候都更加高尚、积极和健康的道德。

（2）坚持"依法治国"同"以德治国"相结合，是对马列主义、毛泽东思想、邓小平理论的继承和发展

马克思主义认为，法治和道德同属上层建筑范畴，由一定的经济基础决定并为其服务。社会主义法治和社会主义道德是由社会主义经济基础决定的，是社会主义经济基础的反映，既有区别，又有联系，共同为社会主义经济基础服务。

（三）坚持"依法治国"同"以德治国"相结合，是与时俱进理论品质的具体体现

坚持"依法治国"同"以德治国"相结合，是我国当代社会深刻变革的必然要求。我国目前正处于前所未有的社会转型、体制转轨的变革时期，社会经济、政治、文化生活和人们的思想、观念、道德、信仰、行为模式、生活习惯发生了深刻变化。因此，认真学习领会并贯彻落实 江总书记"七一"重要讲话，坚持不懈地加强社会主义法制建设，"依法治国"，坚持不懈地加强社会主义道德建设，"以德治国"，坚持"依法治国"同"以德治国"相结合，做到"法制建设"和"道德建设"并进，"依法治国"与"以德治国"兼用，在我国目前新形势下显得尤为重要。

（四）坚持"依法治国"同"以德治国"相结合，是建立社会主义市场经济体制的内在需要

为了使社会主义市场经济健康发展，必须加强法制建设，建立健全并不断完善与社会主义市场经济相适应的法律体系，做到有法可依，有章可循，实行依法治国。要保障社会主义市场经济健康有序地向前发展，必须加强社会主义法制建设和社会主义道德建设，坚持"依法治国"同"以德治国"相结合。

（五）坚持"依法治国"同"以德治国"相结合，是我党对社会主义治国方略的科学认识

法律和道德作为两种不同的社会现象和行为规范，具有不同的特点和功能。首先，法律只对主体的行为进行调整和评价，虽然调整时也考虑其主观过错，但并不单纯地调整其内在的思想活动；道德不仅对主体的客观行为进行调整和规范，而且也对主体的主观思想

进行调整和评价。其次，法律主要是依靠国家强制力来保证实施的；道德则是依靠内心信念和社会舆论发挥作用的。再次，法律和道德调整的深度和广度不同。道德对社会关系的调整更具有广泛性，一般来讲，法律不宜调整干预的，则需要道德来调整干预同样，社会主义法制和社会主义道德也具有以上不同特点，二者相互渗透、相互促进。这也正是我党对社会主义治国方略全面科学的认识。

依法治国和以德治国是我国重要的治国方略，我们要立足本国实际，认真总结人类历史上的法治和德治实践，大胆吸收和借鉴人类社会创造的一切文明成果，总结人民群众在实践中创造的法治和德治的鲜活经验，积极探索依法治国与以德治国相结合的途径，最终形成有中国特色的社会主义依法治国与以德治国相结合的制度和模式。

第四章 社会主义核心价值观融入法治国家建设

第一节 法治国家建设的内涵、意义及特征

一、法治国家建设的基本内涵

"法治国家"是一个特定时空下的概念，其产生与发展经历了一段漫长的历史过程，形成了多样化的法治国家概念。而真正意义上的法治国家概念是近代资产阶级理论家的思想结晶，这在先后进行资产阶级革命或改良的英、美、法、德等国的法学家的著作中都有深刻的体现，而其中尤以德国为典型。在当代中国，社会主义法治国家概念和法治中国概念的提出，不仅反映了中国法治建设的历史性进步，而且构成了对文明社会法治国家思想的重要贡献。

法治国家是指全体社会成员特别是国家权力主体普遍地遵循具有正义与秩序价值的良法体系以实现人权的一种国家类型，是一个以良法治国为前提条件、以司法公正为基本要求、以权力制约为内在机制，旨在树立法律权威以确保人权的制度框架及其合理运作而达到的理想国家，因而是一种对公共权力与人民权利关系进行合理性定位以使公共权力的行使遵从法律的国家治理模式。

1997年党的十五大报告首次提出了"社会主义法治国家"的概念，并通过1999年修宪而成为一个具有最高法律效力的宪法规范。"我国宪法所规定的'法治国家'，是社会主义法治国家，是法治国家发展的新形式，既体现了中国特色，也反映了人类宪法发展的普遍规律。这里的'法治国家'既包括实质意义的法治国家，也包括形式意义的法治国家，是一种综合的概念，体现一种客观的宪法秩序。"因此，不难看出，社会主义法治国家的概念与"实质主义法治国家"的概念在基本内涵上是一致的，而不同之处在于，社会主义法治国家是一个较"实质主义法治国家"更加高级、更加进步、更加合理的法治国家形态，也是符合中国国情、具有浓郁中国特色的法治国家类型。我国所要建立的社会主义法治国家与时下盛行的资本主义法治国家存在本质的不同。当然，我们也不能全盘否定资本主义法治国家中某些具体法律制度的科学性与合理性，而要充分借鉴其中的有益的法律制度，为我所用，为建设社会主义法治国家服务。

2013年1月，习近平就做好新形势下政法工作做出重要指示，提出了建设"法治中国"的新要求，鲜明地表达了"法治中国"的概念。其后，在党的十八届三中全会通过的《中共中央关于全面深化改革若干重大问题的决定》中，将"推进法治中国建设"确定为我国新时期法治建设的新目标和全面深化改革的重要内容，并具体提出"建设法治中国，必须坚持依法治国、依法执政、依法行政共同推进，坚持法治国家、法治政府、法治社会一体建设"的具体路径。据此，"法治中国"事实上成了法治国家、法治政府、法治社会的上位概念，此三者成了"法治中国"的基本构成要素。事实上，"社会主义法治国家"下的"国家"，就是指"中国"或"社会主义中国"，而"法治中国"下的"中国"也同样是指"社会主义中国"，"法治"是两者的共同构成要素，两者在内涵与外延上是等同的，两者并无实质差异。"法治中国"乃是当代中国共产党人对"社会主义法治国家"概念的富有创造性的高度凝练的概括，有着重大的理论意义与实践价值。

二、法治国家建设的重大意义

依法治国，建设社会主义法治国家的治国方略具有十分重要的意义。

第一，依法治国是发展社会主义市场经济地客观需求。市场经济从一定意义上可以说是法治经济。市场经济自主、平等、竞争、诚信等属性，要求法律发挥规范、引导、制约、保障和服务的功能。社会主义市场经济的发展和完善，要靠法律手段，包括立法、司法、法律监督、法律教育等。我国实行社会主义市场经济，法律是重要的调节器。实行依法治国，发挥法制在社会主义市场经济中的作用，有利于维护经济秩序、保证社会主义市场经济健康发展，防止和克服在经济体制转轨过程中，假冒伪劣、权钱交易等现象的滋生蔓延。

第二，依法治国是建设社会主义民主政治的基本保证。发展社会主义民主政治，是依法治国的目的所在。无论坚持人民民主专政的国体，坚持和完善人民代表大会制度的政体，保持人民的主人翁地位的广泛的民主权利与自由，都离不开社会主义法治。只有严格依照宪法和法律治理国家，才能真正做到社会主义民主的制度化、法律化。

第三，依法治国是社会文明和社会进步的重要标志。从人类社会的进程看，法治的实行总是和深刻的社会变革相伴随。近代意义上的法治，是同民主制度相联系的。资产阶级法治是封建君主专制主义人治的对立面，是资产阶级反对封建的重要武器。因此资产阶级革命胜利后，一些资本主义国家把法治作为治国原筹则。现在不少西方发达国家已经逐步建立起自己的法治体系，用节以维护社会经济政治的相对稳定。党的十一届三中全会以来，党和国家领导人高度重视民主法制建设，党的十五大明确提出依法法治治国的基本方略既是新时期我国社会进步和文明的体现，又代表国了人民群众的共同意志和利益。

第四依法治国是国家长治久安的根本保障。没有稳定没有社秩序，没有纪律，就不能集中力量进行社会主义建设；只有依法治国，使所有的人都在宪法和法律规定的范围内进行活动，才能做到这一点。正如江泽民在中央举办的法律讲座上指出的，实行和坚持依法治国，对于推动经济持续快速健康发展和社会全面进步保障国家长治久安，具有十分重要的意义。

第五，依法治国是加强和改善党的领导的重要保证。

（1）依法治国能保证党在宪法和法律范围内活动原则的落实，真正做到任何组织任何党员都没有凌驾于宪法、法律之上的特权，不能以党代法。

（2）依法治国把坚持党的领导、发挥人民民主和严格依法办事统一起来，是加强党的领导的重要举措。实行依法治国，严格依法办事有利于党的路线方针政策的贯彻执行；有利于继续完善我国的人民代表大会制度和共产党领导的多党合作与政治协商主义政制度；有利于广大人民的意志和利益在国家生活、社会生活中得到治切实实现；有利于从严治党，维护党的团结，严肃党的纪律，纯洁党的队伍，增强党的凝聚力，克服以权谋私、权钱交易、贪污受贿、挥霍浪费等腐败现象。

（3）依法治国保证党始终发挥总揽全局、协调各方的领导核心的作用，体现党的领导主要是政治、思想和组织领导。

三、法治国家建设的基本特征

法治国家的特征包括观念特征、形式特征和内容特征等三个方面。

（一）法治国家的观念特征

现代法治社会中，法治国家的观念特征主要表现在如下四个方面：

1. 善法与恶法价值标准的确立

善法，是法治国家的最低要求。所谓法治，首先是指"善法之治"。法治当中的善意指有益于人的道德准则，在观念形态上已转化为人人都能接受的正义。法律以正义实现为追求，该法便是善法，舍弃了正义的价值标准，法律便是恶法。善法、恶法价值标准的确立，使人们在观念上有了"法上之法"和"法下之法"的区分，恶法不为法，人人有权予以抵抗。公众掌握了辨别法律正义与否的标准，法治国家也就具有了去恶从善的内在活力。

2. 法律至上地位的认同

回答的是法律是否具有最高权威的观念问题。无论何种形态的社会，总有一个至高无上的权威存在，如果公众心目中认同的最高权威不是法律，那这个社会就肯定不是法治社会。法治国家要求全社会形成这样一种信念：只承认法律一种权威。

3. 法律统治观念的养成

法律统治的观念把法律作为主体，而把社会所有人作为客体。在这种观念里，最有价值的思想是承认统治阶级也必须严格守法，而不承认法律之外另有主宰法律的而不被法律制约的主体。因此，法律统治的观念，是消除特权而要求立法者守法的观念。

4. 权利文化人文基础的建立，

权利文化与人道主义文化、科技文化一起构成了当今世界三大文化主流。权利文化是法治社会得以形成的人文条件，其所要解决的是观念上和制度上的人格不独立、身份不平等、行为不自由的问题。权利文化的凝聚形态是权利本位的理论，它是解决公民和国家主体地位的理论，是解决权利和权力互动的理论。权利本位文化的实质，是个人权利的实定化和义务的相对化。

（二）法治国家的形式特征

法治国家在法律、法制等方面的形式特征主要表现为：

1. 法制的统一性

欲使法律发挥制度效应，就必须实现法制的统一。避免法律中的矛盾和法律普遍得到遵守。

2. 法律的一般性。

法律对社会生活的一般性调整，法律调整一般人的社会行为。法律内容的一般性描述，指运用专业性的词汇、概念高度抽象概括人的行为而和逻辑适用，将人的行为设定为权利和义务两种模式：法律的一般性实施，即法律规范的全域约束力。

3. 法律规范的有效性

法律规范的有效性包括：第一，法律规范的效力系统，即在全部法律规范中，只有宪法中的公民基本权利规范具有最高效力，国家的全部权力为人权而存在，法律的全部规范围绕人权而展开；第二，法律规范的可操作性，即制定明确的、肯定的、具体的法律规范以便于直接操作而产生效力；第三，法律规范的实效性，指有效的规范在多大程度上实际产生了约束力。

4. 司法的中立性

司法中立，既是程序正义应恪守的原则，也是实体正义所含的当然要求。中立的目的是为了追求审判的公正。保持司法独立，需要满足两个基本条件：第一，实行独立审判，第二，在体制上使司法权只接受监督不接受命令。

5. 法律工作的职业性

法律职业的主体部分为法官、检察官和律师。法律职业在主体上的专家化、在工作上的专业化和在工作结果上的艺术化，是法治国家的要求。对于法律职业的尊重，直接表明了这个社会的法治程度。

（三）法治国家的内容（实体）特征

法治国家的内容（实体）特征。指的是依据法治的观念而被奉行的法制原则以及由这些原则所决定的形成制度的法律内容，具体而言，就是对法律对待个人权利、公共权力、国家责任、公民义务的原则和制度。

1. 权利受到制度保障和社会自由原则的确立。

法治的基本原则为权利保障。公民是国家的主人。在国家权力与民众权利关系上，民众权利是根本的、核心的，公民权利是国家权力的源泉；在法律权利与法律义务关系上，法律权利是主要的、本位的，权利是目的，义务是手段。法律、法治的出发点、基本精神、价值取向都是为了维护民众的利益、保障民众的权利。

权利保障制度开始形成于法律对权利的宣告，其法治原理在于：法律每宣告公民的一项权利，就等于同时宣告了国家权力的禁区。权利宣告，是权利制度的第一性机制，它还有权利侵害的预防机制、侵害发生时的救济机制和公民个人权利遇到障碍时的国家帮助机制。这四种机制的统一，才构成真正具有实效的权利保障机制。权利制度不可缺少的条件是社会自由原则。实定化的权利只有一个来源，即法律的规定，而实定化的自由却不局限于法律，在法律不禁止的地方存在着大量的自由。法治对于自由的价值表现为以法律束缚权力以防其对自由的干涉和限制，而不是去为自由划定范围。

2. 控权制度的存在和权力制衡原则被遵守。

为了保障权利，法治强调对权力的控制。历史事实证明，对民众权利的最大威胁来自政府权力。法国思想家孟德斯鸠就精辟地指出："一切有权力的人都容易滥用权力，这是万古不易的一条经验。有权力的人们使用权力一直到遇有界限的地方才休止。"[①] 为此，他提出了权力分立理论，认为要防止滥用权力，就必须以权力约束权力。英国 1215 年的《自由大宪章》首先用法律约束王权，否定国家权力的无限性和绝对性。

权力制约是对权力至上的否定，不能把国家权力的良性运行建立在掌握权力者个人的能力和品德上，只有制度才能保证权力不被滥用。针对中国的情况，邓小平总结道："我们过去发生的各种错误，固然与某些领导人的思想、作风有关，但是组织制度、工作制度方面的问题更重要。这些方面的制度好可以使坏人无法任意横行，制度不好可以使好人无法充分做好事，甚至走向反面。"[②] 因此，需要依靠法律规范权力，使权力在法律的范围内运行。

3. 国家责任的无可逃避和权力与责任相统一制度的建立

现代的权力责任，除了过去由滥权所产生的责任和由怠权所产生的责任外，还负有满足公民权利请求的责任和由管理而带来的保证责任。只要是公权力，就具有支配私权利的

---

① ［法］孟德斯鸠著，张雁深译：《论法的精神》（上册），商务印书馆 1961 年版，第 154 页。

② 《邓小平文选》第 2 卷，第 333 页。

能力，因之也就无法消除其不法的可能性，所以国家责任的主体应是全方位的，不论哪种权力主体，也不管它是自己执行还是受托执行，只要启动了权力，就应预设责任于其运动之后，以使权责成为不可分的整体。

4. 公民义务的法律化和相对化。

公民的义务是根据法律来定还是根据权力的随意性来定，是法治社会与专制社会的区别点之一。义务的承担应当与权利的实现密切相关。义务种类确定后。公民承担任何一类义务都有法律的定量，义务是否相对。也是法治与专制的分野。义务的法律化、相对化需要两条重要的法律原则：其一，法律不得溯及既往：其二，在义务问题上不得实行法律的类推适用。

第二节　社会主义核心价值观融入法治国家建设的目标及要求

一、社会主义核心价值观融入法治国家建设的基本目标

建设法治国家是近代以来全世界普遍追求的理想和目标，各国也都为此做了努力和尝试。《中华人民共和国宪法》第 5 条规定："中华人民共和国实行依法治国，建设社会主义法治国家"，从规范层面确立了依法治国、建设法治国家的目标。

近期习近平同志提出，要坚持依法治国、依法执政、依法行政共同推进，坚持法治国家、法治政府、法治社会一体建设，不断开创依法治国新局面。[①] 这一论断，进一步丰富了依法治国、建设法治国家的内涵，明确了方向和路径。全面推进依法治国，要坚持依法治国、依法执政、依法行政共同推进。依法治国、建设社会主义法治国家是我国的一项战略方针和战略目标。依法执政是党执政的重要途径和方式，是新的历史条件下马克思主义政党执政的基本方式，是党的领导的法律表现形式。依法行政把法与行政的关系放在中心位置，其核心是法对行政（权力）的有效支配。法治政府建设是建设法治国家的重要一环，其核心在于强化对行政权力运行的监督和制约。相对于法治政府而言，法治社会建设将目光瞄准非政府机关、非国家机关、不拥有权力的社会共同体，拓展了法治的范围，丰富了法治的内涵。

这几个方面相互关联。依法执政和依法行政是依法治国的应有之义，法治政府建设和法治社会建设对于法治国家建设而言也都是不可缺少的。依法执政是依法行政的政治保障，是依法行政甚至是依法治国的前提和基础，而依法行政是落实依法执政要求的重要环节，是依法执政在政府管理领域的经常化和具体化。同时，依法行政又是建设法治政府的重要

---

① 见习近平在 2013 年 2 月 23 日中共中央政治局就全面推进依法治国的第四次集体学习中的发言。

举措，而法治社会建设也必然包含对政党等政治共同体的法治建设，这又对依法执政提出了要求。

切实全面推进依法治国，一是要坚持全面性，二是要坚持均衡性。一方面，法治要整体推进，依法治国是全国经济、政治、文化和社会生活各个方面的法制化和依法治理，宪法和法律应成为执政党、国家机关、社会团体和广大公民的共同行为准则；另一方面，法治要同步推进，从法律体系建设到法治意识培育，从硬法构建到软法发展，从依法行政到依法执政，从法治政府建设到法治社会建设，从国家共同体的法治建设到政治组织等社会共同体的法治建设，从立法到执法、司法、护法、守法、学法诸环节同步推进。

二、社会主义核心价值观融入法治国家建设的基本要求

全面推进依法治国，建设社会主义法治国家，是社会发展的必然产物，是社会主义社会的本质要求，也是总结历史沉痛教训后的明智决策；是新时期培育和践行社会主义核心价值观的重要保证，因而是中国共产党领导全国人民把我国建成富强、民主、文明的社会主义现代化国家，实现中华民族伟大复兴中国梦的应有之义。党的十八届四中全会通过的《关于全面推进依法治国若干重大问题的决定》指出："全面推进依法治国，总目标是建设中国特色社会主义法治体系，建设社会主义法治国家。这就是，在中国共产党领导下，坚持中国特色社会主义制度，贯彻中国特色社会主义法治理论，形成完备的法律规范体系、高效的法治实施体系、严密的法治监督体系、有力的法治保障体系，形成完善的党内法规体系，坚持依法治国、依法执政、依法行政共同推进，坚持法治国家、法治政府、法治社会一体建设"。① 可见，"社会主义法治国家"不是一个空泛的概念，而是具有丰富的实质内容，其基本要求主要表现在法律完备而良好、法律权威、法律有效实施等方面。

（一）法律完备而良好

首先，关于法律完备。这是满足社会主义法治国家建设能够有法可依的基本前提与必要条件之一，是对社会主义法治国家建设中所立之法的形式要求。形成完备的以宪法为核心的中国特色社会主义法律体系，既是中国特色社会主义法治体系建设总目标的重要组成部分，又是全面推进依法治国的一项重大任务，还是建设中国特色社会主义法治体系的先行者，对中国特色社会主义法治体系建设起着引领和推动作用。具体来讲，法律完备是指要建立一个部门齐全、结构严谨、内部和谐、体例科学和协调发展的完备的中国特色社会主义法律体系。② 首先，法律完备需要构建一个部门齐全的法律体系。"部门齐全"是指"凡是社会生活需要法律做出规范和调整的领域，都应该制定相应的法律、行政法规、地

---

① 《中共中央关于全面推进依法治国若干重大问题的决定》（2014年10月23日），第4页，人民出版社，2014。

② 参见李步云《论法治》，第49页，社会科学出版社，2008。

方性法规和各种规章，从而形成一张疏而不漏的法网，使各方面都能'有法可依'"。①
令人欣喜的是，时任全国人大常务委员会委员长吴邦国同志在 2011 年 3 月召开的十一届
全国人大四次会议上作全国人大常委会工作报告时已经宣布：一个立足中国国情和实际、
适应改革开放和社会主义现代化建设需要、集中体现中国共产党和中国人民意志，以宪法
为核心，以宪法相关法律、民商法等多个法律部门的法律为主干，由法律、行政法规、地
方性法规等多个层次法律规范构成的中国特色社会主义法律体系已经形成，国家经济建设、
政治建设、文化建设、社会建设以及生态文明建设的各个方面实现有法可依。② 其次，"结
构严谨"就是指"法律部门彼此之间、法律效力等级之间、实体法与程序法之间，应做到
成龙配套、界限分明、彼此衔接"。③ 这需要通过立法明确立法主体及其立法权限、立法
程序，同时需要提高立法技术，从而确保立法在横向与纵向两个方面都能衔接自然、协调
统一。再次，法律完备内涵了"内部和谐"的基本要素，具体是指不同位阶、不同类型的
法律规范之间不能出现内容相互矛盾的现象，并要尽量避免重复性立法，以保持立法整体
的和谐一致。④ 这就要求上位法与下位法之间、同位阶法之间、新法与旧法之间、普通法
与特殊法之间尽量做到内容不抵触，但又考虑到此类抵触情形的客观存在，所以还必须制
定完善的立法冲突解决机制。最后，法律完备是一个动态的要求，具体来看就是要维持已
有法律体系的"协调发展"。实践不是静止的，而是变化发展的，那么作为指导、规范实
践活动的已有法律体系也应当是不断更新、不断发展的，从而及时有效地回应实践的新的
需求，以最大限度地克服已有法律体系的滞后性。

　　其次，关于法律良好。党的十八届四中全会强调，法律是治国之重器，良法是善治之
前提。建设中国特色社会主义法治体系，必须坚持立法先行，发挥立法的引领和推动作用，
抓住提高立法质量这个关键。要恪守以民为本、立法为民理念，贯彻社会主义核心价值观，
使每一项立法都符合宪法精神、反映人民意志、得到人民拥护。法律良好同样是建设社会
主义法治国家的必要条件之一，且在整个社会主义法治国家建设中占据举足轻重的地位。
法律良好是对建设社会主义法治国家所依之法的实质要求，主要包含了人民主权、权力制
约、权利本位及人权保障等几个方面的重要内容。它所坚持的是"恶法非法"的正论，所
反对的是"恶法亦法"的谬论。首先，法律良好是建立在人民主权的基础之上的，而若已
建构的法律体系不能体现这一点，则必不能称为良好的法律。我国宪法第二条明确规定了
"中华人民共和国的一切权力属于人民"，这就以根本大法的形式肯定了主权在民的基本
要求。社会主义法治国家所立之法必须体现全体人民的意志与利益，建立民主的政治体制，
实现民主的法制化与法制的民主化。⑤ 正如邓小平同志所指出的那样，"没有民主就没有

① 　参见李步云《论法治》，第 50 页，社会科学出版社，2008。
② 　参见中华人民共和国国务院新闻办公室《中国特色社会主义法律体系》（2011 年 10 月 28 日），
http：//www.npc.gov.cn/npc/zt/qt/2011zgtsshzyfltx/node_15575.htm。
③ 　参见李步云《论法治》，第 50 页，社会科学出版社，2008。
④ 　参见李步云《论法治》，第 50 页，社会科学出版社，2008。
⑤ 　参见李步云《法治国家的十条标准》，载《中共中央党校学报》2008 年第 1 期。

社会主义，就没有社会主义的现代化。"①民主的精髓是"人民主权"原则，而"人民主权"原则的落实在我国就是要始终坚持并不断完善人民代表大会制度。其次，法律良好还必须能够体现出对国家权力的制约与监督。"权力导致腐败，绝对的权力导致绝对的腐败"②，这是一条颠扑不破的公理。我国作为一个社会主义国家，在建设社会主义法治国家的过程中，同样要防范国家权力的滥用与腐败。对此，习近平在党的十八届中央纪律检查委员会第二次全体会议上发表的重要讲话中指出，要加强对权力运行的制约与监督，把权力关进制度的笼子，形成不敢腐的惩戒机制、不能腐的防范机制、不易腐的保障机制。盛行于资本主义社会的权力制约的机制无疑是分权原则，其主张的是立法、行政、司法的三权分立制衡，但这只不过是权力制约规律在资本主义社会的一种表现形式而已，不能照搬到社会主义中国。③我国所要采取的权力制约机制包含了以人民的权力制约国家权力、以人民权利制约国家权力、实现国家权力的职权分工等三个方面的内容。④再次，坚持权利本位是法治国家的明显特征，是判断法治国家与非法治国家的重要区别。⑤权利本位观念最早建构于资本主义的商品经济与民主政治的基础之上，取代了封建社会的义务本位观念，有其重要的进步意义。但是，也必须看到资本主义权利本位的阶级本质与历史局限性。一方面，从根本上讲这是为了保障资产阶级的利益；另一方面，资本主义权利本位是狭隘的残缺不全的。⑥因此，社会主义国家所立之法所体现的权利本位观应该是更加高级、全面、彻底的权利本位观念，是权利本位与社会主义原则的良好结合。⑦最后，人权保障是法律良好的关键要素，"法治的真谛，法治的试金石，均在于对人民根本利益的维护和发展，在于对人权的尊重和保障"⑧。在 2004 年修宪时，中国已将"国家尊重和保障人权"这一条款载入到宪法之中。此虽为一概括性条款，但却意味着人权精神与人权原则已然进入了我国宪法，体现了社会主义法治国家建设对时代精神的积极回应。⑨

（二）法律权威

树立和维护法律权威，应当是我国实行依法治国，建设社会主义法治国家所必须遵循的基本准则。否则，就不可能实现依法治国，更不谈不上建设社会主义法治国家。⑩我国作为一个人民当家做主的社会主义国家，国家的一切权力都属于人民，人民的意志具有最高性，而作为人民意志集中体现的由立法机关制定的法律自然也具有至上性，拥有

① 《邓小平文选》第 2 卷，第 168 页，人民出版社，1994。
② [英] 阿克顿：《自由与权力：阿克顿勋爵论说文集》，侯建译，第 342 页，商务印书馆，2001。
③ 参见李龙主编《依法治国方略实施问题研究》，第 82 页，武汉大学出版社，2002。
④ 参见李龙主编《依法治国方略实施问题研究》，第 83 页，武汉大学出版社，2002。
⑤ 参见卓泽渊《法治国家论》，第 69 页，中国方正出版社，2001。
⑥ 参见张文显《从义务本位到权利本位是法的发展规律》，载《社会科学战线》1990 年第 3 期。
⑦ 参见卓泽渊《法治国家论》，第 142 页，中国方正出版社，2001。
⑧ 张文显：《论中国特色社会主义法治之路》，载《中国法学》2009 年第 6 期。
⑨ 参见徐显明主编《人权法原理》，第 56 页，中国政法大学出版社，2008。
⑩ 参见刘海年《依法治国：中国社会主义法制建设新的里程碑》，载《法学研究》1996 年第 3 期。

至高无上的权威。① 具体来看，法律权威主要体现在法律至上与法律信仰两个方面，前者可视为法律权威的外在权威要素或外在影响力，后者则为法律权威的内在权威要素或内在影响力。②

1. 法律至上

一般认为，"法律至上是指法律在整个社会规范体系中具有最高权威，任何社会活动都必须服从法律、遵守法律的规定，而不能超越法律；任何权力都必须接受法律的约束，受到法律的制约。"③ 具体来讲，法律至上包含了三个层次的含义：一是在整个社会规范体系中，法律居于至上的地位，其他任何社会规范都不能否定法律的效力或与法律相冲突；二是所有社会成员都必须遵循法律，任何组织或个人都不能享有超越法律的特权；三是相对于任何公共权力而言，法律具有至上的地位，任何权力的拥有和行使都必须具有法律上的依据并服从法律的规则。④ 这三层含义只是从一般意义上对法律至上进行的内涵界定，而要深刻认识法律至上的精髓所在，就必须意识到在法律至上的背后是宪法至上。在我国建设社会主义法治国家的实践中，强调法律至上，首先就是突出宪法至上的原则。宪法作为我国的根本大法，具有最高的法律效力，规定的是国家最根本、最重要的内容，是人民意志的最高体现，理应被置于至上的地位。确立宪法至上原则，对于我国建设社会主义法治国家的意义十分重大。倘若不能确立宪法至上原则，则国家权力机关就丧失应有的权威，也就谈不上监督和控制其他国家机关，法律对于权力的制约也就难以实现，权利对于权力的制约就会软弱无力，民主政治建设就不能大力推进，法治就缺失了力量之源。⑤

2. 法律信仰

法律权威不仅体现为法律至上，更需要法律被信仰。诚如伯尔曼所言："法律必须被信仰，否则法律将形同虚设。"⑥ 法律信仰是形成法律权威的必要条件之一。只有被信仰的法律，才能取得真正的权威。进一步讲，法律信仰也是建设社会主义法治国家的必由之路。"法律信仰是两个方面的有机统一：一方面是指主体以坚定的法律信念为前提并在其支配下把规则作为其行为准则；另一方面是主体在严格的法律规则支配下的活动。可见，它既是一个主观范畴的观念，也是一个可见于主体行为的客观化的概念。现代法律信仰，是一个纯粹的法律信仰，即信仰的对象是法律本身，而不是因信仰图腾或神灵而延伸及法律；信仰的最终主观基础是法律信念，而不是神灵崇拜心理。"⑦ 因此，拥有法律信仰的主体必然会在主观与客观两个方面都自觉地接受法律的引导，并发自内心的信赖法律、尊

① 参见李林《法治的理念、制度和运作》，载《法律科学》1996 年第 4 期。
② 参见孙笑侠《法的现象与观念》，第 49 页，山东人民出版社，2001。
③ 张文显主编：《法理学》（第 3 版），第 404 页，高等教育出版社，2007。
④ 张文显主编：《法理学》（第 3 版），第 404 页，高等教育出版社，2007。
⑤ 参见周叶中《宪法至上：中国法治的灵魂》，载《法学评论》1995 年第 6 期。
⑥ [美] 伯尔曼：《法律与宗教》，梁治平译，第 3 页，中国政法大学出版社，2003。
⑦ 谢晖：《法律信仰：历史、对象及主观条件》，载《学习与探索》1996 年第 2 期。

重法律，自觉维护法律的至上权威。而要产生这种纯粹的法律信仰，则必须认识到法律信仰是建立在法律为人们所熟知、需要和信赖的基础之上；"熟知"并不等同于人们对法律的简单学习和了解，而是要制定出已经被公众认可的规范或者制定后能很快被公众认可的规范；"需要"则是指制定出来的法律能够满足人们的生活和生产需要；"信赖"则是指人们对法律的执行过程和结果的公正性的信任和依赖，而单纯的强制换不来信赖。[①] 强调法律信仰的重要性在当前社会主义法治国家建设中显得尤为必要，其突出的作用就在于可以从思想层面对那种信仰"权力"而不信仰"法律"的错误观念进行有效的纠正，以破除建设社会主义法治国家的思想阻碍。

（三）法律有效实施

党的十八届四中全会明确提出，法律的生命在于实施，法律的权威也在于实施。[②] 法律的有效实施是社会主义法治国家的重要标志。具体来看，法律有效实施主要包括依法执政、依法行政、司法公正、公民守法这四个方面。

1. 依法执政

党的十八届四中全会公报强调坚持依法治国首先要坚持依宪治国，坚持依法执政首先要坚持依宪执政。"在民主政治和法治的条件下，政党参与政治，实现对国家或社会的领导是按照法治的要求进行的。依法参与政治，依法实施对国家和社会的领导，是法治国家对政党活动的基本要求。政党活动方式法治化，是现代民主政治的基本特征，也是现代政治文明的重要内容。"[③] 中国共产党是我国居于执政地位的政党，是中国特色社会主义事业的领导核心，必然地要面对如何改革和完善党的领导方式和执政方式这一重大课题。党的十六确定了依法执政的基本方式，这是党的领导方式与执政方式的重大创新，具有极其深远的意义。"民主政治是政党政治、法治政治，政党在宪法和法律的范围内活动，是法治国家对政党行为的基本要求，也是建设社会主义政治文明的应有之义。"[④] 由此可见，依法执政是党领导下的社会主义法治国家建设的内在需求。倘若执政党不是在宪法和法律的范围内活动，而是游离于宪法和法律之外，享有凌驾于法律之上和超越法律的特权，必然是法律难以得到有效的实施，也就谈不上建设社会主义法治国家。

2. 依法行政

依法行政是针对政府而言的，而政府能否做到依法行政将直接决定法律能否得到有效的实施，甚至将决定社会主义法治国家建设能否顺利推进。这是因为在现代国家中，一方面，行政承担着比立法、司法更加普遍、更加日常性的管理事务，且行政活动的每一个领

[①] 参见孙笑侠《法的现象与观念》，第50—51页，山东人民出版社，2001。

[②] 参见《中共中央关于全面推进依法治国若干重大问题的决定》（2014年10月23日），第15页，人民出版社，2014。

[③] 石泰峰、张恒山：《论中国共产党依法执政》，载《中国社会科学》2003年第1期。

[④] 石泰峰、张恒山：《论中国共产党依法执政》，载《中国社会科学》2003年第1期。

域、每一个方面都事关国家民生和社会经济、政治、文化的发展；另一方面，行政权力在现代社会中呈现出普遍的扩张趋势，行政权力越来越大，若是政府不能坚持依法行政的基本原则，则行政权力的扩张、越位、滥用、腐败等违法行政的现象将层出不穷，建成社会主义法治国家的目标将会受到很大影响。[①] 国务院于 2004 年印发的《全面推进依法行政实施纲要》对依法行政的具体内容做出了细致的规定：其一是合法行政，要求行政机关所实施的行政管理必须依据法律、法规、规章的规定进行，若无法律、法规、规章的规定，则行政机关不得做出影响行政相对人权益或增加行政相对人义务的决定；其二是合理行政，要求行政机关实施行政管理必须遵循公平、公正的原则，对行政相对人做到不偏私、不歧视，行使自由裁量权时能够排除不相关因素的干扰，采取的措施和手段须必要、适当，为实现行政目的而存在多种方式情况下，要避免采用损害当事人权益的方式；其三是程序正当，要求行政管理活动以公开为原则，以不公开为例外，保障当事人的程序权利，严格遵循法定的回避制度；其四是高效便民，要求行政管理活动必须遵守法定时限，提高办事效率，提供优质服务；其五是诚实守信，要求行政机关公布的信息必须全面、准确、真实，不得随意撤销、变更已做出的行政决定，确实需要撤回或者变更的，则必须依法进行；其六是权责统一，要求依法做到执法有保障、有权必有责、用权受监督、违法受追究、侵权须赔偿。这为我们描绘了社会主义法治国家下的依法行政的科学内涵与具体目标，理应成为指导我国建设法治政府的行动指南。

3. 司法公正

法律的有效实施体现在司法层面的突出特征必然是公正的司法。公正是司法的天然追求与职责，也是对司法的最本质的要求。党的十八届四中全会指出："公正是法治的生命线。司法公正对社会公正具有重要引领作用，司法不公对社会公正具有致命破坏作用。必须完善司法管理体制和司法权力运行机制，规范司法行为，加强对司法活动的监督，努力让人民群众在每一个司法案件中感受到公平正义。"[②] 司法公正的基本内涵是指要在司法活动的过程中、结果中坚持和体现公平和正义的原则。这一原则既要求法院的审判过程必须遵循平等和正当的原则，也要求法院的审判结果体现公平和正义的精神，而此中的"过程中的公正"即程序公正，"结果的公正"则为实体公正，这两者构成了司法公正的基本内容。[③] 这里需要进一步明晰的问题在于，如何认识实体公正与程序公正的关系。应该讲，实体公正与程序公正是不可偏废的，程序公正不仅是实现实体公正的工具与保障，其本身也具有独立的价值，而不能被看作是实体公正的附庸。我国司法实践中存在的普遍现象是重实体公正而轻程序公正，从而导致了对程序公正的忽视或轻视，使得当事人的程序权利得不到有效的保障，形成一种扭曲的司法公正观念。因此，应当纠正这种"重实体而轻程

---

① 参见公丕祥主编《法理学》（第 2 版），第 278 页，复旦大学出版社，2010。

② 《中共中央关于全面推进依法治国若干重大问题的决定》（2014 年 10 月 23 日），第 20 页，人民出版社，2014。

③ 参见何家弘《司法公正论》，载《中国法学》1999 年第 2 期。

序"的做法，努力追求实体公正与程序公正的有机统一。

4. 全民守法

"守法是法律实施最重要的基本要求，也是法律实施最普遍的基本方式。"[①] 守法的主体十分广泛，包括一切国家机关、武装力量、政党、社会团体、企事业组织、公民个人及在我国领域内的外国组织、外国人及无国籍人。但是，本国公民无疑是守法主体中最普遍、最广泛的群体，且全民守法也是建立社会主义法治国家的基本要求。[②] 在我国，全民守法的"法"的范围主要包括宪法、法律、行政法规、部门规章、地方性法规、地方政府规章、民族自治地方的自治条例与单行条例等。就守法的内容而言，包含了履行法律义务与行使法律权利两个方面，这是对于守法的一种广义理解，为的是增强人们的守法积极性、自觉性以及促进法的全面实现，两者共同构成了守法的基本内容。[③] 具体来看，履行法定义务就是指人们按照法的要求做出或不做出一定的行为，以保障权利人的合法权益。且履行法定义务的方式包括履行消极的法律义务与履行积极的法律义务两种情况，前者只需要义务人不做出一定的行为，而后者则需要义务人积极做出一定行为。行使法律权利则是指人们通过自己做出一定的行为或者要求他人做出或者不做出一定的行为，进而保证自己的合法权利的实现。[④]

第三节　社会主义核心价值观融入法治国家建设的基本路径

一、科学立法是法治国家建设的前提

新中国成立以来，党领导人民科学总结了执法和司法工作的成功经验，结合中国国情完成了一系列重要立法。特别是 20 世纪后 30 年，我国在改革开放的大好形势推动下，给立法工作提速创造了条件，无论是立法数量还是立法质量都成绩斐然，已经形成了适应社会主义市场经济发展需求，具有中国特色的社会主义法律体系。党的十七大报告提出"要坚持科学立法、民主立法，完善中国特色社会主义法律体系"，我国的立法工作出现"良法集中颁布，善治初步形成"的格局。立法为国家改革开放、民主政治、对外交往、国家治理、经济秩序、人民当家做主提供了重要的法律保障。

---

① 公丕祥主编：《法理学》（第 2 版），第 275 页，复旦大学出版社，2010。

② 参见张文显主编《法理学》（第 3 版），第 240 页，高等教育出版社，2007。

③ 参见张文显主编《法理学》（第 3 版），第 240—241 页，高等教育出版社，2007。

④ 参见张文显主编《法理学》（第 3 版），第 240—241 页，高等教育出版社，2007。

（一）科学立法的科学性

我国人口众多，地域广阔，经济和社会发展不平衡。对一部法律，不同的社会群体有不同的期待和诉求，有时候甚至差异很大。分析、研究、理解不同的期待和诉求，发现法律背后的社会现实和利益纠葛，寻找最佳的社会平衡点，是立法机关的重要职责。因此，应推进科学立法、民主立法，汇集民智，表达民意，使法律符合我国社会的发展需求和客观规律。认真研究制定急需的、基本的、条件成熟的法律法规，及时修改完善已有的法律法规，完善中国特色的社会主义法律体系，为加快建设社会主义法治国家奠定基础，创造条件。

十八届四中全会《决定》指出，"建设中国特色社会主义法治体系，必须坚持立法先行，发挥立法的引领和推动作用，抓住提高立法质量这个关键。要恪守以民为本、立法为民理念，贯彻社会主义核心价值观，使每一项立法都符合宪法精神、反映人民意志、得到人民拥护。要把公正、公平、公开原则贯穿立法全过程，完善立法体制机制，坚持立改废释并举，增强法律法规的及时性、系统性、针对性、有效性。"这是对科学立法最权威的阐述，是法治文化研究科学立法的核心价值所在。

研究科学立法，首先必须搞清楚什么是科学立法的科学性。所谓科学性，是指立法过程中必须以符合法律所调整事态的客观规律作为价值判断，并使法律规范严格地与其规制的事项保持最大限度地和谐，法律的制定过程尽可能满足法律赖以存在的内外在条件。立法是各种内在与外在因素共同作用的结果。[①]

对于科学立法，学界认识颇丰，观点不尽相同，综合大家之见，我们认为，科学立法至少要体现以下六条原则：

一是科学立法不是经验立法而是吸纳民众新诉求、与自然因素和谐的立法。经验立法注重立法中的人文因素，视人们对法律涉及事物的先前认识为唯一的依据，忽视立法涉及的事态本身所具有的由自然因素决定的情势。科学立法否定经验立法使立法能够与其规制的自然因素和谐，使立法能够在发展理念的支配下进行。

二是科学立法不是封闭立法而是开放立法，是吸纳广大民众参与的民主立法。社会主义是人民行使权力的制度，立法权理应归属人民。行使立法权如果只有专家、官员而没有人民参加，就无法实现人民行使立法的权力，就是对人民立法权力的剥夺。著名学者康德认为："立法权，从它的理性原则来看，只能属于人民的联合意志。因为一切权利都应该从这个权力中产生，它的法律必须对任何人不能有不公正的做法。"[②]立法的公开原则是立法坚持法律的人民性和社会化的重要体现。科学立法就是要强调打破封闭立法，使立法呈现一个开放状态，让立法过程对全社会开放，由人民选出的代表来讨论和拟定，然后提交人民批准。

---

① 关保英：《科学立法科学性之解读》，载《社会科学》2007年第3期。

② ［德］康德：《法的形而上学原理》，沈叔平译，商务印书馆1991年版，第140页。

三是科学立法不是主观立法而是客观立法。客观立法就是尊重客观规律，符合客观事物发展需要的立法。客观立法要求在立法过程中是依据于在广泛认识立法所涉及的事物的前提下进行，根据客观规律和客观事物的状况来决定立法内容和过程，而不是凭主观想象通过立法过程来决定立法所调整的事物。

四是科学立法不是应景立法、草率立法，而是制定良法。科学立法语境下制定的法律，必须是符合中国国情，符合中国政治发展、经济发展、社会进步，符合广大人民根本利益的良法。

五是科学立法要遵循立法平衡原则维持法律制度的整体性。依据平衡原则，在每一次立法中，都必须充分考虑相邻法律的统一性和协调性，尽量排除新立法与原有同类法律或者非同类法律间的抵触现象，杜绝法律之间的抵触现象，是维护法律制度完整统一的最起码要求。法律相互抵触造成的破坏性，直接破坏国家整体法律体系的一致性，直接损害法治权威，将给法律实施带来严重的后果。现实状况表明，在国家极少数立法中只注重立法的本法，忽视相关交叉立法，导致两部法律条文规定内容相左。尤其是那些有利益集团左右的立法，在片面强调局部利益的同时就可能损害了全局利益，有时甚至导致法律之间产生明显冲突。这是立法中需要特别避免出现的现象。

六是科学立法是动态立法而不是静态立法。它既要强调立法始终保持与国家政治经济社会发展同步，又把立法的违宪审查作为立法的重要程序，以保证所立新法与宪法精神完全保持一致性。同时，立法过程也是依法撤销修改违宪法律的重要过程。

（二）科学立法的法治方向

科学立法首要任务是宪法实施和监督制度建立的立法。这是使宪法根本法由法律条文变成国家法治重器的需要。依法治国首先是要坚持依宪治国，坚持依法执政首要是坚持依宪执政。各级组织、各政党、各团体、各行业、各企事业单位和社会团体，在法治语境下，都必须以宪法为根本的活动准则，维护宪法是每个人的义务，追究和纠正违宪行为是依法治国的首要任务。

科学立法要注重推动反腐法治化的前进步伐。腐败问题是关系到党和国家生死存亡的大问题，是人民群众深恶痛绝的丑恶现象，必须将这场鼓舞人心的反腐斗争继续引向纵深，才能够进一步激发人民群众的创造性和工作热情，保障社会主义政治建设、经济建设继续推进。十八大以来，党中央高调反腐，查处了一大批贪官污吏，其中不乏"大老虎"，纯洁了党的肌体，维护了国家政权稳固，深受民众的称赞。如何建立在法治条件下依法反腐，是重塑国家公职人员形象，增强人民群众对党和政府的信任感，增强人民群众对党能够治理好党治理好国家的坚定信念，从而形成全党全民共同携手投身建设社会主义伟大实践的热潮的首要问题。以推进反腐败的国家立法为先导，全面构建中国特色的反腐败法治体系。尽早启动立法程序，尽快将"反腐败法"纳入全国人大的立法规划，建立和完善惩治贪污贿赂犯罪的法律体系和法律制度，针对反腐工作特点建立一些针对性较强的法律法规和法律程序制度，使反腐尽快实现法治化工作常态。

科学立法要特别加强重点领域立法。十八届四中全会《决定》指出，"依法保障公民权利，加快完善体现权利公平、机会公平、规则公平的法律制度，保障公民人身权、财产权、基本政治权利等各项权利不受侵犯，保障公民经济、文化、社会等各方面权利得到落实，实现公民权利保障法治化。增强全社会尊重和保障人权意识，健全公民权利救济渠道和方式。"

建设社会主义市场经济法治文化对经济发展的影响是巨大的，市场在资源配置中起决定作用，离不开政府在其中的管理职能。建立社会主义市场经济机制以来，我国经济飞速发展，社会大踏步前进，改革涉及上层建筑和经济基础的各个领域，新生事物层出不穷，传统经营方式发生颠覆性变化，但股市、期货、多媒体、新媒体、网购、网上银行等，有的还缺乏专门法律或者针对性强的法律调整，行业秩序受到严重威胁，不法行为已经十分严重，迫切需要法律治理。要坚持以保护产权、维护契约、统一市场、平等交换、公平竞争、有效监管为基本导向，完善社会主义市场经济法律制度。健全以公平为核心原则的产权保护制度，加强对各种所有制经济组织和自然人财产权保护的法治力度，加强企业社会责任立法，加强知识产权保护立法，加强编纂民法典，加强制定和完善发展规划、投资管理、土地管理、能源和矿产资源、农业、财政税收、金融等方面的法律法规，实现完整的社会主义市场经济法律制度建设，维护公平竞争的市场秩序。

科学立法要围绕保障和改善民生，推进社会治理体系法律制度的建设。《决定》明确要求，"完善教育、就业、收入分配、社会保障、医疗卫生、食品安全、扶贫、慈善、社会救助和妇女儿童、老年人、残疾人合法权益保护等方面的法律法规。加强社会组织立法，规范和引导各类社会组织健康发展。制定社区矫正法。"科学立法要注重国家安全、反恐怖、公共安全、自然环境、空气污染、海洋生态、水资源等方面的立法，促进国家安全和生态文明的法治建设。

科学立法还需要做好法律规范和其他社会规范的衔接。实施依法治国构建法治中国意味着要努力构建完备的法律体系，并不意味着所有的问题都需要上升到法律层面去调整。除法律法规之外，调整社会关系的手段还有市场机制、发展规律、行业规范、习惯规则、道德规范以及管理和技术等手段。需要用法律手段解决的应该是那些在社会生活中带普遍性的、其他社会调整手段难以解决的问题。因此，法律规范与其他规范的衔接是科学立法题中之义。

科学立法要强调完善立法体制。加强党对立法工作的领导，完善党对重大体制和重大问题决策的程序。健全有立法权的人大主导立法体制机制，发挥人大及其常委会在立法工作中的主导作用。禁止地方制定带有立法性质的文件。加强和改进政府立法制度建设，完善行政法规、规章制定程序，完善公众参与政府立法机制。

二、严格执法是法治国家建设的关键

法律的生命力在于实施，法律的权威也在于实施。"天下之事，不难于立法，而难于法之必行。"如果有了法律而不实施、束之高阁，或者实施不力、做表面文章，那制定再多法律也无济于事。全面推进依法治国的重点应该是保证法律严格实施，做到"法立，有犯而必施；令出，唯行而不返"。

（一）严格执法的含义

如何理解严格执法的科学含义？我们认为它表现在五个方面：

其一，严格执法就是要求我们严格依法办事，严格依法调处社会矛盾，严格依法解决民间纷争，严格依法保护国家利益，严格依法维护公民的合法权益。

其二，严格执法就是坚持以事实为依据，以法律为准绳，实现执法公平正义，严格依据法律规定，一丝不苟、不打折扣、不讲人情、不受干扰、一视同仁、无尊卑贵贱之分，法律面前人人平等。

其三，严格执法就是依据法律赋予的工作职责，忠实履行、不放弃、不走样、不失职，失职就要受到法律追究。

其四，严格执法就是运用科技手段执法，科技手段最大的特点是程序优先，一旦进入程序，就能够科学地排除人为因素对执法的影响，有利于破除执法中的亲情关、友情关、上级干预关、徇私枉法关、钱权交易关。

其五，严格执法就是要求行政机关执法公开、决策公开，使所有行政执法活动在阳光下运行，接受法律监督、舆论监督、群众监督。

公正严格执法不是对政府的高要求，而是起码要求、最低要求。作为国家行政权力执行机关，其根本宗旨就是执行人民的意志，实现人民的诉求，维护人民的合法权益，就是毛泽东提出的"为人民服务"。它的一切活动都必须体现人民的意志，对人民负责，受人民监督，以人民的利益为最高利益。因此，人民政府没有任何理由不为民众严格执法。严格执法是法治文化架构的重要组成部分，是社会主义法治建设一项艰巨任务。做不到严格执法，法律就失去了存在的意义，法治就会受到彻底的破坏。因此，强调严格执法是构建法治中国的题中之义，更是法治文化建设当下的紧迫任务。

从新中国诞生一天起，党和政府一直强调严格执法。但是扰乱法制、亵渎法律现象就犹如一个社会顽症，常常出现，不时就会冒出一些极端的不严格执法的例子，有些甚至成为绯闻。放在四十年前信息闭塞的年代，出现不严格执法的现象，影响很有限。而现如今是新媒体时代，信息一瞬间就能传遍天下。一旦出现不严格执法的事件，影响之广泛，传播之速度都是令人吃惊的，对我国政府法治形象的破坏力很大。人民群众对执法部门有法不依、执法不严、违法不究甚至以权压法、权钱交易、徇私枉法等严重问题，深恶痛绝。

（二）严格执法是个历史问题也是个现实问题

严格执法是一个历史问题，与中国封建史有着密切关系。在中国长期的封建统治中，一直是重视立法而漠视法律的执行。严格执法更是凤毛麟角。从秦始皇统一中国起，我国每朝每代都强调立法，以至于法律条文多到"律令繁多，便于出人。大体上，每个朝代开国之初，立法尚简，但各种形式的法律总是不断增加，到中后期，往往都变得十分繁杂、重复、矛盾、轻重不一等，司法官则可任意取舍，出入人罪，法律就得不到有效的执行。这方面的问题历代刑法志上多有记载。"[①] 清末法学家沈家本感慨："法立而不守，而辄曰法之不足尚，此固古今之大病也。"[②] 封建王朝所立之法，君王不受任何约束，皇亲贵族也可以法外开恩，司法者充其量就是君王的一名马前卒，自然没有法律地位。大文学家苏轼有言为证："读书万卷不读律，致君尧舜知无术。"从侧面反映了法律不为权贵所重视。古代法学走向衰落，至元朝废律博士。自此，"国无专科，群相鄙弃"。封建法律文化对中国法治文化影响深远，至今犹在。人民政府的官员习惯当官做老爷，本是人民的公仆，却把自己摆在主人的位置，对人民群众发号施令。公务员在国家治理中的角色转变仍是痛苦而艰难的过程。

严格执法也是一个现实问题。在今天的中国之所以依然困难重重，一个重要原因就是传统法律文化的深远影响。因此，弄清历史上严格执法的阻抗因素，对今天的法治建设具有重要的借鉴意义。解决严格执法的现实问题，就有必要分析其为什么会成为现实问题。可以从下面两个方面去思考：

其一，严格执法存在问题的思想根源，是政府官员忘了自己"人民公仆"的角色定位，把人民交给的权力当作向老百姓发号施令、炫耀身份的资本。因此，他们习惯借用手中权力暗中搞执法平衡，执法亲疏有别，用执法权欺压百姓，有的甚至用执法权拉帮结派、搞权力寻租，公然谋取私利，甚至贪污受贿。官员自身不正何谈严格执法？有的官员面对老百姓诉求，踢皮球、玩花样，与民众关系紧张，鱼水之情受到严重损害，有的地方甚至荡然无存。

其二，严格执法存在问题的法治根源，是政府机关工作人员普遍法治意识淡薄，法治信仰不足，法治权威思想不牢，法理常识知之甚少，有相当一批公务人员几近法盲水平。这些年来，国家组织连续20多年的全民普法活动，许多机关单位文过饰非，组织不认真，学习走过场，收效甚微，学来学去，法治观念几乎没有大的长进。没有良好的法治素养，就往往只能凭经验，走老路，尤其是在土地纠纷、房屋改造、旧城改造过程中，对不愿搬迁的钉子户，动用警力实行强拆，造成矛盾激化，产生恶劣影响。

近年来，党中央和国务院要求各级政府严肃认真抓严格执法方针的贯彻落实，执法状况出现明显好转，在严格执法方面取得了一定的成绩，缓和了政府与民众的关系。担任行

---

① 蒋冬梅：《略论传统中国严格执法的阻抗因素》，载《铁道警官高等专科学校学报》2007年第3期。

② 参见沈家本：《历代刑法考·法学盛衰说》，中华书局1985年版。

政执法的公安、海关、司法、民政、税务、审计、国土、农林、质检、药检、食品安全等政府执法部门，都围绕严格执法、为民执法、热情服务做出了很大的努力，受到人民群众的充分肯定。尤其是消防、武警官兵，面对危险勇敢顽强，在洪水、大火、地震、突发事件中，临危不惧，坚贞不屈，成为严格执法的时代楷模。

人民政府是国家的行政执法主体，是人民群众权益的重要保护者。人民群众大大小小的权利，都与政府密切相连。大到政治权、生存权、健康权、劳动权、言论权，小到衣食住行，几乎没有政府不管的事。政府执法状况的好坏，与人民群众的利益息息相关。因此，人民政府必须下大气力坚决克服执法不严、违法不究的现象，使严格执法真正落到实处。

（三）如何推进严格执法

在构建法治中国的进程中，如何推进严格执法？十八届四中全会《决定》做出明确要求，各级政府必须坚持在党的领导下，在法治轨道上开展工作，加快建设职能科学、权责法定、执法严明、公开公正、廉洁高效、守法诚信的法治政府。

《决定》提出了一些重要措施，归纳为五个方面：一是推进机构、职能、权限、程序、责任法定化，规定行政机关不得法外设定权力，没有法律法规依据不得做出减损公民、法人和其他组织合法权益或者增加其义务的决定；推行政府权力清单制度，坚决消除权力设租寻租空间。二是建立行政机关内部重大决策合法性审查机制，积极推行政府法律顾问制度，保证法律顾问在制定重大行政决策、推进依法行政中发挥积极作用；建立重大决策终身责任追究制度及责任倒查机制。三是推进综合执法，理顺城管执法体制，完善执法程序，建立执法全过程记录制度，严格执行重大执法决定法制审核制度，全面落实行政执法责任制。四是加强对政府内部权力的制约，对财政资金分配使用、国有资产监管、政府投资、政府采购、公共资源转让、公共工程建设等权力集中的部门和岗位实行分事行权、分岗设权、分级授权，定期轮岗，强化内部流程控制，防止权力滥用；完善政府内部层级监督和专门监督；保障依法独立行使审计监督权。五是全面推进政务公开，推进决策公开、执行公开、管理公开、服务公开、结果公开，重点推进财政预算、公共资源配置、重大建设项目批准和实施、社会公益事业建设等领域的政府信息公开。[①]

《决定》提出的这些措施都有很强的针对性，同党的十八届三中全会精神一脉相承，对法治政府建设十分紧要，是实现严格执法的重要措施，是法治文化需要认真研究的重大理论课题。

三、公正司法是法治国家建设的保障

司法是调整社会关系及秩序的总开关，是法律实施的核心环节，是实现法律公正的操作环节，是维护社会公平正义的最后一道防线，是法治中国建设的重中之重。司法公正在法治文化构架中举足轻重。司法的职责就是维护法治秩序，捍卫法治权威。通过司法活动

① 　《中共中央关于全面推进依法治国若干重大问题的决定》，人民出版社2014年版，第54页。

的展开，向广大人民群众传播法治理念，宣示法律神圣不可侵犯，任何人违反法律都必须不折不扣地受到法律的制裁。因此，司法的生命在于司法带来的公平正义，公平正义是司法的灵魂、法治的生命线、人民的福祉。没有司法公正，法律就只能是僵化的文字；没有法治力量，法律的权威也只能停留在空口号上。因此，实现法治国家，首要的就是要强化司法功能，"生产"出更多的优良司法"产品"，使人民群众在每一起案件中都能够真切地感受到公正司法，从而培养全体民众严守法律底线，尊崇司法裁判，履行法院判决，成为守法公民。

（一）司法与执法的联系与区别

司法机关司法与行政部门执法，有联系也有区别。研究法治文化架构，有必要把二者关系弄明白，不能够把它们混为一谈，因为它们是法治文化有机结合的两大部分。行政执法与司法机关司法，都要求"以事实为依据，以法律为准绳"，法律就是执法机关、司法机关的"上级"，服从法律是职责所需；都要求有法必依、执法必严，执行法律、适用法律，不承认有任何组织和任何个人能够向法律提出任何特殊要求，童叟无欺、贫富无差、高官百姓一视同仁，在执法司法活动中不得徇私，执法司法只能是铁板一块，无缝对接；都要求深刻领会法律精神，吃透法律规定的内涵，准确无误地执法司法，用好法、用对法，彰显法律的权威，从而培养全社会民众的法治信仰，牢固树立法治信心。不同的是：两者的工作方式不同、工作内容不同、工作对象不同。

行政执法机关执法的方式与行政管理工作密切相连，有很大一部分是在政府管理职能实现的过程中完成的，其中只有少部分要经过专门的执法形式来完成。比如行政处置、行政裁决、仲裁、调解、听证、协商、行政拘留等。行政执法的工作内容和工作对象，也是基于社会治理活动范围内的人和事以及所涉及的单位、组织，它的工作对象是任何单位、任何人，它的执法活动涉及面广，牵扯面大，与国计民生、社会发展、社会治理、社会公德、社会责任都密切相关。

司法机关的司法活动，是严格按照法律规定的程序，符合法定的案由和诉讼时效，符合管辖规定，在法定场所、法定环境，由法定的侦查员、律师、检察官、法官等司法工作人员，依据法律规定，完成司法过程实施司法的活动。司法工作对象是原告、被告、被告人、当事人和诉讼参与人。司法是行政执法的救济渠道，行政执法是司法活动部分案件的源头。从它们之间的逻辑联系和工作关联来看，司法是维护行政执法公正的保障，是维护法治的最核心、最重要的法律实践活动。一个国家的法治建设优劣，主要依据它的司法权威是否树立、司法裁判是否服从、法院生效判决是否执行等内容来衡量。因此，研究公正司法对于构架中国特色社会主义法治大厦意义非凡。

（二）正确认识公正司法

追求司法公正是古今中外法律人士一直的共识，是人类历经长期的司法实践追求的司法效果。英国爱德蒙德·伯克认为，"法律的基础有两个，而且只有两个——公平和实用"。古希腊的赫拉克利特指出："人民应该为法律而战斗，就像为了城墙而战斗一样"。[①] 司法公正需要科学立法作为基础，需要严格执法作为依托，需要全民守法作为支撑，因此，法治文化架构的各个方面是一个逻辑严密、互为因果的关系，只有各方面都能够严格按照法治的轨道运行，才能形成完整无缺的法治文化体系。

如何认识公正司法？康德说过，"问一位法学家什么是公正，也像问一位逻辑学家什么是真理一样，同样使他感到不好回答。"[②] 因此，许多学者都在极力寻找最权威的答案，但是他们得到的答案并不十分满意。不是法学家们研究不努力，而是司法的公正还在不断的实践中摸索和前进。尽管这样，我们也无法绕过这个概念去研究法治文化。因为这是法治文化研究的一种社会责任。

公正司法是比司法公正更高的要求，司法公正讲求的是司法的效果，是结果论；公正司法要求的是司法过程从一开始就立足于以公正为前提去开展司法活动，司法的全过程都要充满公正，是过程论。一个词组秩序的变化包含着更加深刻的内涵，这表明中国共产党对司法机关司法过程更加严格的要求，这意味着不能在司法公正上有丝毫大意和放松。公正是法的公平与正义的一般概念在司法活动中的体现，是通过司法活动让一整套体现人民意志的司法制度被司法活动参与者认同的司法程序。它通过实体适用法律和程序依法构架的运作过程，使司法活动过程和司法活动结果获得正当性和权威性，并因此发挥解决纠纷机制的功能。公正司法就是使这个功能实现最大化。

（三）公正司法的现状和实现途径

我国现存影响公正司法的突出因素有哪些？如何才能实现公正司法？我们可以从八个方面分析思考：

1. 重新调整对公正司法的认识

现实状况是，我们不少司法人员错误地认为公正司法能够在大多数和绝大多数司法案件中实现即达到了执法目标，并非要保证全部司法案件都实现公正司法。主要表现在对少数案件民众不认可的公正司法，采取包容或者做主观辩解，以办理了大量的公正司法案件的功绩，来折抵出现非公正司法的个案，以此来原谅司法人员的工作失职行为。我们觉得这种认识与"让人民群众在每一个司法案件中都感受到公平正义"的公正司法目标存在较大差距。因此，我们的司法工作者，必须重新调整思路，认真领会党的公正司法标准的精神实质，通过扎实认真司法，充分满足人民群众的诉讼需求，从思想深处树立起司法活动的工作目标就是保证每一起案件在司法过程中都实现公正司法，每一起都体现公平正义，从而激发人民群众对司法的信仰。"让人民群众在每一个司法案件中都感受到公平正义"，是中国共产党和中国人民对公正司法的基本要求，是完全法治意义上的要求，是对司法机

---

① 参见《中国法治文化》2015 年第 7 辑 "法治名言" 栏目。

② 康德：《公道的哲学问题》，载《西方法律思想史资料选编》，北京大学出版社 1983 年版，第 398 页。

关起码的工作要求。达到这个目标不容易，但实现这个目标却是公正司法的题中之义。

司法机关的工作成绩体现在依法妥善解决纷争和依法惩治刑事犯罪上，使纠纷得以妥善圆满解决，平息矛盾，促进社会稳定和经济发展；使罪犯受到法律制裁，维护人民群众财产安全和人身安全，维护人民的合法权益。人民群众高度关注司法机关的法治过程和法治结果，因为它与人民的利益息息相关，是实现社会平衡的重要法治手段。司法是人民群众看得见、摸得着的公平和正义。能不能让人民群众在每一个司法案件中感受到公平正义，就成为公正司法的时代新任务，这是党对司法工作的要求，更重要的是它代表着人民的意愿。只有当人民群众在每一个案件中都能感受到公平正义，才能够对法治建立坚定的信念。如果民众只能从几个示范性的案例中体会到公平公正，那还叫公正司法吗？

2. 公正司法就是阳光司法

公正司法的前提是司法公开。司法公开是破除司法神秘的时代要求，司法只有完全置于阳光之下，让证据事实说话，才会大大减少屈打成招、刑讯逼供、冤假错案、错杀错判的现象，才能从根本上防止办人情案、金钱案，才能使神秘状态下的"小手腕、小伎俩、小动作"没有机会施展。十八届四中全会《决定》要求："构建开放、动态、透明、便民的阳光司法机制，推进审判公开、检务公开、警务公开、狱务公开，依法及时公开执法司法依据、程序、流程、结果和生效法律文书，杜绝暗箱操作。加强法律文书释法说理，建立生效法律文书统一上网和公开查询制度。"

公正司法要求司法公开成为常态，然而我们面对的司法公开还十分有限。以裁判文书公开为例。最高人民法院十年前就提出要求各级法院裁判文书要上网公开，经过三令五申发文件、下通知，可时至今日在有些地方依然是半公开、部分公开状态。为什么公开裁判文书都会这么艰难？原因很多，有技术问题也有认识问题，还有面子问题，愿意公开与不愿意公开两种认识依然在博弈中。现在人民群众对告状无门不满意，公民提交诉讼状以后，急切想知道能否受理、能否立案、何时立案。尤其是对申诉案件的受理、立案信息不公开，常常让当事人很不爽。当事人提起再审申请是在行使正当诉讼权利，能不能立案法院必须经过审理并做出决定。如果从申诉一提交人民法院就能够步步告知当事人受理情况，使流程公开透明，当事人就没有必要托关系找门子刺探"秘密"，就会减少当事人对司法机关的误会。反之就有可能引起申诉人胡思乱想，产生种种怀疑，甚至发生传播无端流言蜚语、损毁司法机关形象的事情。这就是司法不公开带来的弊端。司法公开的目的就是最大限度地保证司法公正，是防止出现司法腐败和司法独断的必要条件。

尽管司法公开原则随着法治建设进程的加快发生时代的变迁，但从目前看，总体是公开不足，公开非常态。现代法治国家的经验说明，要充分发挥司法公开促进司法公正的重要推动作用，司法公开原则有必要通过媒体适时、适度、客观、真实的报道来实现，没有媒体公开司法事实和过程，也就没有司法正义可言。

3. 公正司法就要真正还权于法官、检察官

《决定》强调："明确司法机关内部各层级权限，健全内部监督制约机制。司法机关内部人员不得违反规定干预其他人员正在办理的案件，建立司法机关内部人员过问案件的记录制度和责任追究制度。完善主审法官、合议庭、主任检察官、主办侦查员办案责任制，落实谁办案谁负责。"

我们现有的案件审理方式，虽然也强调司法人员的办案责任，但是要以现存机制"落实谁办案谁负责"，并且实行责任终身追究制，对于法官、检察官个人来说的确是勉为其难。法院、检察院目前是挂着"司法机关牌子"行"行政管理手段"的机关，从内部人员管理上来看，更是行政化突出，上级领导下级，院长、检察长、庭长就是名副其实的行政长官，于是司法机关的一把手也可以是法律的门外汉来担当，而院长、检察长、庭长对案件有审批决定权。这种机制下，出了成绩人人有份，出了问题谁都可以推卸责任。假如因为领导做出决策导致错误发生，却让办案人员承担责任，这种机制就没有合理性。因此，司法机关的内部设置、内部管理、案件流程、案件审批都必须遵循司法规律，通过司法改革调整机关内设机构，重新规范案件审批流程，减少审批层级，完善审批人员、办案人员的各自职责划分，分清不同人员在案件审理中所承担的独自责任，尤其要明文规定哪些责任是办案人员的责任，才能把板子真正打在办案人员身上，真正落实"谁办案谁负责"。

以法院为例，我们来分析一下法官在审判中的个人责任问题。海南省一中院院长陈启明在《关于健全审判权力运行机制的思考》一文中指出：长期以来，法院内部在审判权力运行中，司法行政化的问题较为严重，呈现审判主体多重化，审判组织层级化的特点，合议庭或独任审判员审理案件后，要经过审判长、庭长、副院长（甚至院长）的层层审批，这就是典型的"审者不判，判者不审"。层层把关导致权责不分，追责不力，降低了法官的风险意识、责任意识。一旦出现错案，因各主体职责不明，责任难以划分，造成难以追责。就是合议庭内部职责也没有明确划分，根本无法实现"谁办案谁负责"，更别说让司法人员终身负责了。

在一些法治化程度较高的国家，审判职能部门的内部独立已基本上不成问题，司法公正也在诉讼程序设计中得到满足。我国的情况则有所不同。虽然诉讼程序设计基本上满足了公正的要求，但内部独立一直是困扰法官们的一大难题。审判权运行机制改革期待目标正是为了适应公正司法的要求，建立符合司法规律的审判权运行模式，优化配置审判资源，加强独任法官、合议庭办案责任制，维护独立审判原则，最大限度地满足人民群众对公平正义的需求，提高司法公信力，树立司法权威。当然，这一系列重要目标的实现还要依靠与审判权运行机制相关的一系列配套改革同步推进。如何把案件决定权真正交到法官、检察官手中，是实现公正司法的重要改革内容，放权于法官、检察官，其才能够真正担负终身追究的重任，才能够排除干扰，独立思考，审慎司法，严把法律关、事实关，努力实现每一个案件的公平正义。

4. 公正司法就要真正实现司法权独立行使

《决定》明确指出："完善确保依法独立公正行使审判权和检察权的制度。各级党政机关和领导干部要支持法院、检察院依法独立公正行使职权。""健全行政机关依法出庭应诉、支持法院受理行政案件、尊重并执行法院生效裁判的制度。完善惩戒妨碍司法机关依法行使职权、拒不执行生效裁判和决定、藐视法庭权威等违法犯罪行为的法律规定。""建立健全司法人员履行法定职责保护机制。非因法定事由，非经法定程序，不得将法官、检察官调离、辞退或者做出免职、降级等处分。"这些措施为实现独立行使审判权和检察权，提供了重要的支持。

目前，法院、检察院在省以下国家体制中，党委和政府习惯把这两家司法机关作为普通行政机关对待，在各种重要场合的排名上也往往靠后。加上前些年政法委对司法机关从案件到人员，管得过宽过细，有些地方甚至直接插手案件审理，审判权独立、检察权独立还面临不少障碍。司法机关不能独立行使司法权，使宪法的规定实际架空，带来最大的危险就是污染了法治源头，出现了冤错案件，最终导致人民群众得不到司法的救济。现在被媒体广泛披露的重大冤假错案，多数背后都存在干预独立司法的隐情。河南洛阳法官李慧娟在一起种子纠纷案的民事判决书中因适用"上位法优先"的裁判原则，依据全国人大常委会制定的《中华人民共和国种子法》作出裁判，指出本省同类法规与上位法冲突，省有关部门认为是"严重违法行为"，责令法院给予直接责任人严肃处理，李慧娟等人被免职。这起轰动全国的种子案，六年后被清华大学、北京大学、中国政法大学作为研究生入学考试试题。从这起案件中法官的命运，可以看出独立行使司法权并不是一件容易的事，是要冒风险的，需要法院和法官拿出巨大勇气才行。

我国某地一位基层法院领导撰文指出：许多案件的审理受到来自领导干部的干预，地方政府和领导人对基层法院"打招呼""说情"现象时有发生，"权大于法"成为潜规则，严重动摇宪法和法律权威及司法公信力。受行政干预及地方保护主义影响，基层法院有时不得不为了"地方的利益"而违法行使审判权。如行政案件中判决行政机关败诉率极低、对于领导关注案件偏袒一方当事人、对于裁决后影响政府形象案件久调不决等。

实现独立行使审判权和检察权，在我国法律制度层面已经不存在障碍，问题是怎样排除来自外部对司法的干扰？怎样让也食人间烟火的法官、检察官可以不惧怕当地政府官员对司法的干预？怎样使领导干部插手过问案件的登记制度、追查制度得到真正落实？光有司法机关自身的努力，很可能会成为"墙上之饼"。当法治还没有成为人民生活习惯之前，还离不开党委政府的全力支持。党的十八届四中全会《决定》在优化司法职权配置方面做出部署："改革司法机关人财物管理体制，探索实行法院、检察院司法行政事务管理权和审判权、检察权相分离。""最高人民法院设立巡回法庭，审理跨行政区域重大行政和民商事案件。"这些举措对于排除司法干扰，实现独立行使司法权将会产生深远影响，必将给社会和人民带来福祉。

从构建法治中国全局利益出发，各级党委人大政府都有责任为司法机关排除干扰作为维护法治的分内工作职责，积极主动做点实实在在、看得见、摸得着的工作，这对于实现公正司法无疑是建功立业之举。司法权的独立行使，绝不仅仅是司法机关自身的事，而是法治中国的总体利益所在。司法权的独立行使不是司法机关要争取自身什么权利，而是世界法治的经验所在，是中国法治建设的迫切要求。司法权的相对独立理论，是架构中国特色社会主义法治文化的核心内容，是维护法治权威的理论武器。政府机关、权力部门都有支持的责任，领导干部都有不干预司法活动的义务。用拦车喊冤、超越程序等非常手段，实现为民伸张正义、纠正冤假错案的亲民个例，对于构建法治文化正常秩序是一种弊大利小的行为，不值得宣传造势，更不值得歌颂。

5. 公正司法就要走专业化司法之路

随着经济大发展，社会分工更加细化，专业知识对司法活动的运行是极大的考验。在"公正司法为民司法"的司法理念指引下，我国司法制度改革与发展的重心转入微观基础的架构建设，从体制和机制上培育司法主体的应有特性，使司法主体真正成为公正司法价值取向的载体，重视这一价值取向的实现，是法治新时代发展的需要。现行的司法架构，是大而全、上下对口、区域无差别的架构方式，平均分配司法资源，导致司法人员忙闲不均，造成司法资源严重浪费。在现代法治发展的今天，司法权的微观架构核心应该朝着专业化方向发展，科学构建司法内设机构，重新确立各部门的工作职责，以达到充分有效利用司法资源之目的，整体提升司法机关的公正司法能力。当下，合理利用司法资源，成为司法改革中一个不可小视的亮点。

党的十八届三中全会通过的《中共中央关于全面深化改革若干重大问题的决定》明确提出，要"健全司法权力运行机制"，"改革审判委员会制度，完善主审法官、合议庭办案责任制，让审理者裁判、由裁判者负责"。这是新的历史条件下，党对推进司法机制改革做出的全新部署和安排。

按照中央的要求，最高人民法院于2013年10月制定了《关于审判权运行机制改革试点方案》，确定了上海市二中院等九家法院为试点单位，开始为期两年的审判权运行机制改革试点工作。海口市中级人民法院在试点中，重点推出了特色法庭建设思路，该院先后在龙华区、秀英区、美兰区、琼山区分别设立了交通法庭、少年法庭、医疗纠纷法庭、环境法庭，分类统管全市的同类案件，使这几类多发的民事纠纷案件，审判结案明显提速，有效地集中了审判资源，取得了事半功倍的成效。针对特殊案件设立的特色法庭具有较强专业性，通过集中审理同城同类案件，既方便群众诉讼，又及时化解纠纷，促进社会和谐。更重要的是，法官日积月累增长了专业知识，从而统一了法治尺度，彰显了公正司法。他们把这种特色法庭微观探索作为"打造接地气的中国特色司法制度微观构建"来探索和完善。一个不起眼的特色法庭实践，既破解了法院"案多人少"的困境，也统一了司法专业审判难以平衡的正义尺度。诸如此类微观改革在一定意义上更有利于实现公正司法，值得提倡。

6. 公正司法就要以实体正义和程序正义作为保证

什么是正义？法学家们有多种解读。具有典型代表性的是实证主义法学派正义观和自然法学派正义观。它们之间的差别在于：对自然法学派而言，这一命题是其逻辑体系中的结论；而对于实证主义法学派来说，这一命题是其逻辑体系的起点。事实上，如果观察一下实证主义法学派对正义解说的语境，我们甚至可以忽略两者之间的差异。[①]

既然如此，我们就来大胆地设定一下对正义和公正的认识。司法正义是公正司法的基本保障，在这里正义是前提，公正是结果。我们上面已经对公正做了诠释，在此不再重复。而对于正义，我们认定的是法律的正义。只要在办案中，严格依据法律做出符合法律公正的司法结论，我们就认为实现了司法正义。

司法正义包括程序正义和实体正义，也就是说司法活动全过程都要充分体现正义。正义是可以让人感知的一种现象，它通过诉讼过程和审判过程来表现。首先是程序正义。程序在中国历来不被重视，因为我们的司法者认为，程序只是实现实体的外在表现，如同润滑剂。严格遵守案件审理程序，不但增加工作麻烦，还会拖延公正结果实现的时间。20世纪80年代前参加工作的司法人员，大都来自转业军人和公安民警，普遍缺乏系统的法律专业知识的学习，加之政府机关延续部队的军事化管理，对于程序不重视形成了常态。直到20世纪80年代中，司法活动才把程序合法提到了司法正义的高度。程序强调的是诉讼过程规范化，比如刑事案件的预审、拘留、审查批捕、审查起诉、提起公诉、开庭审理、二审、终审、死刑复核等，诉讼过程法律化，既可以让诉讼当事人做好充分心理准备应对审理，也让当事人有充分机会进行申辩和维护自身诉讼权益。司法机关严格按照程序法的规定一步步实施了，当事人就能够感觉到程序正义已经融合在案件审理之中。程序正义保障案件当事人充分行使了自己的诉讼权利，充分申辩了自己对诉讼实体内容的主张，检察院、法院对其主张进行了认真的核实辨析，也就能够使当事人预感到实体正义的到来。坚持程序正义和实体正义原则，就为公正司法目标实现提供了基本前提条件。当然，实体正义是诉讼活动中让当事人感受更为深刻的公正司法的内容，因为实体公正与当事人权益是否得到切实保护有着直接的利害关系。

7. 公正司法要造就相适应的司法队伍

德沃金说，法院是法律帝国的首都，法官是帝国的王侯。[②]可见法官在公正司法中的重要作用。哈耶尼说："对正义的实现而言，操作法律的人的质量比其操作的法律内容更为重要。"[③]他指出了司法队伍在法治建设中的特殊地位。试想，再好的法律如果没有一流的司法队伍，那也只能是一纸空文，毫无生命力。

---

① 姚莉：《司法公正要素分析》，载《法学研究》2003年第5期。

② [美]德沃金：《法律帝国》，中国大百科全书出版社1996年版，第361页。

③ 李汉昌：《美国民事审前程序中值得借鉴的几个问题》，载《法学评论》1988年第6期。

经过党和政府 60 多年的不懈努力，我国已经形成了一支基本合格的司法队伍，如今的法官、检察官基本都是受过法律高等院校培育、具有法律专业知识的人才，其中不乏硕士、博士学历人才。法官、检察官对法律的担当、对司法尺度的把握、对定罪量刑标准的把握、对自由裁量权的把握，都已经具有很强的判断力、掌控力，法官、检察官已经告别不请示报告就可能出错的低水平时代，依法把审判权、检察权放心交给他们的时机已经成熟。但是也应该看到，这支队伍还处在上升发展时期，某些地方还不能完全适应构建社会主义法治大厦的需要。因此，对这支队伍的司法业务培训教育，还是一个长期的艰巨任务。尤其是运用多种手段缩短案件审结周期，科学化解人案矛盾，还是我国司法队伍建设的重要环节。江苏宜兴法院两位法官，在他们合作的《试论民商事审前程序重构与法官助理作用》一文中指出，相比美国等司法制度发达国家的法官审判效率，我国法官及审判组合模式的审判效率尚处于较低水平。根据美国纽约州法院司法行政管理首席法官 2000 年的法院年度报告，纽约州共有法官 1199 人，全年共收案 3821292 宗，共结案 3732192 宗，除去停车罚单案 197113 宗，仍结案 3535079 宗，法官人均结案约 2948 宗。法官人均办案数量数十倍于我国目前办案数量较多的法官，远远高于我国法官平均结案数，为改革试点江阴市法院 2013 年审判组合效率的 7.2 倍。江阴法院组成 53 个审判组合，2013 年该院共审结案件 21498 件，每个审判组合平均结案 405 件。据资料介绍，美国民商事案件中的 95% 在庭前和解，真正进入开庭程序的不到 5%。按照这个比例测算，美国经过完整诉讼环节最终开庭裁判的案件，平均到每个法官为 147 件，对比我国 2012 年人均结案数居全国法院首位的吉林省一线法官人均结案 136.8 件，数量大体相当。

从审判组合的结构上看，美国最高法院的大法官们每人有权雇佣四名法官助理，上诉法院法官有三名法官助理，地区法院法官有两名法官助理，治安法官有一名法官助理。审判组合内人数略多于我国现行改革的方案。而我国审判组合结构目前尚不统一，基本组合模式是法官＋法官助理＋书记员，比例结构有 1+2+1、1+2+2、1+2+3 等多种架构模式。法官组合模式究竟如何搭配为最佳，尚在摸索之中。这个问题随着时间的推移是肯定会有个科学界定的。合理的组合结构是实现司法高效、追求司法公正的必要保障。除此之外，我们要研究法官队伍的整体建设，使这支队伍在国家的整体架构中处于适当的地位，能够使司法人员享有职业的尊严。对于司法队伍中反映强烈的问题，比如案件剧增导致的法官、检察官人少案多的问题，法官、检察官审理案件受制约层面多的问题，法官、检察官的薪酬与付出不成比例的问题，都是客观存在的，直接影响到法官的工作积极性，不利于实现公正司法。

法官们还普遍反映，我们要学习西方法治文化有效因素，学会引进一些速调结案的模式，让我国普遍实行的开庭审判的审理方法朝着多元化、多样性的化解矛盾、化解纠纷的方向发展。比如引进诉辩交易、庭前调解方式以及各国法院通行的 ADR 方式（Court-annexed ADR）。ADR 方式是指以法院为主持机构并受法院指导的非诉讼多元化纠纷解决机制，是一些国家解决诉讼爆炸的有效手段。美国法院附设 ADR 的表现形式主要包括：调解、仲裁、简易陪审团审判、早期中立评估等；日本采取的是民事和家事调停制度；我国台湾地区既有法院附设的民事调解制度和家事调解制度，又在法院外设立了民间性和行政性结合的乡镇市调解；挪威等国则把民间性与行政性结合的调解程序直接作为诉讼前的法定必经程序。[①]国际司法界的成功做法应当成为我国司法改革发展的参照物，结合国情加以改造，从而形成我国独特的简化审理程序机制，以满足日益增长的民众诉讼需求。

8. 公正司法就要建立完备的监督体系

让司法运行在可控范围内，要运用舆论监督、社会监督、法律监督等多种监督手段，强化对司法活动运行的监督，防止司法腐败，维护法律权威。要通过法律监督、人大监督，维护我国刑事民事法律的执法尺度统一性、量刑幅度一致性和同罪同判的司法结果。当代司法实践表明，要实现司法公正，尤其要注重媒体对司法公开的监督。司法公开与媒体监督具有相同的法律价值观，因此媒体对司法公开、推进公正司法没有本质对抗。一方面，媒体监督可能会影响司法独立；另一方面，离开媒体监督的司法可能会导致腐败和司法不公。

《检察风云》杂志就此问题组织学者座谈讨论，大家发表了很多真知灼见。学者认为媒体与司法的关系因为涉及两种民主社会的重要价值——司法独立与新闻自由的冲突，是一种复杂的辩证关系，必须妥善处理，才能达到最佳效果。当司法权力与公民权利发生矛盾时，司法机关如何防止民众的激情影响理性裁判？司法可以对媒体做哪些限制？底线在哪里？如果发现民众的激情影响了案件的公正裁判该如何处理？为避免这种影响发生，司法可以通过程序的自律和程序无效两种机制来实现。英美法系国家通过"封闭陪审团"、大陆法系国家以集中审理制度来实现。

如何实现司法公正与媒体监督的平衡？英国法律在对待大众媒体有关司法审判的新闻报道时不采取事前限制，但是要求出版商文责自负，只在新闻报道违背法律精神与干扰司法公正时追究发布消息的媒体的责任。这种方法对于平衡新闻报道的时效性、舆论监督的合理性与司法审判的公正性有着重要的意义。[②]我国在平衡这对矛盾时，习惯采取限制的方式，不提供采访机会、限制报道或者只允许指定媒体报道，这样既削弱了媒体的监督力度，也不利于促进司法公正。英国的事后追究制度值得我们反思与借鉴。

（四）党的十八届四中全会《决定》给司法公正指明了方向

党的十八届四中全会《决定》，对公正司法做了重要的论述，对新时期如何实现公正司法提出了许多重要观点，尤其是一针见血地指出公正是法治的生命线。司法公正对社会公正具有重要引领作用，司法不公对社会公正具有致命破坏作用。《决定》的科学论断是高度概括的理论阐述，是我国今后推进司法公平正义的重要理论法宝。《决定》既提出了

---

① 范愉：《多元化纠纷解决机制》，厦门大学出版社 2005 年版，第 476—477 页。

② 申楠、杨琳：《媒体监督与司法公正——英国媒体报道与司法公正 的关系及启示》，载《西安交通大学学报》（社会科学版）2013 年第 33 卷第 4 期。

党委政府领导机关在追求公正司法中的责任和职能，又对在法治建设中起重要作用的各级领导干部发出了严格的指令和要求，为公正司法设置了高压线，鼓励司法人员要勇于排除任何形式的司法干扰，坚决做到严格司法，公正司法。

《决定》在完善审级制度、法律监督工作重点、司法机关严格自律、加强人权保障、坚持文明执法、规范司法原则、强化对司法活动监督等诸多方面都提出了具体要求，指明了工作方向。我们围绕这些重要论述，深入开展法治文化研究，从理论与实践结合上，深入开展依法治国建设社会主义法治国家的理论探索，深入研究公正司法的内涵和外延，有效地推动司法公正的科学架构建设，为人民群众营造一个支持公正司法、监督公正司法、维护公正司法的法治环境，使公正司法为依法治国提供强大的正能量。

《决定》在"保证公正司法，提高司法公信力"这个大问题中，特别提出"推进以审判为中心的诉讼制度改革，确保侦查、审查起诉的案件事实证据经得起法律的检验"。这是对已经起步的诉讼制度改革吹起了冲锋号。诉讼制度是司法工作的中心环节和纽带，是司法改革的重要环节，《决定》为下一步司法改革指明了方向。司法改革是国家上层建筑改革，是国家政治制度改革的重要组成部分，司法改革的推进直接影响国家深度改革的发展速度。因此，以审判为中心的诉讼制度改革，是下一步司法机关的工作重中之重。法治文化要为下一步司法改革提供研究成果和理论指导，引导以审判为中心的诉讼制度改革朝着健康快速的轨道前进。

"以审判为中心"强调的是一切诉讼活动的设置要以人民法院审判过程这个中心环节来设计、来思考，不能各行其是，强调各自重点，保障改革的力度深度围绕审判工作着力；强调的是人民法院在诉讼活动中的核心地位，法院改革要为诉讼制度改革服务，要先行一步，摸索前行：要求侦查工作、审查批捕、审查起诉、裁判执行都必须紧紧围绕审判环节的要求来努力改进作，使之适应审判这个中心环节的需要；强调司法的严肃性，要牢固树立司法权威，要求案件的事实和证据要经得起审判公开的检验，将所有的案件都办成铁案，最大限度实现司法公正，让人民群众随处可见司法公平正义的身影；是对人民法官提出了更高的要求，让每一位共和国的法官都能够在庄严的法庭上，代表正义、书写公正、维护法律、服务国家、服务人民，法庭上法官的一言一行，都代表国家法治的形象，不可以有半点马虎和草率；要求司法机关工作人员要坚决与司法不公的行为做斗争，端正作风，杜绝金钱案、关系案、人情案，重塑公正廉洁、秉公办案司法形象，使人民群众增强司法公信力。公安、检察、法院都要不遗余力为推动以审判为中心的诉讼制度改革出谋划策，贡献智慧和力量。"以审判为中心"说到底是对案件是与非的认定、对当事人罪错的判断，都必须以审判结论为依据，未经审判程序依法裁判的是非认定和罪错判断都是没有法律效力的。因此对犯罪嫌疑人未经庭审判决不能称之为罪犯，是无罪推定法治原则的必然要求。

四、全民守法是法治国家建设的基础

法国思想家卢梭曾说：“一切法律中最重要的法律，既不是刻在大理石上，也不是刻在铜表上，而是铭刻在公民的内心里”。国家的法律制度的建立、法律的实施，都离不开民众的力量，都少不了公民的参与。培育公民守法意识具有很重要的法治价值，好的法律制度、优秀的执法队伍、美好的法治环境，没有广大公民的守法意识，都难以得到有力的实施，法律的力量就难以张扬。

（一）全民守法是构架中国特色社会主义法治文化的重要里程碑

党的十八届四中全会《决定》要求全党和全国人民“增强全民法治观念，推进法治社会建设”，《决定》指出，法律的权威源自人民的内心拥护和真诚信仰。人民权益要靠法律保障，法律权威要靠人民维护。必须弘扬社会主义法治精神，建设社会主义法治文化，增强全社会厉行法治的积极性和主动性，形成守法光荣、违法可耻的社会氛围，使全体人民都成为社会主义法治的忠实崇尚者、自觉遵守者、坚定捍卫者。《决定》就如何实现全民守法提出了以下路径：“推动全社会树立法治意识”“推进多层次多领域依法治理”“建设完备的法律服务体系”“健全依法维权和化解纠纷机制”。《决定》对实现全民守法做出科学分析，指明工作方向，制定工作目标，使我们在开展法治文化引领民众守法的实践过程中有了路标，有了明灯。

全民守法是中国特色社会主义法治建设的起点也是终点，起点带给我们信心和期盼，终点带给我们前进发展的动力。有了全民守法这个起点和终点，任何法律制度的建设和法治文化的发展，都有了厚实的群众基础，都有了广大人民的期待和尊崇，都显得法治的步伐更加有力量。有了这个起点和终点，法治建设的每一项举措、每一点进步都与人民群众的福祉紧密相连，都与治国安邦紧密相连，法治文化建设的成就感就油然而生，法治文化推进思路就越来越宽广。

全民守法的前提是全民遵法，只有全体民众形成了自觉尊崇宪法和法律，牢固树立法律至上的法治理念，才能营造出全民守法的氛围。所以说，学会尊崇宪法和法律是培养全民守法意识的重要思想基础，有了尊崇法律的坚实基础，才能够稳步催生出浓厚的守法意识。

培养全民尊崇法律的意识，就要引导民众积极学法、主动用法。学习法律知识是增强法治意识的重要途径，除了读法律书籍，更多的还要通过参加法治文化活动，增加法治理念，吸收法治营养。因此，要推出民众喜闻乐见的法治文化活动，提供民众接受法治熏陶的场所，营造法治文化的氛围，使民众在寓教于乐之中增长法治知识，提高法律认知水平。在组织法治文化活动的过程中，要特别注意密切结合现实中的法治事件，有针对性地启迪公民、教育公民，使他们在接受法治知识的基础上，学会自我用法的技能，从遇事找政府、找熟人、找关系、找后门，信访不信法、信人不信法的纠纷解决误区中解脱出来，逐渐形成处理纠纷、调解矛盾、维护权益时主动选择法治之路，学会用法律保护自己的合法权益，保护自己的人身安全，维系自己的社会交往，把好自己的经营关、利益关、权益关。

现实中我们发现有一些从事经营生产的企业家、商家，他们往往在自己的权益被侵犯之后，顺着非法治的思路，走疏通关系、找熟人帮忙、找领导批示等不正当的渠道，结果是耗费精力、财力，没有任何成效，不得不回头找执法部门和司法机关，重新走法治之路，寻求公平正义。这样做的结果，对企业、企业家教训深刻。这种"炒剩饭"解决纠纷的方式，同样也给执法机关带来不少的麻烦。因为时过境迁，可能会产生证据缺失、事实难查、监定难做、时效延长等诉讼难题，给司法机关匡扶正义增加了难度，浪费了宝贵的法治资源。

在倡导和鼓励民众遇事找法律、学会走诉讼渠道、依法保护自我的前提下，执法机关和司法机关很有必要努力构架完善的法律服务体系，扩大法律服务体系的城乡覆盖面，完善法律援助制度，扩大法律援助范围，健全司法救助，保证人民群众在遇到法律问题或者权益受到侵害时有条件及时得到法律帮助。各地司法行政系统要加强对律师、公证、调解等法治组织和法律专业队伍的建设，让专业法律人士主动密切联系公民，及时提供法律服务，引导公民走上依法办事的法治大道，减少当事人的烦恼和损失，让公民知道信法守法的义务和责任。

法院基层法庭、公安派出所、城乡司法调解组织和律师事务所，是人民群众寻求法治的重要前沿阵地。为构架法治大厦，国家要舍得投资，搭建好与人民密切相关的上述基层法治组织广大平台，使它们充分发挥连接民众的法治桥梁和纽带作用，及时播撒法治种子，让更多的民众逐步向法治靠拢，向法治寻求福祉。民众只有在得到法治的普惠之后，才能够发自内心的守法、遵法。

引导全民学法用法，目的就是实现全民守法。全民守法是构建法治社会崇高的理想境界，需要法治文化的引领，需要通过法治文化渠道营造人人参与的法治理想氛围，达到法治的理想高度。综合上述，回过头来我们再来认识党中央提出"全民守法"的重要意义，就会发现这个概念的提出是为我国法治建设找到了构架的重要基石，是构建中国特色社会主义法治文化的重要里程碑。

（二）两个"十六字方针"的辩证关系

党的十一届三中全会决议，针对十年浩劫对法治严重破坏的现实，提出"有法可依、有法必依、执法必严、违法必究"十六字法制建设方针（下称"老十六字方针"）。党的十五大报告明确提出"依法治国，建设社会主义法治国家"基本方略，标志着我国依法治国从法律制度层面建设迈向法律治理层面。党的十八大报告中提出"科学立法、严格执法、公正司法、全民守法"的新十六字法治建设方针（下称"新十六字方针"），表明中国特色社会主义的法制建设进入了全新历史阶段，是我国法治建设的重要里程碑。"新十六字方针"极大丰富了社会主义法治文化的内涵，为法治文化加快建设步伐奠定了深厚的理论基础，具有深远的历史意义。"新十六字方针"鲜明地提出了中国特色社会主义法治建设的四大构架方式，开启了法治文化建设的全新征程。

值得注意的是，"新十六字方针"不是对"老十六字方针"简单的文字表述的变更，而是具有丰富的法治文化内涵。主要体现在五个方面：一，服务中心不同。"老十六字方针"是为构建中国社会主义法制建设提出的；"新十六字方针"是为构建中国特色社会主义法治国家而提出的，两者围绕的中心有质的区别。前者是为构建中国法律制度服务的法制方针，而后者是为构建法治中国服务的法治方针。二，"新十六字方针"不是"老十六字方针"的简单重复，包含的内容发生本质变化。"新十六字方针"为我国整体构建法治国家、法治政府、法治社会三位一体的法治建设，构建逻辑严密、结构合理的"立法、执法、司法、守法"的全新法治架构方式，确立立法要科学、执法要严格、司法要公正、守法要全民的法治目标。三，"新十六字方针"不仅涵盖了"老十六字方针"的全部内涵，而且内容更加丰富，结构更加科学。既延续了"有法可依"的立法目标和"执法必严、违法必究"的执法目标，又强调"公正司法和全民守法"两大法治建设目标。四，"新十六字方针"把执法和司法分别单列并提出不同要求，突出强调了政府的执法责任，提升了司法活动在国家法治建设中的地位和作用，抓住了法治中国建设的核心与重点。五，"新十六字方针"特别增加了"全民守法"这一法治目标，是重大历史进步，它彰显了要法治不要人治，打破了中国几千年来刑不上大夫、执法有亲疏的顽疾，强调守法是所有公民的义务和职责，排除了任何人超越法律约束的合法性，使法律面前人人平等成为现实可能。因此，我们认为，"新十六字方针"给中国法治文化增添了丰富的内涵，具有特殊的时代意义，激励全体公民紧跟法治文化新发展的历史潮流，自觉做中国法治文化的铺路石。

（三）全民守法需要全党全国人民共同努力

全民守法是新时代构建中国法治文化建设的全新思路，具有十分重大的现实意义和历史意义，是使我国法治建设实实在在向前推进的重大举措，为实现中国法治建设铺垫了重要的基石，符合法治文化发展客观规律，得到国内外广泛好评，大大提升了我国的法治形象。实现全民守法一切要从头做起，从点滴做起，从我做起，任何高官、大亨、名人、功臣，在法治文化面前都要牢牢记住守法是自己的重要责任和使命。

怎样才能实现全民守法？我们认为要从五个方面努力：

1. 坚持执政党的坚强领导

中国共产党经过近百年的历史考验，已经被证明是领导中国走向国富民强的优秀执政党，是中国革命和中国建设不可替代的领导力量。它已经领导人民取得了无数次的历史性胜利，打破了帝国主义的预言，成功地完成了中国繁荣昌盛的历史变迁，带领中国人民豪迈挺进世界政治、经济、军事强国之列，成为世人瞩目的东方巨龙。贯彻在中国构建依法治国的法治主张，同样需要党对法治文化建设的坚强领导。党一方面积极倡导全民守法，另一方面也要增强自身的守法意识，使党和政府的活动始终遵循依法治党、治国的法治方针，用法治精神统领党内治理和国家治理，教育和引导全体党员和所有工作人员都成为尊崇法律、严格守法的模范法治公民。历史经验告诉世人，中国共产党的坚强领导是实现全民守法的必要保障。

2. 要强调所有党员和国家公职人员带头遵守法治

党员和国家公职人员的思想意识和行为准则，是民众认识党和政府的参照因素。党员和国家公职人员对守法的态度和言行，直接影响群众对法治的信任度和尊崇度，是人民群众能否自觉守法的榜样。党员和国家公职人员带头学法遵法守法用法，是在党的领导下全面推进依法治国的题中应有之义，能否在法治建设上作表率，直接关系法治权威的树立、法治秩序的形成、法治实践的成效。党员和国家公职人员要适应建设法治中国的新要求，在学法上更加全面深入，在遵法上更加坚定自觉，在用法上更加积极主动，在守法上更加严格自律。尤其是高级领导干部，更应该内化于心、外化于行，带头养成遇事用法、办事依法、解决问题靠法的行为习惯，努力做法治型领导干部，给民众不断增添守法信念。党员和国家公职人员的守法状况应该成为提拔任用的重要考察内容，从而逐渐形成没有法治信仰的人不得出任上一级职务的法治制度，构架起依法治国的法治通道。

3. 构建单位、社会、家庭三个层面的守法意识培养圈

单位、社会、家庭是每个公民每天都不可脱离的三个重要生活环境，实行对全体公民的守法意识教育培养，无论是单位、社会、家庭都是不可或缺的场所。要发挥政府机关、企事业单位、人民团体在法治文化建设中的积极性，建立健全单位参与社会事务、维护公共利益、救助困难群众、帮助特殊人群、预防违法犯罪的机制和制度化渠道。发挥行业协会、商会、学会、研究会的自律和专业功能，引导组织成员遵守法制、规范法治约束，监督其依法开展活动。要重视社会组织对全民守法的作用，尤其要抓好村委会、居委会和社区村民居民守法意识教育，不断增强他们的法治信仰，增长他们的法律知识，培养他们的法治观念，使广大农民和城市居民在没有法治宣传盲区的情况下，稳步提高全民守法意识。要倡导家庭成员之间传授法律知识，督促家庭成员养成依法办事的行为习惯，形成遵守法制、遇事找法、解决问题靠法的良好家风。

4. 实现全民守法教育进学校、进课堂

抓好遵纪守法的少儿教育、中小学生教育、大专院校青年教育，把全民守法的目的、意义、要求、原则、检验标准等内容，编写进教学大纲，把全民守法教育列为国家教育体系的重要组成部分。只有从娃娃抓起，从小培育孩子的守法意识，才能从小培养起人的守法行为习惯，并且受这种习惯不断延续、提升，最后形成法治思维惯性。使经过小学、中学和大学教育的下一代，都能够自觉尊崇法律、维护法律、学习法律，成为社会主义法治的合格接班人。

5. 构建全民守法的科学考评机制

要牢固树立有权利就有责任、有责任就有义务的观念，加强社会诚信机制构建，建立

健全单位和社团组织的守法信用的记录，建立公民个人守法诚信的记录，建立守法诚信保障机制，建立违法实行惩治机制，使遵法守法成为企业事业单位、社会组织和全体公民的共同追求和自觉行动。发挥法治在解决赡养、婚姻、教子、交友等道德领域突出问题中的积极作用，引导公民自觉履行法定义务、社会责任、家庭责任，增强法治的道德底蕴，强化规则意识，彰显公序良俗，弘扬中华优秀传统文化。

第五章　社会主义核心价值观融入法治政府建设

厉行法治，必然要求推行行政法治。深入推进依法行政，加快建设法治政府，是全面推进依法治国的中心环节，是党的十八大和十八届三中全会、四中全会提出的最新要求。四中全会《决定》强调，要"加快建设职能科学、权责法定、执法严明、公开公正、廉洁高效、守法诚信的法治政府"[①]。当前迫切需要按照建设中国特色社会主义法治、建设社会主义法治国家，进而推进国家治理体系和治理能力现代化的总体目标和要求，进一步明确和厘清法治政府建设的目标要求和标准，有重点、有针对性地采取切实可行的措施，大力推进法治政府建设，确保到 2020 年基本建成法治政府。

第一节　法治政府建设的内涵、意义及特征

一、法治政府建设的基本内涵

法治政府是相对于人治政府的一种政府形态，它是人类社会几千年文明发展的重要成果。法治政府有共同的特性，但因国情不同又有不同的特征。建设法治政府是国家富强民主和社会和谐的重要保障。改革开放以来，我国依法行政取得了重大成就，但也存在不少问题，迫切需要加快法治政府建设。

法治政府有广义和狭义之分。广义上的法治政府是指法治国家，即国家的立法机关、行政机关和司法机关都在法律的统治和规范之下。如，洛克的《政府论》、密尔的《代议制政府》中的政府实际上就是代议制国家。狭义上的法治政府是专门针对行政机关的法律治理而言的。这里所要讨论的是狭义上的法治政府。

什么是法治政府？很多学者从不同的角度做出了不同的阐释。有的认为法治政府是良法下的善治，有的认为法治政府是指把自身权力规范在法律框架下并严格依法办事的政府，有的认为法治政府就是政府在行政的各个方面都依法运行的状态。对法治政府的一般解析是："法治政府是依法设立，职权由法律赋予且依法行使，对其行为承担法律责任的政府。

---

① 《中共中央关于全面推进依法治国若干重大问题的决定》(2014 年 10 月 23 日)，第 15 页，人民出版社，2014。

法治政府可以被简单地解释为法治化的政府、依法而治的政府。"[①]

我们认为，法治政府是指依法规范和运行的政府，即依法治理的政府。这可以从两个方面来理解。首先，法治政府是依法规范的政府，即作为行使国家行政权力的各级政府及其组成部门根据宪法和法律产生，其职权和职责由法律来规定。也就是说，政府的组织形式必须法定，政府要依法设置，其所享有的职权必须有法律依据。这是政府所要达至的一种法治存在状态。其次，法治政府是依法运行的政府，即各级政府及其组成部门必须在法律规定的职权范围内活动，其行为必须合法，非经法律授权，不可具有并行使某项职权。这是政府所要达至的一种法治运行状态。"这样，无论在状态上，还是在具体的行为方式上，都能符合法律要求的政府就是法治政府。因而，法治政府既是一种状态，又是一种行为模式，状态是法律框架下的理想状态，行为模式是法律指导下的运行模式。"[②]

关于法治政府的基本特征，理论学术界和实际工作部门一直在探索、总结。依据上述法治政府的概念内涵，法治政府的基本特征有以下几点：

1. 法治政府是有限政府

这是从政府的职权范围上来说的。法治政府首先应该有别于传统的政府组织形态、政府功能和职责体系。它最突出的特点就是有限的。在现代社会，"一部确定的宪法就意味着在形式上确认政府是受制约的，因而是有限的"。[③]法治政府的有限性体现在政府只能在法律赋予的职权范围内行使权力，不能超越法律授权，每个行政机关都按照法定的、有限的权力履行职责，也就是"无法律即无行政"，法律就是政府权力的空间范围，正如韦德所说："任何事情都必须依法而行。将此原则适用于政府时，它要求每个政府当局必须能够证明自己所做的事是有法律授权的，几乎在一切场合这都意味着有议会立法的授权。[④]

2. 法治政府是服务政府

这是从政府的目的和宗旨上来说的。在现代社会，"公民与政府的关系可以看成是一种委托—代理关系，公民同意推举某人以其名义进行代理，但是必须满足公民的利益并且为公民服务"。[⑤]为此，必须要建立某种制度确保服务效能的实现，这种制度的建设过程也正是政府法治化的过程。现代行政就是服务行政，现代行政法实质就是服务行政法。因此，管理就是服务，领导就是服务，是民主政治和法治社会的基本信念，服务人民是现代政府最重要的价值目标，也是现代政府合法性和合理性的坚实基础，行政为民是衡量政府

---

① 最高人民法院中国特色社会主义法治理论研究中心编写：《法治中国—学习习近平总书记关于法治的重要论述》，第 50 页，人民法院出版社，2014。
② 王勇：《法治政府建设》，第 10 页，国家行政学院出版社，2010。
③ 王勇：《法治政府建设》，第 11 页，国家行政学院出版社，2010。
④ [英]威廉·韦德：《行政法》，徐炳等译，第 25 页，中国大百科全书出版社，1997。
⑤ 参见[澳]欧文·E·休斯《公共管理导论》，彭和平、周明德、金竹青等译，第 268 页，中国人民大学出版社，2001。

管理行为正当性的最重要的价值尺度。[①]

3. 法治政府是透明政府

这是从政府活动的公开性上来说的。它要求政府的设置、职权及权力行使要达到一种公开透明的状态，做到阳光行政、透明行政。这包含三层含义：一是政府组织透明，即行政机关的设置要公开；二是政府职能透明，即行政机关具有哪些权力要公开；三是政府行为透明，即行政机关行使行政权力的过程及结果公开。行政公开是现代行政法的一项基本要求，是监督行政权、防止行政权滥用的有力武器。行政公开是保障公民合法权益得以实现的重要途径。在法治政府的框架下，每个公民、法人和其他组织都有法定的知情权。

4. 法治政府是责任政府

这是从政府行为控制和后果上来说的。法律赋予的职权，政府有责任和义务去履行。责任政府就是政府承担各种责任过程中所分别具有的行政权限以及履行对应义务的法治运作状态。将行政活动置于责任行政的基础上，正是政府的法治化体现。"责任行政原则是全部行政法产生的基础，是贯穿所有行政法规范的核心和基本精神。"[②]实质上统治者的合法性正取决于他们应尽责任的能力"。[③]正是政府的责任明确，才"使统治者被限制在他们的适当范围之内，不致为他们所拥有的权力所诱惑"。[④]

二、法治政府建设的重大意义

1. 实现国家富强必须加强法治政府建设

经济发展、国家富强是全面建成小康社会的必然要求，是社会主义现代化国家的基本标志。实现经济发展、国家富强，必须全面深化改革。全面深化改革需要坚持社会主义市场经济改革方向。市场经济是人类社会迄今为止发展社会生产力、激发人的创造力、增强社会活力最为有效的手段。而市场经济就是法治经济。发展市场经济必然要求用法律明确市场主体的产权关系、交换关系和竞争关系，从而也必然要求依法界定政府与企业、政府与社会的关系，以法律确保政府维护市场主体的合法权益，依法对各类市场主体进行管理和服务，创造公平竞争的环境，并通过法律制约政府对市场主体的不正当干预。因此，"没有健全的法制政府，就不会有完善的社会主义市场经济"。[⑤]

2. 保护公民合法权益必须加强法治政府建设

---

① 参见刘旺洪《法治政府的基本理念》，载《南京师范大学学报（社会科学版）》2006年第4期。

② 张树义主编：《行政法学新论》，第52页，时事出版社，1991。

③ 参见[法]让-马克·夸克《合法性与政治》，佟心平、王远飞译，第60页，中央编译出版社，2002。

④ 参见[英]洛克《政府论》（下篇），叶启芳、瞿菊农译．第87页，商务印书馆，1964。

⑤ 参见马凯《加快建设中国特色社会主义法治政府》，载《求是》2012年第1期。

法治政府的根本问题是人民和政府的关系。建设法治政府是我国民主政治发展的战略选择。发展社会主义民主，本质上是要维护人民当家做主的地位和各项权利，而建设法治政府是实现和保障人民权利的重要条件。法治政府要求行政权要依法取得，这就从根本上防止、制止和杜绝行政专横和行政专制；要求行政权要依法行使，这就在执法过程中有效防止了行政权侵害公民权；要求违法行政必须承担法律责任，这就从强化行政机关事后责任上保护了公民的合法权益。"依法行政正是通过对行政权取得、行使和违法责任追究的全方位控制，将行政权纳入法治化轨道，使行政权服从人民的意志和利益，从而把'执政为民'落到实处，切实保护并不断扩展公民的合法权益。"①

3.维护社会和谐必须加强法治政府建设

在我国，和谐社会是指在保持社会主义基本制度的前提下，社会系统中的各个部分、各个要素处于一种相互协调、其功能处于最大优化状态的社会。②一方面，法治政府建设有利于和谐社会建设的全面推进。和谐社会对社会治理、纠纷解决、弱者救助等方面的机制要求，有助于推动依法行政，促进法治政府建设。另一方面，法治政府建设是构建和谐社会的重要内容。通过建设法治政府，推动形成整体、全面、合理的制度安排，有利于政府和社会成员依法享有权利、行使权利、履行义务、承担责任，促使行政权力规范运行，各种利益关系依法调节，社会管理依法进行，从源头上预防和减少社会矛盾纠纷，从根本上维护社会和谐。③

4.建设法治中国必须加强法治政府建设

党的十八届三中全会明确提出"推进法治中国建设"，四中全会对全面推进依法治国、建设社会主义法治国家作了全面部署。建设法治政府对建设法治中国具有特别重要的意义。建设法治政府是建设法治国家的关键。行政机关在国家机关中规模最大、人数最多，履行着国家的内政外交的职能，法治政府建设的目标、任务完成了，法治国家建设的目标、任务也就绝大部分实现了。法治政府建设成功与否是衡量法治国家建设成功与否的最重要的指标。建设法治政府是建设法治社会的保障。政府是社会的管理者，社会建设怎样，政府起着关键作用。政府是社会的表率，社会的法治化有赖于政府行为法治化的引导。政府是法治社会的指导者和推动者，没有政府立规、执法、解纷、指导，法治社会不可能运作。政府是"公共物品和服务"的提供者，一个社会只有当它有了充足的保障社会公平正义的"公共物品和服务"供给时，才能称为完善的法治社会。④

---

① 袁曙宏:《法治规律与中国国情创造性结合的蓝本——论＜全面推进依法行政实施纲要＞的理论精髓》，载《中国法学》2004年第4期。

② 参见《构建社会主义和谐社会学习读本》，第28页，中共党史出版社，2005。

③ 参见马凯《加快建设中国特色社会主义法治政府》，载《求是》2012年第1期。

④ 参见姜明安《论法治国家、法治政府、法治社会建设的相互关系》，载《法学杂志》2013年第6期。

三、法治政府建设的基本特征

我国法治政府具有上述法治政府所具有的共性特征。法治政府必须是有限、服务、透明、责任的政府。但由于国情不同，我国法治政府又具有区别于其他国家特别是西方资本主义国家法治政府的特点。依据我国宪法，与其他国家相比，我国法治政府具有以下几个本质特征：

1. 体现为人民服务的根本宗旨

我国宪法规定，中华人民共和国的一切权力属于人民。人民依照法律规定，通过各种途径和方式，管理国家事务，管理经济和文化事务，管理社会事务。这决定了我国法治政府本质上是人民政府，其根本宗旨是为人民服务。法律授权，说到底是人民授权。依法行政，说到底是依照人民的意思和利益行政。政府的权力来自人民、为了人民、对人民负责，并受人民监督。一些西方国家政府虽然也讲"民有、民治、民享"，但由于其经济基础和政治制度的局限性，不可能成为真正的人民政府。

2. 以维护社会主义制度为主要基础

我国宪法规定，我国是工人阶级领导的、以工农联盟为基础的人民民主专政的社会主义国家。国家实行以公有制为主体、各种所有制经济共同发展的基本经济制度，实行人民代表大会的根本政治制度，实行社会主义市场经济体制。这决定了我国建设的法治政府必须以社会主义制度为基础，反映和实现社会主义经济基础和民主政治的要求，有利于巩固和发展社会主义制度。资本主义法治政府建立在资本主义制度之上，反映和维护的是以私有制为基本经济制度的经济关系，以及形式上平等而事实上不平等的政治制度。

3. 坚持党的领导、人民当家做主和依法治国有机统一的指导原则

贯穿于我国宪法的社会主义民主政治的根本原则是坚持党的领导、人民当家做主和依法治国的有机统一，这也是建设法治政府的根本指导原则。坚持党的领导，才能坚持正确的政治方向，依法治国和人民当家做主才能有可靠的政治保证；坚持人民当家做主，党的领导和依法治国才能有坚实的群众基础和根本归属；坚持依法治国，党的领导和人民当家做主才能有法治保障。任何资本主义法治政府都不可能将政党、人民、法治统一于政府建设之中。

4. 遵循政府主动推进与人民广泛参与的形成路径

资本主义国家的法治政府是资产阶级革命胜利后，适应资本主义政治和经济的发展需要，通过上百年自然演变的过程逐步形成的。我国法治政府则是在党领导人民夺取政权、建立社会主义国家和人民政府之后，为适应发展社会主义经济和民主政治需要而开启建设征程的，并且需要在短短几十年里走完西方国家一二百年走过的法治政府建设历程。由于

我们党的先进性、政府的人民性和建设时间的紧迫性，我国法治政府是在党的领导下，走一条自上而下政府主动推进与自下而上人民广泛参与相结合的道路。总之，我国法治政府是在党依法执政领导下，以人民民主为根基，以法律法规为准绳，以依法行政为核心的人民政府。①

第二节　社会主义核心价值观融入法治政府建设的目标及要求

一、社会主义核心价值观融入法治政府建设的基本目标

法治政府目标，是法治政府建设在一定时期所要达到的一种状态。法治政府建设是一个渐进的发展过程，但同样是一个需要不断确立新的目标加以着力推进的事业。法治政府目标的提出和确定，可以为法治政府建设明确一个基本的框架和指引。全面推进依法行政，基本实现建设法治政府的目标主要有以下几个方面：

1. 政府与市场、政府与社会的关系基本理顺

法治政府是有限政府，需要正确处理政府与市场、政府与社会的关系，发挥各自在经济发展、社会管理中的作用。在法治政府状态下，政企分开、政资分开、政事分开、政社分开，政府的宏观调控、市场监管、社会管理和公共服务基本到位，使市场在资源配置中起决定性作用，使社会在自我管理中发挥依法自治作用。中央政府和地方政府之间、政府各部门之间的职能比较明确，权限比较清楚。行为规范、运转协调、公正透明、廉洁高效的行政管理体制基本形成。

2. 制度建设符合法定权限和程序

在当今世界，政府不仅承担行政执法任务，而且还担负着一定的立法职能。在我国，约80%的法律议案、地方性法规议案都是由政府提出的，另外政府还依法具有制定行政法规、规章和规范性文件的权力。在法治政府状态下，政府提出法律议案、地方性法规议案，制定行政法规、规章、规范性文件等制度建设，应当符合宪法和法律规定的权限和程序，充分反映客观规律和最广大人民的根本利益，体现公平正义，为全面深化改革开放，加快发展社会主义市场经济、民主政治、先进文化、和谐社会、生态文明，全面建成小康社会提供制度保障。

3. 法律、法规、规章得到全面、正确实施

政府的行政管理涉及方方面面，在法治国家，大量的执法任务是由行政机关承担的，

---

① 参见马凯《加快建设中国特色社会主义法治政府》，载《求是》2012年第1期。

政府的行政执法工作日益繁重。在法治政府状态下，权责明确统一、行为规范、权威高效、保障有力的行政执法体制基本建立。法律、法规、规章得到全面、正确实施，法制统一，政令畅通，做到严格公正文明执法，公民、法人和其他组织合法的权利和利益得到切实保护，违法行为得到及时纠正、制裁，经济社会秩序得到有效维护。

4. 科学、民主的行政决策机制和制度基本形成

为了履行好政府职能，保障和促进经济社会发展，行政机关需要适时公示行政决策。在法治政府状态下，科学化、民主化、规范化的行政决策机制和制度基本形成，决策行为受到法律约束，人民群众的要求、意愿得到及时反映，社会风险得到有效控制。政府提供的信息全面、准确、及时，制定的政策、发布的决定相对稳定，行政管理做到公开、公平、公正、便民、高效、诚信。

5. 防范和化解社会矛盾的机制基本健全

法治国家是一个矛盾和纠纷能够依法得到有效处理和化解的国家，是一个合法权益能够得到保障和维护的国家。在法治政府状态下，畅通有序的诉求表达、心理干预、矛盾调处、权益保障机制基本形成，行政机关运用法治思维和法治方式处理社会矛盾，社会矛盾得到有效防范和化解。公共安全体系基本健全，人民安居乐业，社会安定有序。

6. 行政责任和监督制度完善

法治政府是一个把权力关进制度笼子里的政府，是一个责任政府。在法治政府状态下，行政权力与责任紧密挂钩，与行政权主体利益彻底脱钩。科学有效的行政权力运行制约和监督机制比较完善，政府的外部监督、层级监督和专门监督明显加强，行政监督效能显著提高。惩治和预防行政权力腐败体系比较健全，行政违法失职行为得到及时有效查处。

7. 依法行政观念和能力明显提高

依法行政、法治政府建设需要从根本上转变行政机关工作人员的思想观念和办事方式。在法治政府状态下，行政机关工作人员特别是各级领导干部依法行政的观念明显提高，尊重法律、崇尚法律、遵守法律的氛围基本形成；依法行政的能力明显增强，善于运用法治思维和法治方式管理经济、文化和社会事务。行政机关及其工作人员依法行政观念、能力和水平被社会基本认可，人民群众对法治政府建设基本满意。

二、社会主义核心价值观融入法治政府建设的基本要求

西方国家经过几百年实践的积累沉淀，确立了依法行政的普遍性理念和要求。[1] 在大陆法系国家，这些依法行政基本理念和要求主要表现为法律优先、法律保留、比例原则、信赖保护原则等；在英美法系国家，这些依法行政基本理念和要求主要表现为越权无效、

---

[1]　参见袁曙宏、赵永伟《西方国家依法行政比较研究——兼对我国依法行政的启示》，载《中国法学》

合理性原则、程序正当和不准翻供原则等。同样，我国法治政府建设也必须以依法行政的基本理念和要求作为指导。借鉴西方的经验，结合我国的实践，根据党中央和国务院关于一系列依法行政、建设法治政府的要求，我国法治政府的基本要求有以下几个方面：

1. 合法行政

合法行政是行政法中最基本、最古老的理念。合法行政要求行政机关实施行政管理，应当依照法律、法规的规定进行；没有法律、法规的依据，行政机关不得做出影响公民、法人和其他组织合法权益或者增加公民、法人和其他组织义务的决定。合法行政需要遵循三个原则：一是法律优先的原则。法律优先，直观的意义是法律对行政权处于优先的地位，实质的意义是指行政应受既存法律的规制，不得违反。法律优先实际上是对行政违法的禁止，它是消极意义上的依法行政原则。二是法律保留。法律保留的基本含义是，行政机关只有得到法律的授权才能活动。也就是说："凡属宪法、法律规定只能由法律规定的事项，则或者只能由法律规定，或者必须在法律明确授权的情况下，行政机关才有权在其所制定的行政规范中作出规定。"[1]法律保留是积极地要求行政活动具有法律依据。三是越权无效。超越法定职权的行政行为，或者说无法律授权的行政行为，带来的法律后果是无效。

2. 合理行政

合理行政是现代行政法对控制行政自由裁量滥用的有力回应。在大陆法系德国和法国行政法中，与这一原则相类似的是平衡原则或比例原则。[2]"合理行政要求行政行为不仅要符合形式正义，达到基本的合法性标准，而且要求行政行为符合实质正义，达到更高的合理性标准。"[3]合理行政的具体要求是：行政机关实施行政管理，应当遵循公正、公平的原则，要平等对待行政管理相对人，不偏私，不歧视。行政自由裁量权应当符合法律目的，排除不相关因素的干扰；所采取的措施和手段应当必要、适当；行政机关实施行政管理可以采用多种方式实现行政目的的，应当避免采用损害当事人权益的方式。

3. 程序正当

程序正当理念源于英美法中古老的自然公正原则和正当程序原则，是现代行政法中实现形式正义的核心原则。没有程序正当，就不可能有"看得见的正义"。[4]美国哲学家罗尔斯在1971年出版的《正义论》一书中提出了"程序正义"的概念。程序正当要求行政机关实施行政管理，除依法应当保密的外，应当公开，注意听取公民、法人和其他组织的意见；需严格遵守法定程序，依法保障行政管理相对人、利害关系人的知情权、参与权和

---

① 参见应松年主编《行政法学新论》，第47页，中国方正出版社，1998。

② 关于德国行政法中的平衡原则的含义和要求，参见于安编《德国行政法》，第29—31页，清华大学出版社，1999。

③ 袁曙宏：《法治规律与中国国情创造性结合蓝本——论〈全面推进依法行政实施纲要〉的理论精髓》，载《中国法学》2004年第4期。

④ "看得见的正义"，源于英美著名法谚：正义不仅应得到实现，而且要以人们看得见的方式加以实现。

救济权。行政机关履行职责，与行政管理相对人存在利害关系时，应当回避。

4. 高效便民

公正与效率是现代政府追求的两大价值目标。一方面，为了及时应对变化、解决问题、维护秩序，行政管理必须具有效率，对效率的追求是行政机关实施行政管理的重要特质。同时，依法行政所有的价值追求都可最终归为公民权益的最大化，现代行政法实质上是服务行政法，它的价值在于维护社会公平正义，增进社会福利。"便民"则是集中体现了依法行政的终极价值追求。高效便民要求行政机关实施行政管理，应当遵守法定时限，积极履行法定职责，提高办事效率，提供优质服务，方便公民、法人和其他组织。

5. 诚实守信

诚实守信原为民事法律关系中最普遍、最基本的原则，随着经济社会的发展，西方很多国家将这一原则广泛运用到行政法领域，成为依法行政基本要求之一。美国行政程序法、德国行政程序法中都有关于行政诚信的规定。诚实守信要求行政机关公布的信息应当全面、准确、真实；非因法定事由并经法定程序，行政机关不得撤销、变更已经生效的行政决定；因国家利益、公共利益或者其他法定事由需要撤回或者变更行政决定的，应当依照法定权限和程序进行，并对行政管理相对人因此而受到的财产损失依法予以补偿。

6. 权责统一

法治政府是责任政府，必然要求权利与义务统一，职权与职责统一。权责统一要求行政机关依法履行管理职责，要由法律、法规赋予其相应的执法手段；行政机关违法或者不当行使职权，依法应当承担法律责任，实现权力与责任的统一；真正做到执法有保障、有权必有责、用权受监管、违法受追究、侵权须赔偿。

第三节　社会主义核心价值观融入法治政府建设的基本路径

法治政府建设，需要根据依法行政的目标和要求，明确当前和今后一段时期的重点任务。党的十八届四中全会《关于全面推进依法治国若干重大问题的决定》明确提出"加快建设职能科学、权责法定、执法严明、公开公正、廉洁高效、守法诚信的法治政府"。这为全面深化改革和全面推进依法治国背景下，进一步推进依法行政、加快法治政府建设指明了新的方向，提出了新的任务，标志着我国法治政府建设进入到一个全面提速的新阶段。

一、提高法治思维的意识和依法行政的能力

党的十八大报告明确要求"提高领导干部运用法治思维和法治方式深化改革、推动发

展、化解矛盾、维护稳定能力"。这对行政机关工作人员特别是领导干部依法行政的意识和能力提出了很高的要求。行政机关工作人员特别是领导干部要带头学法遵法守法用法，牢固树立以依法治国、执法为民、公平正义、服务大局、党的领导为基本内容的社会主义法治理念。把能不能遵守法律、依法办事作为考察干部重要内容，优先提拔使用法治素质好、依法办事能力强的干部。拟任地方人民政府及其部门领导职务的干部，任职前要考察其掌握相关法律知识和依法行政情况。公务员录用考试要注重对法律知识的测试，对拟从事行政执法、政府法制等工作的人员，还要组织专门的法律知识考试。完善各级行政机关领导干部和行政执法人员学法制度，组织学习宪法、通用法律知识和与履行职责相关的专门法律知识。普遍建立政府法律顾问制度。切实加强依法行政工作的组织领导和督促检查，强化行政首长作为推进依法行政第一责任人的责任，把依法行政成效纳入政绩考核指标体系。县级以上地方政府每年要向同级党委、人大常委会和上一级政府报告推进法治政府建设的情况，政府部门每年要向本级政府和上一级政府部门报告推进法治政府建设的情况。

二、 加快转变政府职能

1. 进一步深化行政审批制度改革

目前，中央和地方已多次开展行政审批制度改革，取消和下放了一大批行政审批。今后，根据十八届三中全会的要求，一是确立企业投资主体地位。企业投资项目，除关系国家安全和生态安全，涉及全国重大生产力布局、战略性资源开发和重大公共利益等项目外，一律由企业依法依规自主决策，政府不再审批。二是进一步简政放权。最大限度减少政府对微观事务的管理，市场机制能有效调节的经济活动，一律取消审批，对保留的行政审批事项要规范管理、提高效率；直接面向基层量大面广、由地方管理更方便有效的经济社会事项，一律下放地方和基层管理。三是清理非许可类行政审批。将非许可类的行政审批纳入行政许可法调整范围，予以规范和控制。目前的实际情况是，"行政许可法实施后，出现了很多非行政许可的审批事项，这些事项不受行政许可法约束，又没有相关的程序规定，几近完全失控"。[①] 能否切实治理这些非行政许可类审批，决定着新一轮行政审批改革的成败。

2. 全面正确履行政府职能

在社会主义市场经济体制下，政府的职能主要是加强发展战略、规划、政策、标准等制定和实施，加强市场活动监督，加强各类公共服务提供，维护公共安全和社会秩序。中央政府主要是加强宏观调控职责和能力，健全以国家发展战略和规划为导向、以财政政策和货币政策为主要手段的宏观调控体系。地方政府主要是加强公共服务、市场监督、社会管理、环境保护等职责，维持良好的经济、社会秩序，体现对社会公众更好的服务。全面

---

① 参见周佑勇《深化改革背景下法治政府建设的新任务》，载《中国焦点》2014年第1期。

正确履行政府职能，还必须进一步创新有效的政府治理方式，推动公共服务的社会化、市场化，凡属事务性管理服务，原则上都需引入竞争机制，通过合同、委托等方式向社会购买。

3.实现行政组织法定化

转变政府职能必须深化政府机构改革，实现行政组织法定化。改革开放以来，我国已进行了七次政府机构改革。今后，改革的重点方向是优化政府机构设置、职能配置、工作流程，完善决策权、执行权、监督权既相互制约又相互协调的行政运行机制。积极稳妥实施大部门制，探索推进省直接管理县（市）体制改革。推进行政组织编制管理法制化是深化政府机构改革的重要环节和根本保障。完善行政组织法律法规制度，推进机构、职能、权限、程序、责任法定化，推进各级政府事权规范化、法制化，这是防止机构膨胀、人员超编的法制保障，也是依法行政的重要基础。

三、加强和改进制度建设

1.提高制度建设质量

突出政府立法重点，着力在促进深化改革、改善民生以及政府自身建设方面的立法取得更大进展。政府立法要符合经济社会发展规律，充分反映人民意愿，着力解决经济社会发展中的普遍性问题和深层次矛盾，切实增强法律制度的科学性和可操作性。严格遵守法定权限和程序，完善公众参与政府立法的制度和机制，保证人民群众的意见得到充分表达、合理诉求和合法利益得到充分体现。坚决克服政府立法过程中的部门利益和地方保护倾向。积极探索开展政府立法成本效益分析、社会风险评估、实施情况后评估工作。

各级行政机关要严格依法制定规范性文件。各类规范性文件不得设定行政许可、行政处罚、行政强制等事项，不得违法增加公民、法人和其他组织的义务。制定对公民、法人或者其他组织的权利义务产生直接影响的规范性文件，要公开征求意见，由法制机构进行合法性审查，并经政府常务会议或者部门领导班子会议集体讨论决定。逐步实行统一登记、统一编号、统一发布，探索建立规范性文件有效期制度。

2.强化行政法规、规章和规范性文件备案审查和清理

严格执行备案规定，加强备案审查工作，做到有件必备、有错必纠，切实维护法制统一。对违法的规章和规范性文件，要及时报请有权机关依法予以撤销并向社会公布。加强对行政法规、规章和规范性文件的清理。对不符合经济社会发展要求，与上位法相抵触、不一致，或者相互之间不协调的行政法规、规章和规范性文件，要及时修改或者废止。建立规章和规范性文件定期清理制度，对规章一般每隔5年、规范性文件一般每隔2年清理一次，清理结果要向社会公布。

四、坚持依法科学民主决策

1. 规范行政决策权限和程序

要坚持依法决策，做到权限合法，不得越权决策；实体合法，不得做出与法律及其精神相抵触的决策；程序合法，不得违反程序决策。完善科学民主的决策机制，把公众参与、专家论证、风险评估、合法性审查和集体讨论决定作为重大决策的必经程序。重大决策要经政府常务会议或者部门领导班子会议集体讨论决定。重大决策事项应当在会前交由法制机构进行合法性审查，未经合法性审查或者经审查不合法的，不能提交会议讨论、做出决策。

2. 完善行政决策风险评估和跟踪反馈机制

凡是有关经济社会发展和人民群众切身利益的重大政策、重大项目等决策事项，都要进行合法性、合理性、可行性和可控性评估，重点是进行社会稳定、环境、经济等方面的风险评估。在重大决策执行过程中，决策机关要跟踪决策的实施情况，全面评估决策执行效果，并根据评估结果决定是否对决策予以调整或者停止执行。建立重大决策终身责任追究制度及责任倒查机制，对出现重大决策失误或依法应及时做出决策但久拖不决造成重大损失、恶劣影响的，要按照谁决策、谁负责的原则严格追究责任。

五、深化行政执法体制和机制改革

1. 深化行政执法体制改革

党的十八届三中全会提出："深化行政执法体制改革。整合执法主体，相对集中执法权，推进综合执法，着力解决权责交叉、多头执法问题，建立权责统一、权威高效的行政执法体制。"这是对当前食品药品、安全生产、环境保护等领域存在的执法不力及城管暴力执法等问题的积极回应。根据党的十八届三中全会、四中全会的要求，当前，深化行政执法体制改革以解决权责交叉、多头执法为重点，以建立权责统一、权威高效的行政执法体制为目标。在横向上，应当合理界定执法权责，明确执法责任；深入推进重点领域综合执法，探索推进跨部门及区域、流域综合执法，大幅减少市县两级政，府执法队伍种类；理顺城管执法体制，提高执法和服务水平。在纵向上，根据不同层级政府的职能和事权，合理配置执法力量，减少行政执法层级，推进执法重心向市县政府下移，着力提高基层执法能力，特别是要加强食品药品、安全生产、环境保护、劳动保障、海域海岛等重点领域基层执法力量。

2. 深化行政执法机制改革

首先，完善执法程序，加快行政程序法制建设。我国已颁布实施行政处罚法、行政许可法和行政强制法，主要类型的行政行为已纳入法治轨道，但行政决策、行政规划、行政检查、行政指导、行政收费等行为都还无法可依，缺少程序规制。因此，需要加快推进行政程序立法，进一步健全行政程序法律制度，这对全面构建法治政府的制度基础，具有重大而深远的意义。其次，规范执法自由裁量权。在国务院的推动下，目前，全国各地各级行政机关几乎都颁布了自己的行政执法裁量基准，这是行政机关对裁量权行使进行自我约束、自我规制的一种重要的制度创新。今后，需要进一步科学合理量化细化行政裁量标准，规范裁量范围、种类、幅度，建立裁量权案例指导制度，严格规范裁量权的使用，避免执法的随意性。第三，创新执法方式和落实执法责任制度。大力推进行政执法信息化，探索实行行政执法案例指导制度，全面推行全程说理性执法、行政监管劝勉、执法事项提示等柔性执法方式。完善执法经费由财政保障的机制，切实解决执法经费与罚没收入挂钩问题，严禁下达或变相下达罚没指标。充分利用信息化手段开展执法案卷评卷、质量考核、满意度测评等工作，加强执法评议考核，严格落实执法责任制。

六、全面推进政务公开

建立行政权力清单公示制度。对于所有的行政权力，包括行政审批、行政收费、行政处罚、行政强制等，以及相应的法律、法规依据，各级政府及其部门都要形成权力清单，并依法向社会公开，让公众了解和知晓。加大政府信息公开力度。重点推进财政预算、公共资源配置、重大建设项目批准和实施、社会公益事业建设等领域的政府信息公开。政府全部收支都要纳入预算管理，所有公共支出、基本建设支出、行政经费支出的预算和执行情况，以及政府性基金收支预算和中央国有资本经营预算等情况都要公开透明。对人民群众申请公开政府信息的，要依法在规定时限内予以答复，并做好相应服务工作。所有面向社会服务的政府部门都要全面推进办事公开制度，依法公开办事依据、条件、要求、过程和结果，充分告知办事项目有关信息，做到决策公开、管理公开、服务公开、结果公开。进一步加强电子政务建设，方便人民群众通过互联网办事。把政务公开与行政审批制度改革结合起来，推行网上电子审批、"一个窗口对外"和"一站式"服务。规范和发展各级各类行政服务中心，对与企业和人民群众密切相关的行政管理事项，要尽可能纳入行政服务中心办理，改善服务质量，提高服务效率，降低行政成本。

七、依法预防和化解社会矛盾纠纷

如何有效预防和化解社会矛盾，是法治政府建设中需要高度关注的问题。社会矛盾说到底大多是利益之争，治本的方法是把握群众利益诉求点，协调平衡利益关系。党的十八届三中全会明确要求："建立畅通有序的诉求表达、心理干预、矛盾调处、权益保障机制，使群众问题能反映、矛盾能化解、权益有保障。"根据《决定》的要求，重点应当推进以下三项体制、机制的改革：一是改革行政复议体制，健全行政复议案件审理体制。主要是探索开展相对集中行政复议审理工作，建立独立的行政复议委员会，以增强复议机构独立性和权威性。自 2008 年部分省市启动行政复议委员会试点工作以来，全国已有 24 个省份 190 多个单位开展了这项试点工作，取得了明显的成效。因此，应当尽快修改《行政复议法》，明确规定："县级以上人民政府设置独立的行政复议委员会，统一管辖本行政区域内的行政案件。"与此同时，完善行政复议程序，畅通复议申请渠道，改进审理方式，充分发挥行政复议在解决矛盾纠纷中的作用。二是完善人民调解、行政调解、司法调解联动工作体系，建立调处化解矛盾纠纷综合机制。其中，尤其是需要完善行政调解制度，把行政调解作为地方各级政府和有关部门的重要职责，建立由政府负总责、政府法制机构牵头、各职能部门为主体的行政调解工作体系。要认真贯彻实施人民调解法，科学界定调解范围，明确规范调解程序，对人数众多影响重大的纠纷积极主动进行调解。三是改革信访工作制度，把涉法涉诉信访纳入法制轨道解决。这其中最主要是建立信访复议诉讼联动机制，引导群众通过复议诉讼渠道反映诉求，解决争议，做到依法维权，在此基础上建立涉法涉诉信访依法终结制度。最后，在社会矛盾的化解过程中，特别是在行政管理相对人与行政机关发生争议过程中，行政机关应当支持法院依法独立行使审判权，尊重并自觉履行法院的生效判决、裁定，认真对待法院的司法建议。

第六章　社会主义核心价值观融入法治社会建设

第一节　法治社会建设的内涵、意义及特征

一、法治社会建设的基本内涵

完整的法治社会应包括三个方面：

（1）制度层面。社会生活的方方面面均有国家正式法律与社会自治规则及习惯等形成的完备的、融贯的、科学的规则系统。在这一层面，多元的规则所形成的广义规则系统具有基本的共同属性要求，即良善规则或法之合法。

（2）心理层面。社会群体和成员在思想、观念上对规则之治的理念与精神的认同，并由此在行动和生活中自觉服从与实践，即法之认同。

（3）秩序层面。由上述二者作为内在支撑的社会自主运行，社会各类组织、成员与国家各职能部门形成自治与统治分工协作，即跨越统治与自治之共治秩序。[①]

（一）制度层面：建设良法体系

法治社会既是一种理想、一个目标，又是一个动态的、系统的过程。就制度层面而言，法治社会有关社会组织方面的法律体系必须是良法，正如党的十八届四中全会所提出的，"法律是治国之重器，良法是善治之前提"。[②] 而良法的判断是看它所追求的目标是不是符合正义：（1）真实反映各种现实利益关系及其变化趋势，并满足"以保护国民利益为出发点、以国家为规制对象"的法治要求。（2）法律的规定准确反映特定的社会结构及其变化趋势，并做到合法、合情、合理。（3）充分反映人们共同的价值观，并尊重与保护人权，为民众及时、有效地保障自我权利开辟制度通道。（4）应该重视社会组织立法，以更好地服务于社会组织的发展需求。

利益关系问题是法律变革中重大的理论与现实问题，真实反映各种现实利益关系及其变化趋势，是良法体系建构的关键。这其实就是对马克思主义中的法律制度反映了、也应

---

① 参见江必新、王红霞《法治社会建设论纲》，载《中国社会科学》，2014年第1期。

② 参见《中共中央关于全面推进依法治国若干重大问题的决定》（2014年10月23日），第8页，人民出版社，2014。

当反映特定社会经济结构这一思想的光大和应用。利益关系是社会关系的本质。马克思指出："人们奋斗所争取的一切，都同他们的利益有关。"[①]法律变革从本质上说就是对社会利益结构的规范，法律变革执行的最终结果就是对利益的调整与稳定。要使法律满足"以保护国民利益为出发点、以国家为规制对象"的法治要求，必须做到以下两点：（1）兼顾不同主体的利益需求。法律变革应综合国家利益、公共利益和个人利益之间的关系，决不能以国家或公共的利益代替其他利益主体的利益需求。（2）正确处理强势群体利益和弱势群体集体利益之间的关系。

准确反映特定的社会结构及其变化趋势，并做到合法、合情、合理，这是法律获得合法性与有效性的首要条件。其实，在立法时，赖以建构的社会事实已经发生，他们必须把所有线索像拼图一样，点点滴滴地拼成一个整体，以窥其全貌。如不能将社会上新出现的社会需要、利益结构、权利保障的要求体现到法律变革中来，或者在很长时间里都不能满足主要群体的人权保障期望，那么，法律发展必将产生合法性危机，从而无法获得有效性。立法不过是一个信息发生和执行器，只有确保源头信息的准确，才会增大产生最后想要的效果的概率。相反，低估社会结构分化之间的"断裂与失衡"所造成的影响，可能会造成法律变革因表象化过度集聚所导致的"膨胀病"，最终造成了法律功利化调整过频而形成法律实效衰减的结果。

充分反映人们共同的价值观，这是法律体系获得服从者信仰和自愿遵从的充分且必要条件，也是良法体系建设的题中应有之义。关于法律变革的合法性问题，形式上是一个如何进行法律变革的问题，实质上是一个如何保证把民众的共同价值观转化为具体的、可操作的法律规范的问题。充分反映民众共同的价值观，这是立法意义上尊重与保护基本人权的需要，即对所在社会人们所享有的基本权利做出明确规定，并竭力维护，不应以为了保护多数人的利益或少数服从多数为借口侵犯少数人的基本权利。[②]这就要求法律变革不仅要强调人人平等、尊重人权及由此而产生的批判性、超越性和对人的人本关怀，而且需要把人的"自由而全面发展"作为法律变革的基本价值观的核心理念，重视以人为本，从而使法律成为合目的性与合规律性的有机统一、价值原则和科学原则的有机统一、人文精神和科学精神的有机统一。

单就社会方面的立法建设而言，消费者保护、劳工纠纷、环境污染、社会保障等社会问题丛生，迫使国家从消极的"守夜人"转变为积极的"干预者"，于是作为国家干预的依据和限度的公法规范日益增多，出现了有关社会组织立法的需求。正如有的学者所指出的，"限制和约束公共权力……需要强化社会公众对公共权力的制约，而公众只有组织成各种社会组织才能有效制约和抗衡国家公共权力，这也需要发展规范各种社会组织，进而，制定相应的国家法对其规范也就成了客观必要。"[③]当然，就社会组织立法体系的建设而言，

---

① 《马克思恩格斯全集》第 1 卷，第 82 页，人民出版社，1960。

② 参见严存生《法治社会的"法"与"治"》，载《比较法研究》2005 年第 6 期。

③ 参见肖北庚《法治社会：法治演进的逻辑必然》，载《法制与社会发展》2013 年第 5 期。

国家法乃是一个方面，地方法、习惯法、惯例、内部规章等都是社会组织立法体系的必要组成部分。正如有的学者所言，"社会中的习惯、道德、惯例、风俗等社会规范从来都是一个社会的秩序和制度的一个部分，因此也是其法治的构成性部分，并且是不可缺少的部分……没有这些非正式制度的支撑和配合，国家正式的制度也就缺乏坚实的基础。"①

（二）心理层面：民众信仰法律

《中共中央关于全面推进依法治国若干重大问题的决定》指出："法律的权威源自人民的内心拥护和真诚信仰。人民权益要靠法律保障，法律权威要靠人民维护。"从公民权利意识觉醒到维权理性不足，这也是缺乏法律信仰的表现。法律信仰是一个法治社会的价值体系，这是一个与法律意识相关的范畴，法律意识是指人们对于各种社会现象，包括生产与生活以及由此发生的各种社会交往现象，从法律的角度感觉、认知、评价并且用以支配自己行为方式的心理活动，是人们将自己置身于法律世界、法律生活和法律秩序中的自觉性，其主要内容是对现实法律制度以及环绕于法律制度的各种法律现象的分析、思考、评价和期望。②民众信仰法律，才能建设真正意义上的法治社会。而法律信仰是自然人的行为，是一种偏好（preference），对于该偏好的研究，就是理性抉择理论关切的焦点。

法律信仰的形成与民众对法律的信任具有密切关系。西方学者将信任归纳为三种类型，包括：基于恐吓的信任（deterrence-based trust），基于知识的信任（knowledge-based trust），以及基于认同的信任（identification-based trust）。这三种信任都是建立在信任对象行为的一致性之上，认为社会信任的维持有赖于双方权衡破坏承诺时可能遭受到的威胁或惩罚，行为的相互依赖性，以及相互利益的认同与实现。虽然西方学者所提出的信任基础无论是理性的计算利益，惩罚的阻却，或个人的特性与善意，都是以方法论的个人主义作为基础，但却对本研究的理论建构有所启发。

法律权威不是一种基于恐吓的权威，而是一种基于认同的权威，这就涉及刑法权威的根源公众认同。认同是一种制度性的资产，在认知心理学上，认同其实是人类的情感与理性共同作用的结果，当感情与理性都高涨时，产生的意识形态的信任是惊人的。涂尔干指出，社会成员平均具有的信仰和感情的总和，构成了他们自身明确的生活体系，这种生活体系便是集体意识或共同意识。特别在对于中国这样一个道德同质性程度较高的共同体或社会中，这种集体意识的力量更为强大。③如果说在野蛮的古代社会，法律权威依靠麻醉性的宗教神谕和武力强制尚可勉强维持的话，那么在现代社会，没有社会成员对法律规范的合法性认同，则寸步难行，法律权威只有满足了集体意识中的正义情感与价值诉求，获得了普遍的公众认同，才可能具有存在的正当性与合法性。④

法治社会建设不仅仅是一个如何增进法律信仰的问题，而且是一个如何保证把人类一

---

① 参见苏力《道路通向城市——转型中国的法治》，第 26 页，法律出版社，2004。
② 参见苗连营《公民法律意识的培养与法治社会的生成》，载《河南社会科学》2005 年第 5 期。
③ 参见 [法] 埃米尔·涂尔干《社会分工论》，渠东译，第 42 页以下，三联书店，2000。
④ 参见梁根林《合理地组织对犯罪的反应》，第 284 页，北京大学出版社，2008。

般性的公平正义原则转化为民众自觉守法的问题。毕竟，法律能否被信仰，关键是看法律能否做到公平、公开、公正，能否做到法律面前人人平等，也即法外无权、法外无情、法外无钱、法外无人、法外无法。只有这样，它才能得到有理性的人们的普遍信仰和有效遵从，同时也才能使法治社会成为现实。在这里，不仅公民必须自觉将遵守法律作为自己的心理和行为依赖路径，养成遵从法律、依法办事的习惯；而且公民能够通过法律规定的途径，通过有序的公众参与和民主形式，表达意愿、意见和建议，并能够被有效地凝练在立法和政府决策之中。[①]这一基本价值理念对法律信仰的确立起根本性的定向、规范和引导作用。

（三）秩序层面：强化协约自治

国家与社会共治就是一种有助于促进经济发展和民主治理的治理资源，通过信任、参与网络、社会规范等要素培养公民的公共精神和公民意识，进而促进公民的民主参与，完成法治社会建设的目标。[②]"法治社会内含着摒弃对政府管理社会职能的主观想象，将此职能目标化，即重新回到秩序面，透过目标界定与制度供给，即法治来保证社会的良性运行。"[③]无论是法治国家还是法治政府建设都要求控制和制约国家公共权力，这种制约离不开公民的有效参与。同时，法治政府建设过程中政企分开、政事分开也必然要求社会事务要由社会组织运用社会资源和社会权力来治理，自发的社会规范也应当成为国家法的补充和社会自我治理的准则，国家则对公共事务的私法化承担担保责任。社会善治与单纯意义上的行政管理具有明显区别：前者是社会本位的，以社会服从国家利益为出发点，是"大国家、小社会"的模式；后者是社会本位的，以国家服务于社会为出发点，是"小国家、大社会"的模式，它强调以社会视角寻求问题的解决对策。

与国家权力主导的统合模式不同，协约自治以基层社会自治为主轴，以契约精神存在为前提，主要在于培育和发挥社会双方的谈判、协商能力，通过争议权的行使缔结团体协约，国家的作用主要是制定促使双方公平博弈的游戏规则和最终意义上的司法保障。凡社会能自治的领域都应当还权于社会，由社会自我治理。正如有学者所指出，"法治是一种自治性的善治，它需要公民参与治理过程，公众参与社会管理也成为法治的重要内容。"[④]毕竟，国家治理现代化过程类似于一个生命机体，而"功能是理解所有的有生命的体系的中心概念"。[⑤]在传统社会向现代社会转型的过程中，在政治民主化、经济市场化、社会信息化的大背景下，法律的制定、实施的达成和实现需要广泛的公民参与来支持。而从国家治理现代化角度看，公民参与社会管理创新过程，实际上是公民在利益表达上积极性和有效性的反映，是国家治理现代化的一个重要尺度，对实现法治社会的意义重大。因此，

---

① 参见余凌云《法治国家、法治政府与法治社会一体建设的途径》，载《法学杂志》2013 年第 6 期。

② 参见孟天广、马全军《社会资本与公民参与意识的关系研究——基于全国代表性样本的实证分析》，载《中国行政管理》2011 年第 3 期。

③ 江必新、王红霞：《法治社会建设论纲》，载《中国社会科学》2014 年第 1 期。

④ 肖北庚：《法治社会：法治演进的逻辑必然》，载《法制与社会发展》2013 年第 5 期。

⑤ 参见［美］玛格丽特·波洛玛《当代社会学理论》，孙立平译，第 134 页，华夏出版社，1989。

在人类社会的绵延发展中，公民参与国家治理过程走向政策民主、科学、文明的保障，是公民进入政策过程、参与治理、维护权益的基本路径。

当然，在这种协约自治模式中，多层次依法治理具有极其重要的作用。也因此，《中共中央关于全面推进依法治国若干重大问题的决定》指出："坚持系统治理、依法治理、综合治理、源头治理，提高社会治理法治化水平。深入开展多层次多形式法治创建活动，深化基层组织和部门、行业依法治理，支持各类社会主体自我约束、自我管理。发挥市民公约、乡规民约、行业规章、团体章程等社会规范在社会治理中的积极作用。"

二、法治社会建设的重大意义

（一）法治是社会管理创新的前提和保障

中外发展的历史表明，任何改革创新都离不开法治的保障，都向法制提出自己的需求，而成功的改革创新都注意运用法律的手段去推动改革创新，巩固改革创新的成果，发挥法律的保障作用，社会管理创新同样需要法律保障。

第一，社会管理创新需要用法律开辟道路。构建具有中国特色社会主义社会管理体系是一项全新的系统工程，是我国经济建设、政治建设、文化建设、生态文明建设等五位一体的中国特色社会主义事业总体布局的重要组成部分。其战略地位和战略意义极为重要，事关党的执政地位的巩固，事关国家长治久安，事关人民安居乐业，事关中国特色社会主义事业的健康发展。但在社会管理中还存在许多不适应的地方，阻碍着社会管理创新的进程。

一是社会管理的理念还没有转变，存在着重经济建设，轻社会建设和管理的现象，社会建设屈从于经济建设的总体地位仍未根本改变，往往"谈起来重要，做起来次要，忙起来不要"，产生了一系列社会问题，影响了经济建设和社会发展。二是社会管理方式落后，目前我们的社会主体还比较单一，主要是政府，而且政府具有包揽一切社会管理事务的强烈冲动，政府行政的越位、缺位、错位现象比较普遍，不重视社会组织的作用。社会管理方式也较为陈旧，仍停留在防民型的压制管理方式，片面强调刚性维稳，缺少协商、对话等柔性机制。三是社会政策和社会资源匮乏，供给不足。这些年以经济建设为中心，强调经济政策和经济立法优先，而较少出台社会政策和社会立法，造成社会政策和社会立法严重滞后。

我国改革的伟大实践证明，运用法律扫清改革道路上的障碍是改革的重要保障。改革开放之初，邓小平同志就明确提出了要法制不要人治，要加强社会主义民主和法制，使民主法律化、制度化的主张。同时提出了解放思想、实事求是的思想路线，冲破了"两个凡是"的束缚。同时他亲自领导修改宪法，确认了改革开放政策的宪法地位，为改革开放，建设中国特色社会主义提供了法律依据和根本的法律保障。当前，社会管理创新也必须以法律为保障，才能使社会管理创新具有合法性、权威性、可预期性和可操作性，保证社会管理创新可持续发展。

第二，社会管理创新需要用法律的形式肯定和巩固创新的成果，并通过法制的强制力以保证社会管理创新格局的长期稳定和有效。邓小平同志认为，改革需要大胆地试、大胆地闯，同时又必须在宪法和法律规定的范围内进行，各项改革政策的出台都必须以现行法律为依据。改革要成功，就必须有领导、有秩序地进行。各级政府部门、各级领导干部、特别是高级领导干部，必须严格遵守党纪国法，为了保证改革有条不紊地进行，要运用法律保护改革者和当事人的积极性和创造精神。同时，要及时总结群众在改革中的实践经验和创造成果，并通过法律程序把党的政策、方针和人民的意愿上升为国家的意志；及时运用法律确认改革中出现的新的经济关系，调动市场主体的积极性；而对于那些不适应形势发展的某些法律、法规，则需要及时加以修正、完善或废止。邓小平同志这一系列论述深刻阐明了法治与改革的辩证关系，使法律成为保障改革，巩固和确认改革成果的重要保障。这些精辟论述对社会管理创新具有重要的指导意义。社会管理创新必然会建构新的社会管理机制和制度，其中必然有一部分核心的和重要的机制、制度要以法律的形式固定下来。如十八大报告提出的"党委领导、政府负责、社会协调、公众参与、法治保障的社会管理体制""政府主导、覆盖城乡、可持续的基本公共服务体系""政社分开、权责明确、依法自治的现代社会组织体制""源头治理、动态管理、应急处置相结合的社会管理机制"，等等。

一方面用法律制度巩固了创新成果，另一方面，这些重要的机制、制度通过法律将其规范化，并合理适当地配置权限、程序和责任才能保证其依法和更加有效地实施，防止走回头路。同时，当社会管理创新与不合时宜的法律、法规发生冲突时，应根据实际情况尽快修改或者废止上述法律，打通社会管理创新的法律通道，使社会管理创新始终在法治的轨道上运行。

（二）法治是调整社会主体协同治理的稳定器

"社会管理创新是指政府和社会组织依据社会运行和发展规律，把握经济、政治和社会新的发展态势，研究并运用新的社会管理理论知识、技术和方法等，创新社会管理理念、思路、体制机制、方式方法，实现社会善治的活动和过程""其本质是构建与现代经济、政治、文化、社会发展相适应的中国特色的现代社会管理体系"。社会善治，也称社会治理，就是政府社会组织、企事业单位、社区以及个人等诸行为者，通过平等的合作型伙伴关系，依法对社会事务、社会组织和社会生活进行规范和管理，最终实现公共利益最大化的过程。善治是社会治理的最佳状态，而要达到善治首先要有高度的社会自治和形成多元治理的格局。要形成多元治理的格局就必须要依法管理，明确各社会主体行为的基本法律规范，界定各社会主体的权力（利）边界，规范各社会主体的行为，协调各社会主体之间的关系。要强化各社会主体依法行使权利，履行义务、承担责任的规则意识和法律意识，依法进行社会管理，提供法律服务，保障社会主体的合法权益，惩处各种违法犯罪行为。

（三）法治是社会稳定的"安全阀"

社会管理创新的重要目的，就是要化解社会矛盾，促进社会的和谐稳定。党的十八大报告强调当前我国经济社会发展中不平衡、不协调、不可持续问题依然突出，城乡区域发展差距和居民收入分配差距依然较大。发展的不平衡和收入差距扩大带来利益的失衡、分化和贫富差距的扩大，利益冲突特别是物质利益的冲突是社会冲突的根源，当权力介入资源分配时，更易引发社会矛盾和冲突。在我国当前正处于社会矛盾凸显期，在非法聚众事件、群体性事件、暴力恐怖事件多发的态势下，维护社会和谐稳定是社会管理的主要任务。从维护社会稳定的方式看，主要有两种形式：一是刚性控制，即依据强大的控制权力，控制每一个社会组织和个体的行为与言论；另一种是柔性治理，即每个社会组织和个体都在认同社会共识，遵循社会基本行为规则的基础上，行使自己的权利，并对自己的行为负责，从而使各个社会组织和个体都能协调共处、自治有序。社会管理创新的目标和境界绝不是刚性控制，因为这种控制不可避免地存在高风险、高成本、低效率，是没有社会活力并难以持久的。当前采用"花钱买平安"和压制性维稳的做法就是其具体表现。实践证明，这种维稳方式不但维稳成本高昂，而且容易误导民众，产生不良的心理预期，更易使个别的、分散的利益诉求不断积累，犹如"雪球"越滚越大，矛盾越积越深，形成强烈反弹。柔性治理即依法治理，法治化的社会管理必然要求以法的手段维护与促进社会公德与社会共同价值观，而共同价值观是协调不同利益，以和谐和平手段化解社会矛盾的必要基础。法治以理性平和的方式解决矛盾纠纷，使社会能包容矛盾并将矛盾转化成进步的动力，最大限度地激发社会活力。因而法治是化解社会矛盾、维护社会稳定的基本手段和理想模式。

（四）法治是民生建设的助推器

党的十八大报告明确提出，"加强社会建设，必须以保障和改善民生为重点"，要在"改善民生和创新管理中加强社会建设"，因为民生是社会管理之基，和谐稳定之本。大量矛盾纠纷是由民生问题引发的，如果民生诉求得不到及时回应，民生困难得不到妥善解决，就不可能从源头上改进社会管理。民生问题不仅仅是经济问题，更是社会问题和政治问题，具有社会和政治属性，所以构成了政府社会管理职能的重要内容，是加强政府管理职能的重要目标，也是创新政府社会管理机制的根本取向。只有真正地坚持以人为本，重视基本民生对社会发展和社会稳定的基本作用，政府才能够充分实现对社会的良性管理，保证其公共性和合法性，赢得广大人民的尊重和认可，确保政府社会管理能力的加强，既促进社会活力又促进社会和谐稳定。加强民生建设同样离不开法治，在当前利益冲突和发展不均衡的情况下极有可能出现权利失落。特别是在权力寻租时，使社会成员中一部分寻租者得到公共权力的"报偿"。而另一部分社会成员则成为寻租的牺牲品，其合法权益无法得到保障，导致社会公平正义的消失，造成民众期待落空，滋生社会怨恨，激起集群事件和抗争行动。法治是公平正义的化身，法治通过政治程序实现公平正义，将有效地保障广大人民群众合法权益的实现。同时将民生纳入法制轨道有助于推进民生建设。

三、法治社会建设的基本特征

法治社会是指国家立法所确立的制度、理念和行为方式能够得到有效贯彻实施，全民守法并实现法律自主调控的社会运行状态，坚持在法治轨道上统筹社会力量、平衡社会利益、调节社会关系、规范社会行为，依靠法治解决各种社会矛盾和问题。法治社会建设具有人民性、普遍性、系统性、全面性、平等性、公正性六大特征。

1. 人民性

人民性，就是法治社会建设坚持人民主体地位。这是由当代中国的社会性质、执政党的宗旨和宪法的属性所决定。我国是社会主义国家，人民是国家和社会的主人，这就使得我国的法治是人民的法治。法治建设是为了人民、保护人民、依靠人民、造福人民，以保障人民根本权益为出发点和落脚点，保证人民依法享有广泛的权利和自由、承担应尽的义务，人民群众通过多种形式、多样渠道广泛参与社会法治建设，维护社会公平正义，促进共同富裕。我国社会主义制度保证了人民当家做主的主体地位，也保证了人民在全面推进依法治国、建设法治社会中的主体地位，这是中国特色社会主义法治区别于资本主义法治的根本所在。

2. 普遍性

普遍性，就是法治社会建设使法律成为全社会的基本准则，整个社会按照法律规范运行。任何组织、机构、单位和个人都必须在宪法和法律的范围内活动，都要以宪法和法律为行为准则，依照宪法和法律维护权利或权力、履行义务或职责。

3. 系统性

系统性，就是法治社会建设是贯穿于立法、执法、司法、守法各个环节。通过科学立法，发挥立法的引领和推动作用；通过严格执法，确保法律有效实施；通过公正司法，提高司法公信力；通过全民守法，增强全社会法治观念和意识。这四者之间紧密相连、相辅相成，共同构成法治社会建设的主体架构。

4. 全面性

全面性，就是法治社会建设既包括经济、政治、文化、社会、生态建设和党的建设在内的全方位、立体型地厉行法治，也包括心灵、价值、行为、秩序、制度全面体现法治精神、法治规范和法治要求。法治社会建设意味着法治观念、法治精神、法治信仰不断深入人心、浸润人心、内化于心，进而实现人的心灵的治理；法治社会建设也意味着法律规范成为人们一切行动的基本准则；法治社会建设还意味着构建完善的社会规范和法律制度体系，使之成为市场主体、社会主体维护社会秩序的根本保障。

5. 平等性

平等性，就是法治社会建设坚持法律面前人人平等。平等是社会主义法治的基本属性。任何组织和个人、任何市场主体和社会主体，都必须尊重和维护宪法法律权威，都必须依照宪法法律行使权力或权利、履行职责或义务，都不得有超越宪法法律的特权，任何在社会中处于弱势的公民都不得受到歧视。

6. 公正性

公正性，就是法治社会建设以促进公平正义为根本依归。公正是法治的生命线。维护公平正义，是中国特色社会主义的内在要求。我国法治社会建设，从根本上讲，就是为了建设一个公平正义的美好社会。全面依法治国、推进法治社会建设，必须紧紧围绕保障和促进社会公平正义来进行，切实做到良法善治。

总起来看，健全的、成熟的社会主义法治社会，将是一个政治清明、民主法制、社会公正、充满活力、平安有序、和谐友善的社会。在这样一个社会中，全社会对法律充满敬畏和信仰，宪法和法律得到有效实施和普遍遵从，社会生活法治化、规范化，社会依照法律规范既生机勃勃又井然有序运行，人民群众的合法权益获得切实尊重和保障，社会充满公平正义，形成法治社会人人有责、法治社会人人共享的生动局面。

全面推进法治社会建设如同全面推进依法治国一样，这是一个长期的历史任务，是国家治理和社会治理领域一场广泛而深刻的革命，需要付出长期艰苦努力，需要全体社会成员和社会组织共同积极奋斗、扎实奋斗、不懈奋斗。

第二节　社会主义核心价值观融入法治社会建设的目标及要求

一、社会主义核心价值观融入法治社会建设的基本目标

在"法治中国"背景下建设法治社会，就是要使全国公民和社会组织的公共行为都能纳入法制轨道，符合法治精神，从而形成安定和谐的社会秩序。其基本目标可分解为如下五点：

第一，全社会都恪守法治的基本价值和精神，法治意识得到全面提升，形成不愿违法、不能违法、不敢违法的法治环境。这是法治社会的首要标志。

第二，公民的基本权利和自由得到全面充分的保护。这是法治社会的基本目的。

第三，社会自治化的程度、自我管理的程度得到大幅提高。这是法治社会的有力保证。

第四，社会纠纷逐步减少，并能得到及时公正的解决。这是法治社会的显著特征。

第五，犯罪行为得到基本和有效控制，犯罪率大大降低。这是法治社会的重要指标。

二、社会主义核心价值观融入法治社会建设的基本要求

推进社会主义核心价值观融入法治建设，应当坚持以下原则和要求。

1. 坚持以习近平新时代中国特色社会主义思想为指导思想和根本遵循

社会主义核心价值观是习近平新时代中国特色社会主义思想的重要组成部分。党的十八大以来，习近平总书记围绕社会主义核心价值观的属性、本质和作用，社会主义核心价值观的文化基因和思想渊源，社会主义核心价值观的培育和践行，社会主义核心价值观融入法治建设等，发表了一系列重要讲话。

就社会主义核心价值观与法治建设，习近平总书记强调，"要用法律来推进社会主义核心价值观建设""要把社会主义核心价值观贯彻到依法治国、依法执政、依法行政实践中，落实到立法、执法、司法、普法和依法治理各个方面，用法律的权威来增强人们培育和践行社会主义核心价值观的自觉性""要注意把一些基本道德规范转化为法律规范，使法律法规更多体现道德理念和人文关怀，通过法律的强制力来强化道德作用、确保道德底线，推动全社会道德素质提升""要发挥政策导向作用，使经济、政治、文化、社会等方方面面政策都有利于社会主义核心价值观的培育"。社会主义核心价值观不仅要融入法律法规和公共政策，还要按照社会主义核心价值观的基本要求，健全各行各业规章制度，完善市民公约、乡规民约、学生守则等行为准则，使社会主义核心价值观成为人们日常工作生活的基本遵循。

习近平总书记还就核心价值观入法入规的路径方法做出明确的指示，指出"要把实践中广泛认同、较为成熟、操作性强的道德要求及时上升为法律规范，引导全社会崇德向善"。"广泛认同、较为成熟、操作性强"正体现了符合国情、符合实际、符合时代发展要求的科学考量，也是核心价值观入法的基本立法技术。

习近平总书记的这些重要论述和要求，为推进社会主义核心价值观融入法治建设，提供了理论基础和根本遵循。

2. 认真贯彻落实中央的三个文件精神，做到"全方位贯穿、深层次融入"

党的十八大以来，以习近平同志为核心的党中央高度重视社会主义核心价值观融入法治建设。2013年12月，中共中央办公厅印发了《关于培育和践行社会主义核心价值观的意见》，指出："法律法规是推广社会主流价值的重要保证。要把社会主义核心价值观贯彻到依法治国、依法执政、依法行政实践中，落实到立法、执法、司法、普法和依法治理各个方面，用法律的权威来增强人们培育和践行社会主义核心价值观的自觉性。""充分发挥法律的规范、引导、保障、促进作用，形成有利于培育和践行社会主义核心价值观的良好法治环境。"2016年12月，中办国办联合印发了《关于进一步把社会主义核心价值观融入法治建设的指导意见》，进一步强调"将社会主义核心价值观融入法治国家、法治

政府、法治社会建设全过程，融入科学立法、严格执法、公正司法、全民守法各环节，把社会主义核心价值观的要求体现到宪法、法律、行政法规、部门规章和公共政策中，以法治体现道德理念、强化法律对道德建设的促进作用，推动社会主义核心价值观更加深入人心。"2018 年 5 月，中共中央印发了《社会主义核心价值观融入法治建设立法修法规划》，强调要以习近平新时代中国特色社会主义思想为指导，坚持全面依法治国，坚持社会主义核心价值体系，着力把社会主义核心价值观融入法律法规的立改废释全过程，确保各项立法导向更加鲜明、要求更加明确、措施更加有力，力争经过 5 到 10 年时间，推动社会主义核心价值观全面融入中国特色社会主义法律体系。这个规划明确提出了在立法修法中融入社会主义核心价值观的六项主要任务。一是以保护产权、维护契约、统一市场、平等交换、公平竞争等为基本导向，完善社会主义市场经济法律制度；二是坚持和巩固人民主体地位，推进社会主义民主政治法治化；三是发挥先进文化育人化人作用，建立健全文化法律制度；四是着眼人民最关心最直接最现实的利益问题，加快完善民生法律制度；五是促进人与自然和谐发展，建立严格严密的生态文明法律制度；六是加强道德领域突出问题专项立法，把一些基本道德要求及时上升为法律规范。

这三个文件明确了社会主义核心价值观融入法治建设的重大意义、指导思想、重点任务、基本要求。贯彻落实三个文件精神，要在"全方位贯穿、深层次融入"上下功夫。一是要将社会主义核心价值观的全部要素全面融入法治建设，即把国家价值目标、社会价值取向、公民价值准则全面系统地融入中国特色社会主义法治体系。二是要将社会主义核心价值观融入法治建设全过程各环节，即融入法治国家、法治政府、法治社会建设全过程，融入科学立法、严格执法、公正司法、全民守法各环节。三是要把社会主义核心价值观的要求体现到党内法规和公共政策之中，形成有利于培育和弘扬社会主义核心价值观的良好政策导向和利益引导机制，实现公共政策和道德建设良性互动。这是核心价值观融入中国特色社会主义法治体系当然之义。四是要提高运用社会主义核心价值观发现、评估、解决法治建设中突出问题的能力，充分发挥社会主义核心价值观对法治建设的引领、评价和校正作用。

3. 传承中国古代经验，借鉴域外有益经验。

法德共治是中华法治文明的鲜明特征和基本经验。讲仁爱、重民本、守诚信、崇正义、尚和合、求大同的传统美德，既是中华民族的文化之根、精神之魂，也为传统法律制度铺就了坚固的价值基石。历代政治家和思想家都非常重视将社会核心价值和道德准则纳入法律法令和司法裁判。儒家将道德原则视为法律的灵魂，主张法德一体甚至法律道德化，把"仁、义、礼、智、信"等价值道德奉为法律，提出"导之以德，齐之以礼"，主张"礼法合一""德法并济""明德慎罚""大德小刑"。法家则主张以严刑峻法禁暴除奸、以刑去刑、移风易俗，强调"循法成德"，甚至对"弃灰于道""俯路拾遗"等道德过失都处以刑罚。介乎儒家和法家之间的荀子则提出法礼结合、刚柔并济、隆礼重法的思想。到了汉代，封建统治集团以儒为本、兼采各家，提出了"德主刑辅"的治国理念。唐朝是古代法治文明的巅峰，《唐律疏议》以礼入法，把道德信念和道德原则全面而深入地融入唐律之中，创造了以礼法合一、法德并用、德主刑辅为鲜明特征的中华法系，在世界上独树一帜。这些理念和做法给我们很多启发，我们要善于向祖先学习，继承优秀传统，大力推进社会主义核心价值观全面融入法治建设。

近代资本主义国家也很注重以宪法法律的形式体现和维护其核心价值观。习近平总书记指出：培育和弘扬核心价值观，"不仅要靠思想教育、实践养成，而且要用体制机制来保障。西方国家在这方面是很下功夫的，虽然执政的党派不断更换，各领风骚四五年，但他们的价值理念保持着一定的稳定性和持续性，其中一个重要原因就是他们的制度设计、政策法规制定、司法行政行为等都置于核心价值理念的统摄之下。"

4. 认真对待法治的价值和"法治"价值观。

法治是治国理政的基本方式，也是社会主义核心价值观的构成要素。把法治作为社会主义核心价值观，既是基于对治国安邦历史经验的深刻总结和反思，也是全面依法治国、建设富强民主文明和谐美丽的社会主义现代化强国的必然要求。

一方面，我们要认识到法治的价值属性和价值功能。习近平总书记深刻揭示了法治的价值，指出："依法治理是最可靠、最稳定的治理。""法治兴则国家兴，法治衰则国家乱。什么时候重视法治、法治昌明，什么时候就国泰民安；什么时候忽视法治、法治松弛，什么时候就国乱民怨。""我们要实现经济发展、政治清明、文化昌盛、社会公正、生态良好，必须更好发挥法治引领和规范作用。"法治不仅是工具理性，是我们实现社会理想目标的必要手段；更是价值理性，具有不可替代的内在价值，厉行法治应当成为我们崇高的价值追求。

另一方面，我们还要认识到法治作为核心价值观在社会主义价值体系中的独特地位。法治既是社会主义核心价值观之一，又贯穿于核心价值观三个层次、渗透于其他价值之中；既是国家的价值目标、社会的价值取向，也是全体人民遵法守法用法护法的价值准则。法治价值观是核心价值观的内在构成。依法治国、依法行政、公正司法本身就是践行社会主义核心价值观。人民群众信仰法治，办事依法、遇事找法、解决问题用法、化解矛盾靠法，本身就是弘扬社会主义核心价值观。

第三节　社会主义核心价值观融入法治社会建设的基本路径

一、注重法治环境的建设

（一）法治环境的概念及其重要性

法治环境是指在现实社会中形成的，有利于推动法治发展、实现法治目标的客观条件。法治环境有广义和狭义之分，从广义上看，法治环境是指存在于法治主体之外，直接或间接地作用和影响法治建设、法治过程与效果的各种因素的总和；从狭义上看，法治环境是指以法治文化为支撑，推动法治形成和发展的特定的外部条件，主要包括法治风尚、法治习惯和法治氛围。营造良好法治环境对于推动法治发展具有重要的作用。

1.法治环境的概念内涵

法治环境研究是法治理论的重要内容，是应用生态学的理论和方法研究法治而提出的课题。法治环境研究实际上也是借鉴生态学研究的方法和角度，从影响和决定法治建设的多种因素出发，来研究和探讨法治建设问题。环境和法治环境的关系是：环境包含法治环境，法治环境是大环境的一个部分或一个子系统。与法治相关的活动离不开环境，这一点是不以任何人的意志为转移的。环境以各种形态展现出来，有物质的和精神的，有有形的和无形的，有自然的和社会的，有宏观的和微观的。环境确实作用于与法治相关的一切活动，既给我们带来积极影响，也会产生消极的作用。为此，建设良好的法治环境要择其善者而从之，尽最大可能利用有利环境，改造不利环境，为法治建设创造良好的条件。

广义上的法治环境包括法治社会环境和法治自然环境两大领域。法治社会环境包括：

（1）经济环境

主要是指作用于法治建设的物质技术和经济条件，而在这两者中，物质技术水平的高低及其拥有量的多寡直接影响法治建设的效率和水平，而经济制度、生产关系对法治建设的产生、性质、运作和方式等也起着重要的甚至是决定性的作用。

（2）政治与行政环境

主要是指作用于法治建设的国家政治体制与行政活动，如国家政权的性质和组织形式、阶级关系、政党制度及立法、司法、监督等方面的制度与实践，政府依法行政与否、政府在公民人权保障方面的实践等。法治建设说到底是国家政治行为的一个部分，是国家意志的体现，因而政治与行政环境对法治建设有着直接的作用。需要指出的是，人权保障、依法行政、行政权力制约等对法治环境建设的作用最为直接。

（3）文化环境

主要是指作用于法治建设的文化教育、思想意识形态、宗教、道德、社会心理等，法治建设处于一定的文化氛围之中，它的活动必须和周围文化环境相协调，文化环境对它有深刻的影响。

（4）人口、民族、历史传统

人口、民族、历史传统等也是法治社会环境的构成因素，对法治建设也有重要作用。

法治自然环境主要是指作用于法治建设的一个国家的地理位置、自然条件和自然资源。一般来说，自然环境对法治建设的作用没有社会环境那样直接和深刻，但在一定个别和极其特殊条件下也能起到重要作用。如重大自然灾害的突发、自然资源的严重破坏、自然环境的严重污染等，都能影响、甚至中断法治建设的正常运作，改变原有的法治建设目标，导致采取紧急的法律措施。在正常情况下，法治建设和自然环境也必须保持协调。

总之，凡是作用于法治建设，并为法治建设反作用所影响的条件和因素，都可归于法治环境的范畴。公民素质、民族关系、阶级状况、历史传统、文化教育、科学投入、破除地方保护以及惩治腐败，乃至治安状况、案件审判及执行力度等，都能对法治建设发生作用，又为法治建设所改造，因而成为法治环境的组成部分。在一个社会中，与法治建设相关的因素极为庞大，作用的范围极为广泛，与其构成有机联系的法治环境也因之具有极为广阔的范围。

本章所探讨的法治环境，是从狭义上来界定的。这里的法治环境不是指法治建设赖以存在和发展的所有的外部条件，而是指以法治文化为支撑，推动法治形成和发展的特定的外部条件。这种特定的外部条件是与人的认识、观念、态度、习惯等密切相关的，表征为一定社会的法治风尚、法治习惯和法治氛围。法治主体与法治环境的关系主要体现在以下几个方面：（1）法治环境是法治主体赖以存在和发展的基础。法治主体必须也只能在一定的法治环境中运作和发挥作用，法治环境改变了，法治主体的存在和活动方式也必须随之改变。（2）法治环境是法治主体施加作用的对象，法治改变是法治主体施加作用的结果。（3）法治主体的活动和法治环境的改变，只能在实践中取得一致。法治主体的活动包括立法、执法、司法、守法等多个环节，只有通过实践，才能把这些变成改造环境的物质力量。

2.营造良好法治环境的重要性

首先，法治环境是一个庞大的系统，各种环境构成因素通过各种方式直接或间接地影响着法治建设。因此，法治建设中要充分认识这一点。尤其是在进行重大决策时，要考虑到法治环境的各种因素，稍有不慎，就可能在某些方面或某些环节出问题，以致造成不良影响和严重后果。

其次，虽然法治建设受多种环境因素的影响，但是这种影响作用在程度上是不同的。有些环境因素的作用和影响更直接、更重要，甚至在特定条件下具有决定性；有些环境因素的作用和影响则是间接的、次要的，甚至在特定条件下可以忽略不计。这就使得复杂的法治环境系统呈现出一定的层次性。这一特点告诉我们对待法治环境的影响要分清主次，抓关键的影响因素，集中精力予以解决。

第三，法治环境并非固定不变的，它将随着时间、空间以及其他因素的变化而变化。各种环境因素经常处于变化之中，这是绝对的，这必将影响到法治环境状况。而随着法治主体社会实践活动的不断扩大和深化，又会引起法治环境的变化，这个过程将会一直持续下去，不会终结。

第四，法治环境的各组成要素之间不是彼此孤立的，而是相互联系影响的。因此，法治建设不可能只受单一环境因素的影响，而是受多种因素的共同作用和影响。这种影响不是某一环境因素所独有的，而是各种因素综合作用的结果。

（二）法治风尚

法治风尚是一个涉及法学、心理学、文化学、社会学乃至伦理学的概念。一般而言，它不仅是指社会主体以坚定的法律信念为前提并在其支配下把法律规则作为其行为准则，而且是指社会主体在法律规则严格支配下活动。因之，法治风尚既是一个主观范畴的概念，也是一个可见之于主体行为的客观化的概念。在现代社会，法治风尚的形成对于法治的形成和发展具有重要的意义。法治风尚表现为社会主体对法律的拜从，法治风尚的塑造一般经过增强法律意识、形成法律信任、树立法律信仰三个阶段。

1.法治风尚：法律必须铭刻到每一个公民的内心里

风尚，指在一定时期中社会上流行的风气。风尚是个包罗万象的概念，它的触角深入社会生活的方方面面。一般来说，风尚会带给人们一种愉悦的心情和优雅，赋予人们不同的气质和神韵，能体现不凡的生活品位。人们对风尚的追求，给予了人类生活无限的美好，无论是精神的还是物质的。法治风尚，说到底，就是全社会对法律的信仰，不仅要求人们以法律为行为准则，任何行为都恪守法律，而且要求全社会对法律敬仰和尊崇。"人们没有法治精神、社会没有法治风尚，法治只能是无本之木、无根之花、无源之水。"[①] 从客观上说，法治并不体现于普通民众对法律条文有多么深刻的了解，而在于努力把法治精神、法治意识、法治观念熔铸到人们的头脑之中，体现于人们的日常行为之中。这包括培养人们的理性精神、诚信守法的精神、尊重法律权威的精神、权利和义务对称的精神、依法维权和依法解决纠纷的习惯，等等。正如卢梭所说的，"规章只不过是穹窿顶上的拱梁，而唯有慢慢诞生的风尚才构成那个穹窿顶上的不可动摇的拱心石"。而一切法律之中最重要的一种，"既不是铭刻在大理石上，也不是铭刻在铜表上，而是铭刻在公民们的内心里：它形成了国家的真正宪法，每天都在获得新的力量"。[②]

法治风尚对于法治形成和发展的意义主要在于：

---

① 人民日报评论员文章《让法治成为一种全民信仰——开创依法治国新局面之三》，载《人民日报》2013 年 3 月 1 日。

② 参见 [法] 卢梭《社会契约论》，何兆武译，第 70 页，商务印书馆，2003。

首先，法治风尚是法治理想实现的先导。综观历史，我们不难发现，人类社会的发展是一个由人治逐渐向法治转型的过程，这一转型归根到底取决于社会生产关系的变化。但是人类社会不同于自然界的根本点在于其发展不是纯粹自然的过程，而是人有意识选择的结果，根植于经济社会关系的法治模式要变成现实，必须首先以法治观念的形式表现在人们的头脑中。

一般来说，超前存在的法治观念首先为社会精英阶层所拥有，尔后通过文化启蒙成为社会大众的法治观念，法治观念的形成和普及必然伴随着传统观念的危机和新的风尚的生成，并成为政治制度、法律制度变革的精神指引。在此意义上可以说，法治风尚乃是法治理想实现的先导。

其次，法治风尚是法律统治合法性的社会基础。法律至上是法治社会的基本原则，但是法律的权威从何而来，或者说法律统治合法性的依据在哪里？从根源上来看，法律统治的合法性来自其与现实经济社会结构相适应，但直接依据则是普遍的社会主体对它的认同、忠诚和信任。相对于道德、宗教，法律的确具有很强的强制性，但法律的强制性并非法律之所以神圣的依据，相反，法律的强制性深深依赖于它的神圣性。只有当法律的统治不是靠其严酷与冷峻，也不是靠外力的强迫、压制与威胁，而是基于社会公众对它出自内心的真诚信仰，它才得以找到自身正当性与合理性的真正基础和根源。

再次，法治风尚是法律得以有效运行的必要条件。法律的有效运行最终要通过全民守法来实现。而每个人遵守法律的心理是不同的，有的是自律，即认为法律代表正义，出于对公平正义的追求而遵守法律；有的是他律，是迫于法律的强制力而被动地遵守法律。前者是积极的守法，后者是消极的守法。在法治社会里，法的有效运行在更大程度上不是依靠国家的强制力，而是依赖社会主体积极地守法。没有社会主体对法律的普遍信仰，没有形成一定的法治风尚，法是不可能得到有效运行的。

2. 法治风尚的特征

法治风尚是全社会对法律的心理状态。人们对法律的心理状态是多种多样的，法律厌恶心理或法律无所谓心理均不会形成法治风尚，只有当主体对法律产生强烈信念和信服心理，才能产生法治风尚。因此，培养主体坚定的法律信念是法治风尚形成的心理基础。而法律信念的形成受制于主体对法律的价值认同和利益感受这两个主观条件。[①] 价值认同表明主体的价值追求与法律价值达成了一致，利益感受是主体对法律满足其利益需求的心理体验。二者都是产生法律信念进而形成法治风尚的必备条件。我们不能说有了价值认同和利益感受就必然产生法治风尚，但是可以肯定地说，若无此二者，法治风尚便无从谈起。

法治风尚体现了主体对法律的拜从。法治风尚是主观心理与客观行为的有机统一体，法律信服心理是法治风尚的内在动力，而法律拜从行为是法治风尚的外在表现。需要指出的是，法律拜从行为必须是自觉自愿的行为，只有行为出于自觉自愿才能称得上是法律拜

---

① 参见谢晖《法律信仰：历史、对象及主观条件》，载《学习与探索》1996 年第 2 期。

从行为；反之，如果不是出于自觉自愿，而是在外力强制下的不得已的行为，就不是法律拜从行为，因而也就不是法治风尚的外在表现。

法治风尚是主体与法律之间的关系范畴。主观心理和客观行为的揭示，只表明法治风尚之主体方面。一种风尚的构成，应是主体与对象的有机统一。法治风尚的主体与对象之间应是一个双向作用的过程。一方面，只有法律导致主体强烈信服感时，才会产生法治风尚的主观机制，如果法律不能引起主体的一种心理信服，便不可能形成法治风尚。另一方面，只有主体体验到法律的价值，感受到法律的作用，才会信仰法律，如果主体目中无法，便不会产生法律信仰，也就不会形成法治风尚。

3. 塑造法必尊之的法治风尚

如前所述，法治风尚体现了主体与客体的互动关系，因此法治风尚的形成也必须从主体与客体两个方面着手。从客体来看，法律能成为主体信仰的对象，是因为法律具有正义性。立"良法"是培育法治风尚对法律本身的要求，立法的失误会导致人们对法律的不信任或不遵守，即人们不信仰失误或错误的法律，更不用说"恶法"了。法律制度是由规范、组织、行为诸环节组成的一个有机联系的系统，一旦某一环节出现问题，则在主体心理上连带形成对整个法律制度的否定评价，从而不可能产生对该法律制度的心理信仰。

从主体来看，法治风尚的形成一般会经历以下几个阶段：第一阶段，全社会增强法律意识。只有让法律进入人脑，形成法律意识，并且对法律具有深厚的感情，才有可能形成法治风尚。第二阶段，全社会形成法律信任。法律在人脑中形成意识之后就决定、影响人对法律的态度，只有信任法律，才能进一步形成法治风尚。第三阶段，全社会树立法律信仰。法律信仰是法律信任的固定形态，无论社会条件怎样变化，这种信仰是人们不会改变的，这是法治风尚形成的最终阶段。

法律意识是人们对法律的感觉、思维等各种心理过程的总和，是法律在人脑中的反映。所以，法律意识的形成是法治风尚的基础，法律必须进入到每个人的大脑中才能反映出来，以指导人们的实践活动。那么，怎样的法律意识才能决定、影响人们对法律的态度和形成法治风尚呢？答案就是法律权利意识。公民权利是法律的核心，没有对权利的要求，也就不能产生对法律的需求和期望。在认知法律的基础上，人们权利意识的增强能促进对法律价值的认同，从而有利于法律信仰的产生、深化。

法律信任就是人们相信法律并且敢于把自己的事情托付、依靠法律来解决。人们信任法律，是因为法律能够保障他们的权利和科学地规范社会关系，而且如果发生纠纷或者受到侵害，可以通过法律途径得到有效解决。法律具有的公平、正义等价值影响人们对法律的态度，更是人们信任的基础，同时人们对法律价值的认同是法律存在和发展的条件。但是，人们认同法律价值并不必然产生对法律的信仰，只有人们相信法律并自觉以其规范行为，将这种信任固定在脑海中形成信念，无论何时都信任法律、依法办事，才能形成法律信仰。

法律信仰是指人们主观或者内心固定不变地对法律尊崇的心理状态和确信的看法，它是法治风尚形成的重要阶段。可以说，法律信仰是法治风尚形成的首要的主观条件，或者说在法治风尚中必然包含着法律信仰的成分。法律信仰不同于法律意识和法律信任，它是坚定的、持久的，任何情况下都不会改变法律在人们心目中的地位，就像宗教中教徒信奉神灵一样，这样最终产生法治风尚。法律信仰的形成，需要对法律不断地认知，长期地信任，这些都来自人们自觉地学习和适用法律，以及内心坚定地对法律价值的认同。

（三）法治习惯

法治习惯对于法治的实现具有重要的意义。法律得到遵守是法治的重要体现。"任何法律和政令的贯彻，如果没有习惯的支持，就必然需要使用更大的国家强制力。"[①]法律的遵守大致可以分为被动遵守和积极遵守两种类型，两者的本质区别在于主体是否具有"自觉"，即遵守法律是基于他律还是基于自律。从法治的根本要求来看，本质上是要建立一个自觉自愿的守法机制，使人们养成法治习惯，只有当大多数社会主体都心甘情愿地接受法律，像遵从习惯一样地遵守法律，其行为在社会活动中自觉地按照法律的规定进行，这个社会才是法治社会。假定人人都是如此，"经过相当时间，便可形成一种风气。风行既久，便会变成习惯，这种习惯一日不形成，法治实现便一日靠不住。真正的法治是把这种习惯作为条件的"。[②]

1. 法治习惯：遇事找法、办事依法

关于习惯一词的含义，有多种理解。从规范层面理解，习惯的意思近似于惯例一词；从行为层面理解，习惯是指积久养成、不易改变的行为方式；从心理层面理解，习惯是指具有倾向性的稳定的思维模式。在法治习惯这一概念中使用习惯一词，主要是从行为层面和心理层面来理解的。具体来说，它的含义包含三个方面：第一，习惯是自动化了的反应倾向或活动模式或行为方式；第二，习惯是在一定时间内逐渐养成的，它与人们的后天条件反射系统的建立有着密切关系；第三，习惯不仅仅是自动化了的动作或行为，也包括固定认知和思维定式等内容。基于此，我们认为，法治习惯就是指人们在社会生活中形成的法律至上、信仰法律的思维模式和遇事找法、办事依法的行为方式。

法治习惯包括依法治理的习惯和依法行为的习惯，前者主要针对社会治理主体，后者则主要针对社会大众。对社会治理主体而言，法治习惯主要体现在办事依法上。所谓办事依法，就是依法办事，就是要做到有法必依、执法必严、违法必究，具体包括两个方面的内容。一是职权由法定。职权法定是法治中的重要原则，也是执法的合法性基础。职权法定原则要求执法机关的权力必须来自法律具体而明确的授予，执法机关必须在严格依据法律规定的权限内履行职责，无法定授权的执法就是越权，就是对法律权威与尊严的损害。二是有权必有责。即权利义务相一致的原则。法律授予了权力，同时也就意味着赋予了责任；行使法定权力，就必须对权力行使的过程和结果承担法律责任。同时，权力本身相对

---

① ［英］哈耶克：《个人主义与经济秩序》，贾湛等译，第23页，北京经济学院出版社，1991。

② 参见程燎原《从法制到法治》，第16页，法律出版社，1999。

于社会来说，也是一种必须履行的职责，肩负法定职责而不履行、不尽职、不作为，就是失职渎职。

对社会大众来说，法治习惯主要表现为遇事找法。遇事找法，就是要养成随时随地依靠法律解决问题的习惯。现代社会矛盾纠纷的产生，多与权利、利益等纠葛有关联，多与行为界限、利益归属、责任担当等不明确有关联。解决这些方面的问题，恰恰是法律的基本功能。如果一个社会没有法律规范作为标准和依据，人人都按照自己所谓的"标准"，打着"公平正义"的旗号来"维权"，这个社会还会有稳定和谐的秩序吗？因此，公民遇到问题要主动依据法律来解决，不能采取非理性的方式甚至是违法的方式来解决。

2. 法治习惯的特征

法治习惯以宪法观念为核心。法治习惯的主体包括社会治理者和普通民众，法治习惯因而表现为公权力的依法行使和公民权利的保障。而关于权力与权利的关系正是宪法规定的主要内容之一，因之，法治习惯是以宪法观念为核心的。许多人对宪法的作用认识比较清楚，懂得宪法是"法律的法律"，宪法具有最高的权威，与宪法相抵触的法律、法规以及其他规范性条例文件无效，但又对宪法缺乏足够的重视。实际上，宪法的精义是控制权力以保护权利、自由。宪法一方面限制和控制国家权力，确定国家权力在国家机关之间的制约、协作关系；另一方面，又是公民权利、自由的宣言，它规定公民权利、自由的种类、内容及相应的义务。法治习惯的养成应以树立宪法至上为第一要义，既要以宪法为最高行为准则，又要维护保障宪法的最高权威。

法治习惯以法律信仰为前提。法治习惯与法律信仰是密切相关的，没有对法律的真诚信仰，法律是不可能得到自觉遵守的，法治习惯的形成就是一句空话。制定出来的法律只有被社会公众所认可，并信任、服从时，才有可能内化为他们的行为规范。显然，如果要将法律的法定效力内化在公民的具体自觉的守法行为中，就要重视培养和唤起人们对法律的激情与热忱，把法律当作被信仰的对象。当然这种信仰首先建立在对法律的信任基础上，在内心深处要对法律的创制者充满信任，对法官及法庭信任，对法律制度信任，等等，没有这些信任，就不会产生对法律的巨大热情，也不会把法律看作神圣的东西并忠诚于法律。

民间规范要服从法律规范。在法治习惯的形成过程中，始终存在着民间规范与法律规范的冲突，法治习惯因而表征为民间规范对法律规范的服从。社会关系除法律调整外，还需要民间规范的调整，如道德、政策、习俗等。类似道德、政策和习俗这样的民间规范实际上早已在我国社会生活中发挥着巨大的作用，一直在调整着社会生活中的各种矛盾和冲突，甚至在一定程度上充当了"法律"。这促成了人们对道德、政策和习俗的一味认同，导致人们对法律的认知偏差。培养一个社会的法治习惯，就必须使人们认识到法律是调整社会关系的主要渠道，在各种社会规范中，法律起主导作用，道德、政策和习俗仅处于次要位置，只应起辅助作用。当然，我们也要看到道德规范、政策机制和民俗习惯对于规制社会成员行为的不可或缺的重要功用。

3. 养成法常用之的法治习惯

法治习惯并非自然养成的，而是需要通过一定的途径来实现。法治习惯的养成主要包括道德路径、心理路径和法治路径。在此，我们具体探讨法治路径问题。

一是增强法律意识。法律意识是法治习惯养成的必要条件。宣传和教育是增强公民法律意识的主要手段。宣传，是将法律用形式多样、生动活泼的形式传达给公民。教育，是对特定人群进行的一种针对性强、目的性强的法律灌输。要扎实推进普法活动，营造学法遵法守法用法的氛围。要引导公民学会在享受自己权利和自由的同时，尊重别人的权利和自由。学会和习惯以法律程序和方式解决纠纷。法治无法彻底消除一切纠纷，但完全可以为解决纠纷提供相对平和、有效的方式。任何人都不得无理取闹，即使是合法合理的诉求，也要以合法理性的途径和方式表达出来，并通过法定的途径和方式获得满足。

二是降低守法成本。由于守法成本的存在，人们在做出守法与违法的选择上，往往会权衡利弊和代价。利弊之间的差距越小，权衡的过程越艰难，也越容易导致违法行为的产生。因此，要最大限度地促进人们自觉守法，就需要减少人们守法的风险和代价，并增大违法成本，这是对法治习惯养成的客观保障。一方面，法律体系的建立和完善，要坚持尽量减少守法风险和代价的理念，对公民的守法提供便捷的路径；另一方面，法律体系的建立和完善，要坚持增大违法成本的理念，切实拉开守法与违法成本之间的差距，使公民对违法"望而却步"。当然，增大违法成本要让人们在做出违法行为前，能准确地预见违法行为带来的后果，由此使人们主动放弃违法行为，并在多次的抉择过程中，逐渐养成主动守法的习惯。

三是培养法律信仰。法治习惯的养成不是一朝一夕的事，也不是一次、两次守法行为就能养成的，这是一个长期的过程。因此，在上述两条路径的基础上，还需要一个能在关键时刻调控守法与违法抉择的机制，这个机制就是法律信仰。对法律的信仰不是天生的，而是后天习得和养成的。法律信仰类似于人们法律行为的协调器，对人们的法律行为有着判断和指导作用。法律信仰从本质上讲，是人们对本国法律体系的一种认同感和归属感。基于此，人们就有了对法律的尊崇、敬仰和忠诚。因此，当法律信仰产生之后，将自动地协调人们的法律抉择。法律信仰不是空洞的，不是看不见摸不着的，而是存在于我们日常工作、学习、生活的点点滴滴当中。这就需要每个公民都发挥主观能动性，用自己的思想、语言和行动对周围的人产生积极的、正向的法律影响，促使公民对法律产生认同、接纳和尊崇。

（四）法治氛围

法治氛围是一定社会中的人们对法治的整体认知。不敢违法、不能违法、不愿违法是法治氛围的三种形态。法治氛围的基本特征在于法治权威，即人们对于法治的尊崇和信仰。营造良好的法治氛围，必须确保权力的行使服从于法律，任何人严格地依法办事，任何社会规范的制定或实施都必须服从于法律的要求。

1. 法治氛围：不敢违法、不能违法、不愿违法

法治氛围，是指在一定社会中逐步形成的，表现为对法律的尊崇和信仰的整体化的感知和认同。它体现了一定社会中的人们对法治的整体认知，并对这个社会中的每个个体产生潜移默化的影响。法治氛围的形态由低到高，可以分为三类：第一，不敢违法的法治氛围。它表现为社会主体对法律的畏惧，对法律强制性惩罚的害怕。这是法治氛围的初级形态。第二，不能违法的法治氛围。它表现为社会主体对法律制度的信任，对法律责任和法律后果的确信。这是法治氛围的中级形态。第三，不愿违法的法治氛围。它表现为社会主体对法律的尊崇，从而自觉、自愿地学法、守法、用法、护法。这是法治氛围的最高形态。由此可见，在一个业已形成法治氛围的社会里，一方面要求社会主体不得和不能做任何违法犯罪的事情，社会主体通过"不作为"的方式就可以实现；另一方面，要求社会主体自觉、自愿地守法，把被迫守法提升到主动守法、自觉守法的境界。

2. 法治氛围的特征

法治既是文化的产物，又是一种独特的文化—制度文化。因此，不同的文化支撑着不同的法治，也支撑着不同的法治氛围。人类文化是多元的，不但在世界范围内，而且就一个国家来讲，往往具有多元的极不相同的文化内容。在世界文化谱系中，以中国为代表的东亚文化和以西欧为代表的西方文化有价值取向上的明显对立性。以商品经济见长的西方文化支持了法律至上的理性。以农耕经济见长的中国文化，虽也强调天理的至上性和人伦的至纯性。[①] 在当今世界一体化的潮流中，对于法治的诸多认知趋于一致，对法治氛围内涵和特征的认识也趋于一致。其中，法治权威，这一法治的核心要求，被认为是法治氛围的基本特征。

在我国，所谓法治权威，首先是指一切国家机关、政党、社会团体、国家武装力量、企事业单位和公民个人都必须严格地依法办事，即守法主体的广泛性。如果没有这种守法主体的广泛性，法律也就失去了其应有的权威和尊严。其次，法治权威是指国家的一切活动都必须在宪法和法律的范围内进行。国家统治权的行使，也必须以法律为根据，决不允许任何人违背国家法律规定的精神而另行其事。再次，所谓法治权威是指法律具有最高的权威性和尊严性，法律不应以领导人的变动而变动，因领导人意志的转变而转变，应保持法律的连续性和稳定性，以确保国家各项活动能够严格地依法进行。最后，所谓法治权威是指任何人都不得享有超越于宪法和法律之外的特权，以确保法律的最高效力。

3. 营造法当行之的法治氛围

（1）权力的行使必须服从于法律

权力与法律都是社会的一种带有强制性的支配力量，是保证社会秩序和使之有效运转的必要手段。与法律相比，权力作为一种强制性的力量，它更多地具有特殊性和带有人格化，而法律则是具有普遍性的和非人格化的支配力量。法律产生于普遍的公共权力，但法

① 参见谢晖《"法律至上"论析》，载《求是学刊》1999年第6期。

律一经产生，就要约束所有的权力，一切权力都要授之于法、施之于法。法律必须以国家权力为后盾，否则就是一纸空文，对社会不起任何作用。正是由于权力与法律二者之间存在着千丝万缕的联系，因而在现实生活中，经常会出现以权力代替法律、以权力冲击法律，以致造成权力滥用和肆虐的现象，给国家和人民带来巨大的灾难。正是由于权力行使的不当性、人们对权力的严重依赖性以及人们看到权力的致命弱点，人们提出了以法律去限制权力、对付权力、制约权力的构想。现代法治的目标就是要建立一个法律支配权力、权力依法行使的法治国家，亦即一切公共权力的行使都必须出自于法律，有法律的依据。一切公共权力都是有限的而不是无限的，法律为它们设定了彼此的界限，任何公共权力都要受到制约和监督，没有不受制约的绝对权力。另一方面，任何私权都应得到法律的切实保障。同时，私权的行使也要受到法律的规范，而不是肆意横行，它的行使必须以不损害他人利益和社会利益为限。

（2）任何人都必须严格地依法办事

一个社会是由众多的社会主体所组成的，这种主体既包括一定组织化的主体，如政党、国家机构、经济组织、国家武装力量、社会团体及其他社会组织，也包括以个人身份出现的社会主体，尤其是那些在一国或一个区域具有权威号召力的社会主体。这些众多的社会主体在国家政治经济文化社会生活中发挥着重要的作用，它们的行为究竟应当以什么为根据，对法律的态度如何，在一定程度上决定着国家的法治状况。因此，要确立起法律的权威和尊严，就必须要求社会主体活动的准则只能是法律。

（3）任何社会规范的制定或实施都必须服从于法律的要求

在对人们行为的调整中，法律是一种重要的社会规范，但它不是唯一的社会规范，除法律规范外，如道德规范、民俗习惯、宗教规范等都在不同程度上影响着人们的行为。特别是在我国，党的政策作为社会规范中的一种，对人们的政治经济文化社会生活仍在起着重要的调整功能。在建设社会主义法治国家进程中，就必须对法律规范与其他社会规范的相互关系有一个正确的认识，树立起法律至上的观念。一方面，任何社会规范的制定或实施只能服从于法律；另一方面，当法律规范同其他社会规范出现冲突或矛盾时，只能以法律的基本价值取向和精神作为最后的评判标准。当然，我们在这里所论述的法律至上决不是绝对的、无条件的法律至上，而只是相对的、有条件的至上。这是因为，法律作为一种特殊的社会规范，并不是万能的，它自身也存在着一定的功能意义上的不足，这种法律不足在一定程度上也会约束法律的发展。因此，要把法律规范与其他规范有机结合起来，从而共同致力于法治社会的建构。

二、注重法治文化的培育

法治文化建设既是法治国家建设的重要组成部分，也是法治国家建设目标实现的重要文化基础。因此，加强社会主义法治文化建设，乃是法治中国建设的基础性工程。法治文化应该包括法律制度结构和法律观念结构，以及自觉执法、守法、用法等行为方式，是包含民主、人权、平等、自由、正义、公平等价值在内的人类优秀法律文化类型。法治文化的本质是人的一种生活方式。因此，法治文化需要培育，法治文化需要认同，法治文化更需要践行。当下中国社会，特别是广大民众对法治文化的认同乃是当代中国法治文化建设的重中之重。

（一）法治的文化之维

实施依法治国方略，建设社会主义法治国家，也是中国实现法制现代化的过程。这一过程，如果我们反观从清末以来中国法制现代化的进程，在这一从传统法制向现代法治的历史性跃进中，我们就不难发现这是一个"导致整个法律文明价值体系的巨大创新，因而是一个包涵了人类法律思想、行为及其实践各个领域变化的多方面进程"。[①] 这一过程，如果我们从文化的结构来看，则是一个从文化的物质层面—制度层面—精神层面逐步递进、逐步深化的过程。在文化发展由表及里的历程中，"物质文化因为处于文化系统的表层，因而最为活跃，最易交流；制度文化和行为文化处于文化系统的中层，是最权威的因素，因而稳定性大，不易交流；精神文化因为深藏于文化系统的核心，规定着文化发展的方向，因而最为保守，较难交流和改变"。[②] 中国近代以来的社会发展和法律变革的历史逻辑充分地证明这一点。

1. 从物质文化到精神文化：中国法治文化发展的第一个"圆圈"

1840 年爆发的鸦片战争，是中国近代史的起点与开端，鸦片战争以大清国的失败而告结束。[③] 学界普遍认为，19 世纪 60 年代的洋务运动是中国现代化的起点。洋务运动实际上是一场不触动清政府制度层面的物质文化现代化的运动。1894 年 9 月，中日甲午战争爆发，洋务派苦心经营十余载的新式陆军和北洋舰队一败涂地，清政府被迫于次年 4 月签订了丧权辱国的《马关条约》，洋务运动从此宣告破产。

甲午战争的失败，"不仅是清政府两百余年历史上的奇耻大辱，更为中华五千年文明史上所罕见。不能不在中国青年知识分子中引起强烈的震动，于是有了康有为领导的维新运动的蓬勃发展，并最终导致一场规模宏大的政治变动。"[④] 在反思甲午战争失败根源的过程中，国人逐步认识到，甲午战争的失败，首先败在制度文化。因此在 1898 年（农历戊戌年），康有为、梁启超等人通过翁同龢，多次力奏光绪皇帝实行变法。这次变法（史称"戊戌变法"）历时 105 天，就被国家权力的实际掌控者慈禧太后打压下去，慈禧临朝训政，囚禁光绪，捕拿维新派，杀"六君子"[⑤]，百日维新遂告失败。

① 参见公丕祥《法哲学与法制现代化》，第 450 页，南京师范大学出版社，1998。
② 参见庞朴《稂莠集》，第 6 页，上海人民出版社，1988。
③ 参见张海鹏《中国近代通史》第 1 卷，第 142 页，江苏人民出版社，2006。
④ 梁启超：《戊戌政变记》，载《饮冰室合集》专集之一，第 1 页，中华书局，1989。转引自马勇《中国近代通史》第 4 卷，第 57 页，江苏人民出版社，2006。
⑤ 史称"戊戌六君子"。分别是：康广仁、杨深秀、谭嗣同、林旭、杨锐、刘光第。

20世纪的到来，并没有给清王朝带来新世纪、新气象。1900年（农历庚子年）义和团运动的发展与八国联军的疯狂入侵，使清王朝的统治陷入风雨飘摇之中。对国人来说，如何救亡图存？对清政府来讲，如何化解当前面临的生死存亡的局面？在这样的形势下，清朝统治阶级内部的有识之士疾呼："欲救中国残局，惟有变西法一策"。① 慈禧太后于1901年以清政府的名义下诏变法，被迫宣布实行新政，史称"清末新政"。清末新政使中国法制现代化的进程第一次正式被政府所主导，也使中国的现代化的历史进程由文化的物质层面转向制度层面。它展现了中国现代化运动的文化发展与历史推进，由此也拉开了中国法制现代化的序幕。然而，不论是清政府"制宪"也好，"修律"也罢，这种旨在维护帝制的新政对于处于内忧外患、病入膏肓的清政府而言，已经于事无补。结束中国的封建帝制已经成为不可阻挡的历史潮流，以孙中山为代表的资产阶级民主派发动的辛亥革命也就成为历史的必然。

1911年的辛亥革命，结束了中国两千多年的帝制，但帝制的结束并未使中国走上民主共和的道路。这是因为，与两千多年帝制相适应的中国传统法律文化自身缺乏民主法治的传统，这就必然导致从西方克隆来的"共和"体制与中国固有的法律文化发生激烈的冲撞。1912年袁世凯就任中华民国临时大总统，国家政权落入以袁世凯为首的北洋军阀手中，在没有现代法治精神的社会条件下，中国剩下的仅仅是"一块共和国的招牌，封建专制的实质与此前相较有过之而无不及"。② 1915年12月13日，袁世凯正式称帝。尽管袁世凯只当了83天皇帝，但是却引起仁人志士对中国前途命运的深切思考。那就是，在一个缺乏现代性的社会中，在民主与科学精神没有深深植入人们的内心深处的国度里，要使共和制度得以生根并成长为现代法治的参天大树，那是不切实际的幻想。以新文化运动为开端，一场具有中国特色的思想启蒙运动标志着中国的现代化发展进程从制度文化层面发展到精神文化层面。

从中国现代化的近代历程来看，中国人对社会进步与文化发展的认识与实践，经历了从文化的表层（物质文化）→文化的中层（制度文化）→文化的深层（精神文化）由浅入深的过程，其间历时七十余年。在这一过程中，伴随着中西文化的冲突、传统与现代的碰撞、革新与守旧的较量、思想过程的痛苦挣扎，以及先贤奋斗的流血牺牲。文化发展的程度越深，由此给人带来的痛苦越大。但是，这种冲突、碰撞、较量、挣扎与牺牲是必然的、无法避免的，也是包括法制现代化进程在内的中国现代化实现的现实路径。

2. 从法制到法治：当代中国法治文化发展的一个新的"圆圈"

黑格尔说过：哲学史"这种具体的运动，乃是一系列的发展，并非像一条直线抽象地向着无穷发展，必须认作像一个圆圈那样，乃是回复到自身的发展。这个圆圈又是许多圆

---

① 参见张之洞《致西安鹿尚书》，载苑书义等主编《张之洞全集》第10册，第8527页，河北人民出版社，1998。

② 参见张海鹏、李细珠《中国近代通史》第5卷，第529页，江苏人民出版社，2006。

圈构成，而那整体乃是许多自己回复到自己的发展过程所构成的"。① 对于黑格尔对人类认识史的辩证观点，列宁给予了高度评价：这是"非常深刻而确切的比喻！每一种思想等于整个人类思想发展的大圆圈（螺旋）上的一个圆圈"。②

党的十一届三中全会以来，党中央及时地放弃以阶级斗争为纲的"左"的思想路线与政治路线，做出了把全党的工作重点转移到社会主义现代化建设上来的战略决策，重新确立了马克思主义的思想路线、政治路线和组织路线，全面拨乱反正，进行了繁重的建设和改革工作。③ 邓小平在这一过程中强调，要"改革同生产力迅速发展不相适应的生产关系和上层建筑"④，加强社会主义民主与法制，提出"为了保障人民民主，必须加强法制。必须使民主制度化、法律化，使这种制度和法律不因领导人的改变而改变"⑤。这充分表明，党的十一届三中全会以后的中国现代化建设已经从物质文化层面进入到制度文化（民主与法制）层面。中国的"四化"建设从此有了制度层面特别是法制层面的保障。

党的十一届三中全会以来，中国的立法工作进入了新中国成立以来最快的历史时期。1997 年党的十五大正式明确提出要"实行依法治国，建设社会主义法治国家"，1999 年九届全国人大二次会议把"依法治国，建设社会主义法治国家"载入宪法，使之成为一项不可动摇的宪法原则和制度。2011 年春，全国人大常委会正式宣布中国特色社会主义法律体系已经形成。

然而，当下中国法律实施的问题却不容乐观。诚如吴邦国所说的那样，"中国特色社会主义法律体系的形成，总体上解决了有法可依的问题，在这种情况下，有法可依、执法必严、违法必究的问题就显得更为突出、更加紧迫"，以上情况说明，深入进行社会主义法治理念教育，对于我国法治国家目标的达致具有十分重要的现实意义。正如胡锦涛所说的那样，"坚持依法治国方略，树立社会主义法治理念，实现国家各项工作的法治化，保障公民的合法权益"，要"加强公民意识教育，树立社会主义民主法制、自由平等、公平正义理念"，要"深入开展法制宣传教育，弘扬法治精神，形成自觉学法守法用法的社会氛围"。社会主义法治理念的提出，在我国法治建设史上是具有里程碑意义的，它标志着我国的法制现代化建设深入到法律文化的核心层面——观念／理念层面，并开始从法制向法治的转变。

改革开放 30 年来，我们在中国现代化的道路选择上似乎又走了一个圆圈，不过，这个历史发展的圆圈，绝不是一个封闭的圆圈，而是在更高的历史经纬上的一个崭新的圆圈。它绝不是历史的简单循环，而是在法治全球化的背景下中国共产党人和中国人民的主体觉醒和理性选择。法治，必须铭刻在人们的心中——这就是历史的正确结论。

① ［德］黑格尔：《哲学史讲演录》第 1 卷，贺麟、王太庆译，第 31—32 页，商务印书馆，1959。
② 《列宁全集》第 55 卷，第 207 页，人民出版社，1990。
③ 参见《中国共产党中央委员会关于建国以来党的若干历史问题的决议》，载《三中全会以来重要文献选编》（下），第 768—769 页，人民出版社，1982。
④ 《邓小平文选》第 2 卷，第 141 页，人民出版社，1994。
⑤ 《邓小平文选》第 2 卷，第 146 页，人民出版社，1994。

3. 法治文化的三维结构

就如文化的概念众说纷纭一样，学界关于法治文化也没有一个统一的定义。我们倾向从精神理念、制度规范、行为实践这三个层面对法治文化进行分类。法治文化应该包括法律制度结构和法律观念结构，以及自觉执法、守法、用法等行为方式，是包含民主、人权、平等、自由、正义、公平等价值在内的人类优秀法律文化类型。

一是精神层面的法治文化。它包括法的特征与本质的理论，法律意识及其认知的理论，法的功能类型以及功能状态的理论，法的价值形态及其评价的理论，法学与方法论，法与社会、法与国家、法与道德、法与宗教、法与经济、法与政治、法与文化等理论。

二是制度层面的法治文化。制度层面的法治文化是精神层面的法治文化的外化，主要包括宪法制度、立法制度、执法制度、司法制度、法律监督制度、守法制度以及法律体系、法律部门、法律原则、法律规则、法律条文、法律解释、司法解释、司法判例等，它是法治文化的基本制度载体和客观化的存在方式，它由国家权力机关制定和颁布，并以国家强制力保证实施。

三是行为层面的法律文化。"法治不仅是主流价值和理论观念，也不仅仅是制度规范和司法机器，更重要的它是社会信仰、生活方式和行为习惯。作为社会行为方式的法治文化，主要是指社会成员在社会活动中对待法治的态度和所采取的行为方式。"[①]

法治文化的三大结构（或曰法治文化的三大要素）的关系是：第一，制度文化是在精神文化的导引下建立的，人的行为总是在一定的知识、情感和意志的支配下进行的；第二，精神文化的科学与先进的程度决定着制度文化的文明和良善程度，也引领着人的行为的自觉自由程度；第三，中国法治实践证明，精神文化的共识认同程度决定着制度文化的实施程度和行为文化自觉程度；第四，从法治价值依归的角度来看，精神文化价值与制度文化相比，前者处于更高的位阶，因为制度文化主要体现的是一种操作性、工具性价值，而精神文化却具有信仰性和价值论意义。所以，精神文化是法治文化的核心和灵魂。

4. 法治文化的价值功能

法治的终极价值是保障人权，实现社会的和谐善治。因此，法治有着极其重要的价值意义。

首先，法治文化有利于社会主义核心价值观的确立。社会主义核心价值观体系，包括国家层面的价值观、社会层面的价值观和个人行为层面的价值观，它们是一个相互联系、相互作用的统一整体。从国家层面的价值观来看，国家的富强、民主、文明、和谐都离不开社会主义法治和社会主义法治文化。一个国家经济的繁荣，离不开法治文化的支撑；一个国家民主的实现，离不开民主的制度化、法治化；一个国家文明秩序的建构，离不开制度层面法治文化的规范；一个国家社会的和谐，离不开法治文化的引领。从社会层面的价值来看，自由、平等、公正本身就是法治文化的基本价值。从个人行为的价值层面来看，

---

① 李林：《中国语境下的文化与法治文化概念》，载《中国党政干部论坛 >2012 年第 6 期。

爱国、敬业、诚信、友善是公民必须恪守的基本道德准则，也是公民守法、用法、护法的基本法律素养。习近平指出：“法律是成文的道德，道德是内心的法律。”[①] 习近平的精辟论断阐述了公民恪守道德和遵守法律的辩证统一关系，揭示了道德文化和法律文化之间的内在关联，也是人的法治行为文化的题中应有之义。

其次，法治文化有利于中国社会主义法律体系的完善。全面推进依法治国，必须在新的历史起点上进一步完善中国特色社会主义法律体系。我国的依法治国和法治建设要向纵深发展和推进，应当从以立法为中心加强法律制度规范建设，向以法治文化为重点加强法治精神、法治理念和法治意识建设转变，努力使法治成为人们的价值信仰和生活方式，实现法治文化与法律体系的全面协调发展。也就是说，加强社会主义法治文化建设有利于我们关注法律及其相关的社会经济、政治、文化发展中的内在关联，关注法律发展与社会发展、人的发展之间的一致性，从而使我国的法律更加符合社会发展的必然性与人的发展的目的性，使我国社会主义法律体系更趋完善。

再次，法治文化有利于弘扬社会主义法治精神。法治精神是法治的价值本源和始基，是一个社会法治发展的最深刻的动力源泉。弘扬社会主义法治精神，必须加强法治文化建设。其中，思想精神层面的法治文化乃是法治文化的核心。因此，加强法治文化建设（内在地包含着法治精神的弘扬），有利于凝聚社会法治共识、实现社会公平正义、完善利益协调和纠纷解决机制、夯实执政党的合法性思想文化基础。

此外，法治文化有利于促进社会主体确立依法活动的良好行为准则。法律的生命在于实施，否则将形同虚设。普遍服从法律既是法治的一个基本准则，也是法治社会中一切社会主体的基本行为准则，还应当成为所有公民的一种生活方式和行为方式。因此，加强法治文化建设、努力打造以法治文化为支撑的法治环境，是法治中国建设目标达至的客观条件。

（二）法治文化的培育

法治实践是法治主体从事法律创制、实施的一切活动，它以现代法治理念为观念指导，以法律制度为行为准则，以良善的法律秩序形成标志，以人的权利保障为依归。法治理念和法律制度最终都由法治实践所决定，两者都统一于并反作用于社会法治实践。有的学者认为，法治文化诸要素是以社会生活为基地，以法律思想特别是其中的法律意识为中心环节，相互作用，相互联系，构成法治文化发展演进的直接动因。[②]

法治实践是人类社会性的活动，它与人的个体活动不同，“公民个人的行为选择并不都是接受国家法律的指引，在某种程度上是根据公民个人在长期的生活体验中所形成的法律价值观去选择和决定自己的行为”。[③] 但法治社会建设、法治的发展、法治秩序的形成，

① 习近平：《在首都各界纪念现行宪法公布施行 30 周年大会上的讲话》（2012 年 12 月 4 日），载《人民日报》2012 年 12 月 5 日。
② 参见武树臣《让历史预言未来》，载《法学研究》1989 年第 2 期。
③ 参见刘作翔《法律文化理论》，第 129 页，商务印书馆，1999。

离开了国家、社会和公民的共识和行动，则是不可想象的。因之，中国当下法治实践最大的问题就在于法治文化与法治理念并没有成为全社会的共识。因此，培育和建设社会主义法治文化，并使之在全社会形成共识，是建设社会主义法治国家的思想观念基础。

1. 法治文化培育的本质规定

所谓法治文化的培育，本质上指的是把法治文化塑造成为中国先进文化的基本组成要素，把源于西方的法治文化的精髓培植为一种与中国国情相适应的本土文化，把中国传统法律文化积极因素创造性地转换为具有现代性意义的法治文化的一部分。

法治文化的本质是人的一种生活方式，这种生活方式是西方法治文明的产物。不论毛泽东还是邓小平都曾经说过，中国缺少法治文化的历史传统。对于中国这个有着几千年封建专制主义传统的国家来说，如何把法治文化培育为中国人的一种生活化诉求，是我们亟待思考和解决的问题。

2. 法治文化培育的重要性

根据马克思主义法哲学的观点，社会存在决定人们的社会意识，也就决定着人们法治理念的价值取向、内容结构、发展变迁和性质特征。所以各国的社会生活条件不同，其法治理念也就会表现出异质性特征。现代法治理念体现着法治的普遍规律、普适精神和普遍要求，反映人类社会政治文明和法治文明的共同成果。由于法治发展有其自身独特的规律性，它在绝对地依赖于社会存在的同时，其自身又有着相对独立性，它遵循着法治的普遍规律而发展，体现着人类法治文明的普适价值，反映着人类追求公平正义的普遍诉求。因此，各国法治发展在呈现出多元化和异质性的同时，在全球化趋势的发展中又呈现出相互渗透、相互移植和相互融合的趋同化态势。

全球化时代是一个法律文化多元的时代，这些多元的法律文化深刻地影响着乃至制约着当下中国法治建设的走向，并在一定程度上决定着中国法治的基本面貌。从文化的共时性来看，这些多元的法律文化使我们既面临着现代资本主义法律文化的挑战，又应因着社会主义法律文化的重构任务。在近百年中国的文化发展过程中，传统与现代、人治与法治、特权与平等、专制与自由始终处于激烈的较量与角逐之中。因此，加强社会主义法治文化建设和培育，对于中国的法治发展意义特别重大。

3. 法治文化的培育方式

首先，法治文化的培育必须基于一种文化的自觉。文化的自觉是一种主体的需求，一种民众的觉醒，一种社会的呼唤，一种理性的行为。"文化自觉实质上就是人们对民族文化发展道路以及人类文化命运的探索和筹划"。① 这就要求我们，要对异域法律文化与本土法律文化双重体认。这种文化培育的过程必然引起异域文化与本土文化的冲突、碰撞、融合与再生。因此，我们既要对西方法治文化有深刻的反思与体认，又要对中国本土文化

---

① 王文兵：《文化自觉与社会秩序变革》，第 3 页，中央文献出版社，2007。

土壤特别是传统法律文化有深刻的批判、过滤、传承与创新。要对中西方法律文化发展历程、成长规律、利弊得失有精到的把握，从而达到主体文化的自觉，为法治文化的培育提供坚实的理论基础。同时，要对法治文化培育持开放态度。既要坚持马克思主义法学的基本立场、基本观点和基本方法，又要对其他异域法律文化持一种真正的开放精神，对各国先进的法治文化进行合乎理性地选择。

其次，法治文化的培育必须依赖中国的经济建设、政治建设、文化建设、社会建设的总体发展。法治文化建设是一个长期的任务，经济发展是基础，但是经济发展不能自发地生成现代法治，它必须依靠有效的制度保障，必须依赖政治体制的改革和完善，必须依赖整个中华民族文化素质的提升。因此，法治文化的培育与建设，必须放置到中国社会经济不断发展、政治体制改革不断深化的大环境之中予以考量，必须放置到中国文化强国建设的系统工程中予以观照，必须放置到中国社会建设不断强化的宏伟进程中予以探究。

再次，法治文化的培育关键在于要把法治文化、法治理念、法治精神转化为普通民众的日常生活实践。要通过对法治文化宣传与普及，让民众能够理解法治的真谛；要通过对法治文化的理解，使之树立起对法治文化的理性信仰，从而在全社会树立对法治文化的认同。法治文化认同本身既是一个理论问题，也是一个实践问题。当下中国社会，特别是广大民众对法治文化的认同乃是当下中国法治文化建设的重中之重。

（三）法治文化的认同

所谓法治文化认同，是指人们对法治文化的一种"相互承认"，是民众对法治文化的"重叠共识"，是主体对法治文化中的正义观念、良好的社会秩序观念、公民作为人的观念、制度正义原则以及关于合作性美德的共识。

1. 法治中国建设需要法治文化的认同

（1）法治文化认同是消解社会政治生活的合法性危机的文化前提

法治中国建设目标的实现需要社会主体的广泛认同，而法治认同的本质是一种文化认同。中国的法治不同程度地存在一种疲软现象，这种现象的背后原因说到底是与社会主体对中国法治文化的认同度不高有关。而法治认同的概念与合法性概念有相通之处。论及合法性，法国学者让－马克·夸克认为，合法性的最初含义是指与法律相一致的东西。另外，合法性"它是对被统治者与统治者关系的评价。它是政治权力和其遵从者证明自身合法性的过程。它是对统治权力的认可"。可见，我们判断一种法律制度、一种统治或社会治理的合法性，就本质要件不是合乎法律的规定性，而是广大民众对这种法律制度和政治权力的认同或认可。

政治、法律"合法性不可能一朝拥有而亘古不变。因此，在某种意义上，可以认为，合法性危机就成为社会政治生活的正常状态"。① 合法性危机具有一定普遍性，所以，社

---

① 参见岳天明《政治合法性问题研究——基于多民族国家的政治社会学分析》，第183页，中国社会科学出版社，2006。

会政治生活出现合法性危机并不可怕，因为社会有机体就像自然有机体一样，有着一种自我康复的能力，因之，及时调控这种危机，并凝聚社会主体认同来化解社会政治生活的合法性危机，对于维系社会系统的良性协调运行就显得尤为重要。哈贝马斯则从晚期资本主义经济的高速增长给国际社会带来了诸多问题的角度分析了合法性的危机，认为所谓合法性危机，实质乃是一种直接的社会系统的文化认同的危机。[①] 因为社会价值观问题，社会组织原则问题，社会控制和治理问题，说到底则是一个文化问题。合法性危机是社会发展的极大障碍，它使解决社会现实问题的任何方案都失去操作性活力和意义。因此，法治文化认同是消解社会政治生活的合法性危机的文化前提。

（2）实现法治国家的建设目标，需要全社会对法治文化的高度认同

民众对中国政治法律制度和国家政治权力（包括执政党权力）合法性的广泛认同，核心和关键是法治精神文化的认同。当下，影响中国法治建设的障碍主要表现在：保证宪法实施的监督机制和具体制度还不健全，有法不依、执法不严、违法不究现象在一些地方和部门依然存在；关系人民群众切身利益的执法司法问题还比较突出；一些公职人员滥用职权、失职渎职、执法犯法甚至徇私枉法严重损害国家法制权威；公民包括一些领导干部的宪法意识还有待进一步提高。对这些问题，我们必须高度重视，切实加以解决。[②] 这说明，只有对法治制度文化的认同而没有对法治精神文化的认同，国家的法律制度不可能真正得到有效的实施。

有鉴于此，党的十八大报告指出：要"深入开展法制宣传教育，弘扬社会主义法治精神，树立社会主义法治理念，增强全社会学法遵法守法用法意识。提高领导干部运用法治思维和法治方式深化改革、推动发展、化解矛盾、维护稳定能力"。[③] 党的十八届三中全会决定进一步彰显了先进的法治理念和法治精神，诸如尊重和保障人权的法治理念和法治精神，追求公平正义的法治理念和法治精神，践行民主共和的法治理念和法治精神，维护社会主义法制统一、尊严和权威的法治理念和法治精神等。所有这一切，乃是法治建设的核心要素之所在。当下中国进入了改革和发展的关键时期，"国内外环境都在发生极为广泛而深刻的变化，我国发展面临一系列突出矛盾和挑战，前进道路上还有不少困难和问题"。[④]而这些矛盾的化解，需要用法治思维和法治方式来解决，这就需要全社会对法治文化的认同，特别是对法治精神文化的认同，法治精神文化的认同是法治文化认同的核心和关键。

---

① 参见岳天明《政治合法性问题研究——基于多民族国家的政治社会学分析》，第183页，中国社会科学出版社，2006。

② 参见习近平《在首都各界纪念现行宪法公布施行30周年大会上的讲话》（2012年12月4日），载《人民日报》2012年12月5日。

③ 胡锦涛：《坚定不移沿着中国特色社会主义道路前进为全面建成小康社会而奋斗——在中国共产党第十八次全国代表大会上的报告》（2012年11月8日），载《人民日报》2012年11月18日。

④ 参见习近平《关于〈中共中央关于全面深化改革若干重大问题的决定＞的说明》（2013年11月15日），载《人民日报》2013年11月16日。

2. 法治文化认同的机理

既然法治文化认同有着重要的意义，那怎样才能达至这种认同？这就有必要探究法治文化认同的机理。

（1）对不同利益的法律平衡和评价标准的共识

马克思说过："人们为之奋斗的一切，都同他们的利益有关。"①我们追求法治的目的，就在于主体对合法利益的法律保护以及对非法利益打击和处罚的合理期待。罗斯科·庞德对那些要求得到法律制度承认和保护的各种不同的利益作了辨析和阐释。他把利益分为个人利益、公共利益和社会利益三种类型。庞德认为，在各种相互冲突的利益矛盾中，法律的任务和价值就在于"在最小的阻碍和最少浪费的情况下给予整个利益方案以最大的效果"。②然而，在现代社会利益是多元的，各种利益之间甚至是相互冲突的。由此就带来了一个无法回避的问题，法律是否可以对上述不同利益同时都予以保护呢？如果不能同时满足不同主体的利益要求，法律应该优先保护何种利益？我们确定需要优先保护的利益的价值标准，或者说对上述利益重要性的先后位序排列的依据又是什么呢？最重要的难题是，这样的排列怎样才能得到不同利益主体的认同呢？这就涉及到法的价值的认同问题。对此，庞德提出了"利益评价"问题，即尽可能多地满足一些利益，同时把其他利益的牺牲和摩擦降低到最小限度。

对于这个难题，博登海默的回答是："人的确不可能根据哲学方法对那些应当得到法律承认和保护的利益做出一种普遍有效的权威性的位序安排。然而，这并不意味着法理学必须将所有利益视为必定是位于同一水平上的，亦不意味着任何的评价都是行不通的。"③博登海默给出的价值位序的排列是：生命利益高于其他利益（尤其是所有的个人利益），也高于财产利益；健康的利益高于享乐或娱乐的利益；在合法的战争情形下，国家利益高于人的生命利益和财产利益；为了保护子孙后代的利益，特别是当保护生态平衡决定着人类生存之时，保护国家的自然资源就高于某个个人或群体通过开发这些资源而致富的欲望。为此，不同利益主体就需要对上述利益衡量和评价标准取得共识，在此基础上，依靠立法手段对相互对立的利益进行调整，以及对它们的先后顺序予以安排。基于这样的理由，我们完全可以说，利益的相互承认和共识是法治文化认同的基础和前提。

（2）主体之间通过斗争或竞争而达至理性妥协与契约

谈到斗争，我们自然会想起德国法学家耶林提出的"为权利而斗争"的主张，"法的目标是和平，而实现和平的手段是斗争。只要法必须防御来自不法的侵害——此现象将与世共存，则法无斗争将无济于事。法的生命是斗争，即国民的、国家权力的、阶级的、个

① 《马克思恩格斯全集》第 1 卷，第 187 页，人民出版社，1995。

② 参见 [美] 罗斯科·庞德《通过法律的社会控制》，沈宗灵译，第 71 页，商务印书馆，1984。

③ [美] E·博登海默：《法理学——法律哲学与法律方法》，邓正来译，第 400 页，中国政法大学出版社，1999。

人的斗争"。①但是竞争和斗争不可能是无限度的。否则,个体之间就会出现像霍布斯所说的,斗争将呈现出"每一个人对每一个人的战争"状态,人与人的关系就像"狼与狼关系是和非以及公正与不公正的观念在这儿都不存在"。②其结果将是双方同归于尽,或者两败俱伤,这也就失去了"互相承认"的前提。③因此,主体之间需要对斗争进行理性的克制,斗争的目的不是使双方毁灭,而是按照自己的理性判断,以理性的方式尽量达至共识和互相承认,选择通过契约、规则形式来解决纷争。

可见,人们基于利益而竞争,为了在竞争中达到双赢而不是两败俱伤的局面,竞争者必须对自己的行为有所克制,并按照一定规则有序竞争,这就需要竞争各方在斗争中相互妥协,进而制定契约,并诚信自觉地履行各自的义务,实现自己的正当权益。市场经济条件下的法治文化特质应当如此。因之,竞争—克制—妥协—规则—契约,这就是现代市场经济条件下人们对法治文化认同的基本法则。

(3)主体之间的理性商谈/协商

商谈或者协商理论,是现代民主发展到一定阶段而出现的一种新型民主理论。这种理论所主张的民主,有别于选举民主或者票决民主,它与选举民主共同构成了现代民主国家实现民主的两种模式。所谓协商民主,是在一定的政治共同体中,行动者通过对话、讨论、商谈、交易、妥协、沟通和审议的方式与机制,有序参与民主政治生活的一种民主模式。近年来,商谈民主,或者协商民主,成为中外学者普遍关注的一种新的民主模式。

商谈/协商民主也备受中国最高决策层的高度重视。党的十八届三中全会强调:"推进协商民主广泛多层制度化发展。协商民主是我国社会主义民主政治的特有形式和独特优势,是党的群众路线在政治领域的重要体现。在党的领导下,以经济社会发展重大问题和涉及群众切身利益的实际问题为内容,在全社会开展广泛协商,坚持协商于决策之前和决策实施之中。""构建程序合理、环节完整的协商民主体系,拓宽国家政权机关、政协组织、党派团体、基层组织、社会组织的协商渠道。深入开展立法协商、行政协商、民主协商、参政协商、社会协商。"④可见,在中国,商谈是达至法治文化认同的最有效的路径。

3. 法治文化认同的路径

法治文化的认同应该沿着情感认同→价值认同→行为认同的路径而递进式展开,它是一个从感性到理性,从理念到实践逐步发展的过程,它们是一种相辅相成、相互依赖的统一关系,而统一的基础乃是正在全面深入推进和发展的中国法治建设的实践。

---

① 参见[德]耶林《为权利而斗争》,载《民商法论丛》第2卷,第12页,法律出版社,1994。

② 参见[英]霍布斯《利维坦》,黎思复等译,第94—96页,商务印书馆,1985。

③ 参见韩立新《从"人伦的悲剧"到精神的诞生——黑格尔耶拿〈精神哲学〉草稿中从个人到社会的演进逻辑》,载《哲学动态》2013年第11期。

④ 《中共中央关于全面深化改革若干重大问题的决定》(2013年11月12日),第29—30页,人民出版社,2013。

（1）法治文化的情感认同

所谓情感，是指人对客观现实的一种特殊反映形式，是人对于客观事物是否符合主体的需要而产生的态度和体验。情感是一种主观体验、主观态度或主观反映，它的心理学内涵非常丰富。就法治文化而言，人们对法治的情感主要包括对法治的信任感、敬畏感和责任感。这些情感因素是法治文化认同的主观意识基础。从法治文化的认同路径来看，首先需要培育对法治文化的情感认同。

第一，强化人们对法治的信任感。信任法治，是法治文化认同的前提条件。当人们遇到纠纷的时候，当人们的权利受到不法侵害的时候，是相信法律，用法治手段排解纠纷、维护权益，还是相信关系和权力，这是衡量一个社会对法治的信任度的标尺。所谓信"访"不信"法"，就是人们对法律和法治缺乏信任度的主要体现。要使人们信任法律和法治，必须基于这样的条件和前提：法律是维护公民权利的"良法"；当人们诉诸法律时，司法机关能够公正地做出维护公民合法权益的裁判，并制止不法行为的继续发生；业已生效的司法判决能够及时地得以执行；诉诸法律的代价和成本要远远低于其他"维权"手段的代价和成本。满足了上述条件，人们对法治文化的信任感和认同感也就会逐步树立起来。

第二，强化人们对法律的敬畏感。法律不仅是维护公民权利的有效手段，而且是处罚侵害公民权利的违法行为的尖锐利器，否则人们不可能敬畏法律，法治必然陷入疲软状态。因此，"法律只有进入人的内心世界，被人们所信仰所信赖，法治才能有力量，法律才能有权威。否则，法治建设就会付出更多的成本和代价，甚至难以承受。"[1] 因此，唯有法律的警钟长鸣，才能强化人们对法律的敬畏感，从而增强人们对法治文化的认同度。

第三，强化人们对法治的责任感。弘扬法治文化，实践法治精神，需要每一个公民增强践行法治的舍任感和使命感。依法治国、建设社会主义法治国家目标的实现，关乎一切政党（尤其是执政党）、一切国家机关、一切社会组织、一切公民个人。任何法治建设的主体都不能置之度外，因此，强化人们的法治责任感，进而增强法治文化的认同度，需要领导干部承担起以身作则、践行法治文化的垂范责任，需要"法律人"担负起生产、传播、续造法治文化的先行责任，需要全社会承担起遵法、护法和守法的社会责任。法行天下，责任重大，全社会都有了这样的责任感，法治文化的认同也就有了广泛的主体基础。

（2）法治文化的价值认同

法治文化有着其特定的意义、价值、目的等功能。其中，追求社会的民主法治、公平正义、人权保障、权力制约、司法独立，实现社会的善治和人类的"善业"，乃是其根本的意义和价值。[2] 法治文化的认同是人们在一个民族共同体或国家中长期共同生活所形成的对法治的肯定性体认，其核心是对一个国家法治价值的认同。

（3）法治文化的行为认同

法律的生命在于实施，法治文化的价值在于行动。当"中国法治发展的战略重点，应

①　胡云腾：《法治精神之我见》，载《法制日报》2007 年 8 月 17 日。

②　参见龚廷泰《法院文化建设的最高境界：追求司法的真善美》，载《中国审判》2012 年第 1 期。

当是解决宪法和法律有效实施的问题，使宪法法律实施与立法协调发展，与经济社会文化建设协调发展，与人民对法治的期待和要求协调发展"。[①]要形成对中国法治文化的行为认同，关键是民众对我国执法行为、司法行为、守法行为的认同，这就要求科学立法、严格执法、公正司法、普遍守法，做到了这一步，法治文化的行为认同也就有了深厚的实践基础，这也是法治文化的情感认同、价值认同的本源性基石，有了这块基石，中国法治文化的雄伟大厦也就有了结实牢固的根基。

三、注重法治观念的养成

（一）法治观念的概念

所谓法治观念，是指人们对法律的性质、地位、作用等问题的认识和看法也就是依靠法律管理国家、管理经济和治理社会的观念。法治观念的实质是指法律至上，是指以人们的法律观、法制观和法感情为基础的一系列法律观念，它是人们在参与有关法律的社会实践过程中自身认识发展的内化与积淀，是主体将自己的经验和法律知识加以组合的结果。"法制观念"是指"遵守法律的意识"，"法治观念"则是指"不是依据长官意志，而是依据法律来进行治理的观念。十八届四中全会通过的《中共中央关于全面推进依法治国若干重大问题的决定》，对于加快建设社会主义法治国家，全面推进依法治国若干重大问题做出了重要部署。要真正深入贯彻依法治国的基本方略，关键在于增强全民的法治观念，强化法治意识。

（二）法治与民生的关系

首先，保障和改善民生要求法治来保障和改善公民的物质生活。法治保障和改善公民物质生是通过确认和保障公民财产权、经济自由权、就业权、劳动权、社会保障权等权利的方式来实现的。

其次，保障和改善民生要求，营造稳定和谐的生活环境。消除社会混乱、实现社会意定，是社会生活的必要条件。消除社会的无序状态、实现社会的稳定和谐，不能依靠人治而只能依靠法治。人治只能带来暂时的稳定，但法治可以保障国家的长治久安。

最后，保障和改善民生要求法治维护和促进社会公平。保障和改善民生既要增加和扩大财富的源泉，也要维护和促进社会公平。社会公平具有多种含义，它所指的对象可以是政治参与权利、收入分配制度，也可以是弱势群体的社会地位和法律地位。如同正义一样，社会公平也"具有一张普洛透斯似的脸，变幻无常、随时可呈不同形状，并且有极不相同的面貌"，其内容也因时代、社会、阶级的不同而不同。在现代社会，社会公平是以权利平等为核心的包括机会均等、规则公平、按贡献分配、基本需要的社会保障等内容的有机

---

① 李林：《社会主义法治文化概念的几个问题》，载《北京联合大学学报（人文社会科学版）》2012年第2期。

系统。社会公平对民生是事关宏旨的。

历史和现实也表明，国家的民生状况与法治状况密切相关。在中国，法治不兴、人治横行，因而民不聊生。新中国的成立使过去受剥削、受压迫的劳动人民翻身成为国家的主人，社会主义公有制的建立为保障和改善民生提供了社会制度条件。但是，民生问题并没有因此而得到彻底解决。其原因很多，其中一个重要方而便是法治不健全。由于法治不健全，民生问题依然存在。解决民生问题、保障和改善民生，需要切实发拆法治的作用。

民生对法治存在着依赖关系，保障和改善民生离不开法治，但这只是问题的一个方面。问题的另一个方面是，法治能够为民生提供保障。法治是人的生行意志的生动体现，其以保障和改善人的生活为己任。

（三）法治观念形成的相关因素

十八大以来，习近平总书记在一系列讲话中阐述了严格依法行政的重要性，指出："我国是个人情社会，人们的社会联系广泛，上下级、亲戚朋友、老战友、老同事、老同学关系比较融洽，逢事喜欢讲个熟门熟道，但如果人情介入了法律和权力领域，就会带来问题，甚至带来严重问题。"习近平说，"引导群众遇事找法、解决问题靠法，逐步改变社会上那种遇事不是找法而是找人的现象。"

他还强调，法律面前人人平等，谁都没有超越法律的特权。法治观念是法治的重要基础。法律只有被认同、被信仰，成为内化在人们思想中、熔铸到人们头脑中的强大观念，人们才会自觉自愿地遵守法律，把依法办事当成白己的生活习惯。现实生活中有的老百姓办事不用法、不依法，"信访不信法"观念根深蒂固，改变这一现状必须要让全民遵法、学法、守法、用法成为一种自觉行为，充分信任法律、尊重法律、自觉运用法律，让办事依法、遇事找法、解决问题用法、化解矛盾靠法成为社会新常态。

当前群众法治观念淡薄，原因是多方面的。我国有着两千多年的封建专制历史，人治思想根深蒂固，人治文化传统源远流长，成为制约人们现代法治观念形成不可忽视的因素。加之在现实生活中，有法不依、执法不严、违法不究等现象的存在，客观上造成了"违法成本低、守法成本高"的后果，不同程度削弱了法律的权威。从总体上讲，广大干部群众法治意识在不所提升，但思想观念的转变是一个长期的过程，不可能一蹴而就、朝夕即成。增强全民法治观念，形成全民学法、懂法、守法、用法的良好风尚，仍然是我们面临的一项长期而艰巨的任务

1. 全社会树立法治意识

2015 年 2 月 18 日播出的羊年春晚上，一则《圈子》的相声，将国人遇事"找人不找法"的现象讽刺得淋漓尽致，笑过之后，却又不得不深思，为何国人遇事热衷于找人，而不是依法办事呢？主要原因：其一，人治思维影响。中国古代专制社会，法律仅是强化"人治"的手段，君主专制和官僚政治的现实，不可能建立起正常稳定的法治秩序，律令本身就是特权法，达官显贵犯罪有"先请"（一定品秩的官员有罪须上请皇帝裁决）、"人议"（八

类人员犯罪可议、减、免刑）以及"刑不上大夫"等特权，"法之不行，自上犯之"，各项法纪如一纸空文。其二，坏的示范效应。在当前，有一种社会风气应当警醒，由于对稳定、考核的片面理解，一些基层政府和诉求者妥协，很多本该由法律手段解决的问题，在行政干涉下得到了解决：一些做出明确判决事项的案子，诉求者通过不断信访、上级、领导施压，迫使基层政府突破底线，让其得到了不该得到的好处，"大闹大解决、小闹小解决、不闹不解决"的示范效应蔓延。其三，出现效率误解。在"人咬狗才是新闻"的影响下，我们通过媒体常常看见"某某人打官司一打数年""某个人多处打探关系，在领导的'过问'下，事情很快得到解决"……这样的报道，让更多的人愈发相信"找人比打官司更管用"，甚至一些人还期望着，"只要能得到领导一句话，不仅可以解决问题，还可能会争取到比法律规定更高的补偿。"这些原因，归根结底在于法治缺失，老百姓对司法公正的怀疑。[①]

全社会树立法治意识是全面推进依法治国的基础。法治意识是人们对法律发自内心的认可、崇尚、遵守和服从。如果一个社会大多数人对法律没有信任感，认为靠法律解决不了问题，那就不可能建成法治社会。因此，一定要引导全社会树立法治意识，使人们发自内心地对宪法和法律信仰与崇敬，把法律规定内化为行为准则，积极主动地遵守宪法和法律。只有这样，才能为全面推进依法治国，实现科学立法、严格执法、公正司法、全民守法奠定坚实的思想基础。普及法律思想和树立法治理念，养成法治习惯，就是要让良"法"成为每一个公民心中"底线""高压线""法理情"，让每一个公民心生敬畏，内化为习惯。这对于真正实现"依法治国"来说，具有特别重要的意义。理念是指理性认识，法治观念与民生是行为的先导，有什么样的理念方式就会产生什么样的行为与惯。法治理念是人们对法律的功能、作用和法律的实施所持有的内心信念和观念，是指导一国法律制度设计和司法、执法、守法实践的思想基础和主导价值追求。法治理念从认识发展层次上高于"法治观念、法治意识、法治精神、法治思维"等。法治理念推及全社会，就是让人心中拥有一个尺度，对法治充满敬畏，什么能做，什么不能逾越，在变化的社会中，给予人们更多的确定性的指导。

从历史来看，只要权力在法治框架内运行，法治理念就能从口头变为现实，法治良性循环就能得到普遍的认同，法治而是人治也就能成为常态。在这种常态下，普通老百姓自然会更拥护法治。因为法治是建立在良法和善法基础上的社会形态，其基本信条是法律至上和人人平等。法治的主要目标不是"治民"，而是"治官"。而在社会生活中，老百姓无权无势，自然希望有一套公平的法律来保护其权利，"法无禁止即可为"。老百姓是法治的真正受益者。领导干部也应该拥护法治。尽管法治的要旨是"治官限权"，更为重要的是法治要求领导干部必须严格按照律规定去行使手中的权力，"法定职责必须为：法无授权不可为"。法治是对领导干部最好的保护。如果领导干部欠缺法治理念，就不可能有依法正确行使权力的法治实践能力，权力至上意识就会乘虚滋生并强化，如果领导干部行使权力可以不受约束成为常态，而且官职越高自由度越高，那么必然产生不良作风和有害

---

① 李金芳：《今日议题："遇事找人不找法"怎么破？》，刊于人民论坛网 2015 年 5 月 15 日。

行为，败坏党风政风社会环境，害己害人，害党害国。

树立法治理念，让法治理念内化到每一个社会成员心中，将法律信仰根植于民族的精神内涵之中，真正走上法治之路，这绝非易事。在《中共中央关于全面推进依法治国若干重大问题的决定》中指出："推动全社会树立法治意识坚持把全民普法和守法作为依法治国的长期基础性工作，深入开展法治宣传教育，引导全民自觉守法、遇事找法、解决问题靠法。把法治教育纳入国民教育体系，从青少年抓起，在中小学设立法治知识课程。"因此树立法治观念必须党员干部率先垂范，从点滴做起，积累法律的权威，让依法治国入脑入心，在生活中不再陌生。如此，树立法律至上的理念，提高信仰法律的自觉性，法治理念才会传变为习惯的力量。

2. 信法是前提，守法是关键

在现实生活中，不论大事小事，群众都喜欢找干部，可是一些涉法问题不归干部管，就要领着群众找法律。当下关键要培养群众"遇事找法"的习惯。这番话发人深思。"遇事找法"，知易行难。我国传统上有"屈死不告状"的老话，现实中有"信访不信法"的案例，一些公民法治意识淡薄，当前首先想的，不是找法而是找人，这种现象比较普遍。大抵说来，有两类原因：一是"人治惯性"，多年来找人好办事，逐渐有了"路径依赖"；二是"法治"不足，找法不是门槛高、代价大，就是担心不管用。此外，"权大于法""以权压法""打官司"变成"打关系"等不正常现象，也在某科程度上动摇了一部分人的法治信仰。

建设法治社会，必须让"遇事找法"成为一种习惯。首先，要让部"办事依法"。领导干部要充分发挥"关键少数"的重要作用，善于运用法治理念和法治办法开工作，切实做到解决问题用法、化解矛盾靠法。其次，要让"遇事找法"更方便、真管用。要进一步降低找法成本，拓宽法律援助、诉讼救济等渠道，让法律的"保护伞"触手可及；要进一步推进公正司法，杜绝金钱案、关系案、人情案，让人民群众在每个案件中都能感受到公平正义。[①]

卢梭在《社会契约论》中说过，一切法律之中最重要的法律既不是铭刻在大理石上，也不是铭刻在铜表上，而是铭刻在公民们的内心里。法治，是要通过人的行为才能实现的。"依法治国"的重要社会基础之一就是人们的法治行为习惯。然而，法治行为习惯不是先天就有的，不是与生俱来的，是经过后天的教化和约束逐渐形成的，是在一定社会生活环境中养习而成的。在社会中创造法治行为环境，帮助全体公民养成法治行为习惯，就不仅仅是法学家的神圣使命，也是全社会的责任。习惯，指逐渐养成而不易改变的行为。好习惯养成了，它们也就会忠诚而牢固。养成法治习惯要靠督促逐渐养成，既要靠社会成员的自身努力、主观自律，也要靠规章制度保障、严格约束。养成法治习惯，就是让守法成为每一个公民做事情想问题的模式、习惯，成为自觉行为。如此下来，每个人都可以安心做

---

① 吴林红：《让"遇事找法"成习惯》，刊于《安徽日报》2014 年 11 月 24 日。

事，靠自己的奋斗和努力来实现人生目标：而靠关系、凭贿赂等偷奸取巧，违法乱纪的行为都将受到法治的约束、惩戒。

党的十八大和十八届四中全会都做出了以"科学立法、严格执法、公正司法和全民守法"为主要内容的全面推进依法治国的重大战略部署，这里的"十六字方针"是重要的评判参考。习近平总书记曾做出"办事依法、遇事找法、解决问题用法、化解矛盾靠法"的阐述，清晰明了。不管是老百姓还是领导干部，在生活中遇到事情，如果下意识地想起法律是如何规定的，怎样通过法律手段解决问题，形成了"奉公守法者强"的社会行为环境，这说明法治理念已经成为法治习惯。良好的法治习惯必然在有意识的训练中形成，都不会是轻而易举的。

因此，我们一定要循序渐进，出浅入深，由近及远，尤其开始我们要宁少勿多、宁简勿繁、宁易勿难。因此，领导干部必须率先垂范，社会中守法的人才会愈来愈多。唯有大多数领导干部和百姓都养成法治习惯之时，就是中国真正实现法治之日。[①]

四、注重法治精神的弘扬

"法治"就像"正义"那样，拥有一张普罗透斯般变幻多端的脸庞，虽然不同时期、不同流派的法学家们对什么是法治殚精竭虑、争论不休，但作为一种政治理想和价值追求，对法治的信仰已经深入人心，法治精神已经成为现代国家和文明社会的重要标志和精神气质。

（一）法治精神的价值取向与基本属性

法治概念本身的复杂性决定了持有的法治观不同，其所追求的价值理念和目的宗旨也各异，所奉行的法治精神内涵各有侧重，但在基本属性上有一定的共通性。基于社会主义法治理念和法治实践，社会主义法治精神呈现出保障人民民主权利的客观属性、指导社会主义法治运行的实践属性以及达至行为认同和观念共识的凝聚属性。

1. 法治精神的价值取向

精神的含义很丰富，与物质和肉体相对，是指人类之中不朽的部分，与主体关系密切，是主体的意旨和价值取向。[②]法治精神亦即法治所承载的意旨和价值取向。

西方是法治思想的发源地，也是法治传统扎根之处。对后世法治思想和法治实践影响深远的古希腊思想家亚里士多德在《政治学》一书中对法治作了经典解释："法治应包含两重意义：已成立的法律获得普遍的服从，而大家所服从的法律又应该本身是制订得良好的法律。"[③]这一阐释勾画出了法治的形式要件"法律获得普遍的服从"和法治的实质要件"大家所服从的法律又应该本身是制订得良好的法律"。后世的法学家们大体上是从这两个方

---

① 《树立法治理念 养成法治习惯》，刊于《镇江日报》，2014 年 12 月 11 日。

② 参见高振强、孟德楷《法治精神要论》，第 24 页，法律出版社，2013。

③ [古希腊] 亚里士多德：《政治学》，吴寿彭译，第 199 页，商务印书馆，1965。

面来阐释法治，赋予其价值旨向，由此形成了强调法治工具主义的形式主义法治观和强调法治实体目标的实质主义法治观。因此，凝结于形式主义法治观中的法治精神与凝结于实质主义法治观中的法治精神在理论和实践上有着较为清晰的分野。

形式主义法治观要求一切政府行为都必须得到法律授权，即政府依法办事。它没有说明法律是如何被制定的，是由暴君、民主的多数还是其他方式制定，也没有说明法律必须包含的基本权利、平等或正义等内容。它只施加有关法律必须采用何种形式这样的限制。例如，英国法哲学家约瑟夫·拉兹就主张法律必须是针对未来、公开、明确、普遍和相对稳定的。[①] 美国法理学家朗·富勒提出的法治标准则为：普遍性，明确性，公开宣布，持久的稳定性，规则与法律行为者实际行为之间的一致性，禁止追溯既往、矛盾和要求不可能之事。[②] 尽管形式主义法治观在道德上是中立的，不关心法律"善"还是"恶"，不关心法律的实体目标，但其所倡导的法律的公开和可预测性客观上也蕴含了安全、秩序和个人自由等法治精神。德国思想家马克斯·韦伯认为，资本主义要求规则导向的形式法律体系，以便为市场转型提供必不可少的安全性和可预测性，英国自由主义思想家哈耶克认为形式主义法治观使得法律具有可预测性，而这点是个人自由的关键。

在新中国探索社会主义法治精神的过程中，董必武提出了"依法办事"思想。1956年9月，董必武在党的八大上发言指出："依法办事是进一步加强法制的中心环节……依法办事有两方面的意义：其一，必须有法可依。这就促使我们要赶快把国家尚不完备的几种重要的法规制定出来……其二，有法必依。凡属已有明文规定的，必须确切地执行，按照规定办事。"对那些故意违反法律的人，"不管他现在地位多高，过去功劳多大，必须一律追究法律责任"。[③] 这一论述高度凝练地阐明了社会主义法治的核心精神内涵，成为邓小平提出的"有法可依，有法必依，执法必严，违法必究"十六字方针的思想渊源。

1978年12月13日，邓小平在"解放思想，实事求是，团结一致向前看"的著名讲话中，明确指出："为了保障人民民主，必须加强法制。必须使民主制度化、法律化，使这种制度和法律不因领导人的改变而改变，不因领导人的看法和注意力的改变而改变。"[④] 这一论断乃是建设社会主义法治国家的思想萌芽。1997年9月，党的十五大明确提出了"扩大社会主义民主，健全社会主义法制，依法治国，建设社会主义法治国家"的重大战略目标。1999年3月，九届全国人大二次会议通过了《中华人民共和国宪法修正案》，该法案第十三条规定："中华人民共和国实行依法治国，建设社会主义法治国家。"从此，"依法治国"被正式载入国家的根本大法，标志着中国进入了一个崭新的法治时代。2002年11月，江泽民在党的十六大报告中指出："宪法和法律是党的主张和人民意志相统一的体现。必

① 参见 [英] 约瑟夫·拉兹《论法治原则》，载《法学译丛》1990年第5期。
② 参见 [美] 朗·富勒《法律的道德性》，郑戈译，第49—107页，商务印书馆，2005。
③ 《董必武政治法律文集》，第487—488页，法律出版社，1986。
④ 《邓小平文选》第2卷，第146页，人民出版社，1994。

须严格依法办事，任何组织和个人都不允许有超越宪法和法律的特权"。^① 这一论述，确立了社会主义法治的法律至上精神。胡锦涛将社会主义民主政治作为法治发展的本质属性，认为发展社会主义民主政治"最根本的是要把坚持党的领导、人民当家做主和依法治国有机统一起来"^②，并且强调坚持依法治国方略、弘扬法治精神对于实现公平正义的重要价值。

2012 年 11 月，党的十八大报告确立了社会主义法治的新的十六字方针："科学立法、严格执法、公正司法、全民守法"。党的十八大以来，习近平同志做出了一系列关于社会主义法治建设的重要讲话，闪耀着社会主义法治精神的理论光辉。一是宪法至上精神。习近平指出："宪法是国家的根本法，是治国安邦的总章程，具有最高的法律地位、法律权威、法律效力，具有根本性、全局性、稳定性、长期性。全国各族人民、一切国家机关和武装力量、各政党和各社会团体、各企业事业组织，都必须以宪法为根本的活动准则，并且负有维护宪法尊严、保证宪法实施的职责。任何组织或者个人，都不得有超越宪法和法律的特权。一切违反宪法和法律的行为，都必须予以追究。"^③ 二是权利保护精神。习近平强调："我们要依法保障全体公民享有广泛的权利，保障公民的人身权、财产权、基本政治权利等各项权利不受侵犯，保证公民的经济、文化、社会等各方面权利得到落实，努力维护最广大人民根本利益，保障人民群众对美好生活的向往和追求。"^④ 三是权力制约精神。习近平指出："我们要健全权力运行制约和监督体系，有权必有责，用权受监督，失职要问责，违法要追究，保证人民赋予的权力始终用来为人民谋利益。"^⑤ 四是守法精神。习近平提出："我们要在全社会加强宪法宣传教育，提高全体人民特别是各级领导干部和国家机关工作人员的宪法意识和法制观念，弘扬社会主义法治精神，努力培育社会主义法治文化，让宪法家喻户晓，在全社会形成学法遵法守法用法的良好氛围。"^⑥

2. 社会主义法治精神的基本属性

在全面推进依法治国的现时代，深刻认识社会主义法治精神的基本属性，有助于我们自觉投身建设法治中国的伟大事业。

第一，社会主义法治精神体现了保障人民民主权利的客观属性。不同性质的国家所追求的法治价值内容上存在的差异，导致其所奉行的法治精神迥然相异。一般来说，法治精神属于法律意识这一主观范畴。就社会主义法治精神而言，在当代中国，建设社会主义法治国家已成为全社会的共识。社会主义法治精神在形式上具有主观性，但在内容上却具有

---

① 江泽民：《全面建设小康社会开创中国特色社会主义新局面——在中国共产党第十六次全国代表大会上的报告》（2002 年 11 月 8 日），载《人民日报》2002 年 11 月 9 日。

② 胡锦涛：《在首都各界纪念中华人民共和国宪法公布 20 周年大会上的讲话》（2002 年 12 月 4 日），载《人民日报》2002 年 12 月 5 日。

③ 《十八大以来重要文献选编》（上），第 88 页，中央文献出版社，2014。

④ 《十八大以来重要文献选编》（上），第 90—91 页，中央文献出版社，2014。

⑤ 《十八大以来重要文献选编》（上），第 92 页，中央文献出版社，2014。

⑥ 《十八大以来重要文献选编》（上），第 91 页，中央文献出版社，2014。

客观性。社会主义法治精神已成为社会主义法治的思想内核，体现了社会主义法治的价值依归，因而是法治思考凝聚而成的思想精华，是法治实践必须奉行的基本原则。社会主义法治精神的客观属性是由社会主义法治的本质属性决定的。人民当家做主是社会主义的本质特征和内在要求。社会主义法治的核心在于人民民主，保障人民群众在经济、政治、文化、社会等各方面的权益。1978年12月，党的十一届三中全会提出："为了保障人民民主，必须加强社会主义法制。"我国宪法在第二章"公民基本权利和义务"中，对公民的各项基本权利作了详尽的规定，包括：政治权利、人身权利、宗教信仰自由以及广泛的经济、文化和社会权利。这些都构成了社会主义法治精神的价值本体。

第二，社会主义法治精神反映了社会主义法治运行的实践属性。法治精神是法治实践所奉行的指导思想和基本原则。法治精神不应停留在抽象的价值层面，而应该转化成为社会的现实，贯彻落实到法治建设的各个实践环节之中。社会主义法治精神是社会主义法治运行的灵魂，是立法、执法、司法、守法和法律监督的内在动力，其实践品格集中体现在"科学立法、严格执法、公正司法、全民守法"这一新的十六字方针上。2011年，胡锦涛同志在庆祝中国共产党成立90周年大会上的讲话中指出："要全面落实依法治国基本方略，在全社会大力弘扬社会主义法治精神，不断推进科学立法、严格执法、公正司法、全民守法进程，实现国家各项工作法治化。"[①] 党的十八大以政治报告的形式，正式确立了这十六字方针。在立法方面，社会主义法治精神是社会主义法律创制的理念基础。只有当立法者对社会主义法治理想及其目标有正确、全面、充分的认识和理解，并树立了对社会主义法治的坚定信念和忠诚信仰时，才能保证其所创制的法律符合社会主义法治原则和价值取向，符合社会生活的客观需要。在执法和司法方面，执法和司法主体是否具有社会主义法治精神，决定着他们是否能够把握社会主义法律的精神实质，并直接关系到其能否合法、合理、正确、公正地处理案件。在守法方面，遵守法律是每个社会成员与社会组织当然的义务，自觉地服从法律就是法治精神的体现。推动公民守法的深层精神动力，乃是社会主义法律所蕴含的社会主义法治理想及其追求的民主、自由、人权、平等、正义、秩序、效益、安全、文明、幸福等价值目标的基本认同。

第三，社会主义法治精神内在地蕴含着达至行为认同和观念共识的凝聚属性。尽管法治只规范行为而不控制思想，但通过蕴含着社会主义法治精神的法治实践活动对社会关系的调整，也会对人们关于公平正义、善恶是非、好坏对错等价值理念和行为方式产生积极影响和导向作用，进而使人们在法治实践中逐渐接受或者形成对社会秩序、公共安全、社会规范、社会发展的行为认同和观念共识。这种共识的达成正是社会主义法治精神的凝聚属性的直观体现。社会主义法治精神的凝聚性要求重视发挥良法善治的引导功能和教化作用。社会主义法治既包含自由、平等、公平、正义、民主、秩序、人权、尊严、和谐、文明等基本价值，又包含人民主权、宪法法律至上、依法执政、民主立法、依法行政、司法独立、保障人权、制约权力等基本原则。通过依法治国基本方略的全面实施，社会主义法

① 《十七大以来重要文献选编》（下），第447页，中央文献出版社，2013。

治精神直接或间接地提示人们在改革过程中哪些合法权益应当依法争取，哪些法定义务和责任应当自觉承担，哪些非法行为和方式应当避免，进而为凝聚社会共识提供指引、提出要求。在当代中国，各级领导机关和领导干部运用法治思维和法治方式的能力高低是社会主义法治精神凝聚性能否顺利发挥的主导性因素。全面推进依法治国，要求我们党要领导立法、带头守法、保证执法，切实在宪法和法律的范围内活动；要求各级领导机关和领导干部以身作则，努力培养并不断提高运用法治思维和法治方式的执政能力，努力掌握以法治凝聚改革共识、规范发展行为、促进矛盾化解、保障社会和谐的执政本领；要求各级领导干部要努力弘扬法治精神，树立法治理念，培养法治能力，带头依法办事，带头遵守法律，带头以法治思维和法治方式去凝聚全社会的改革共识，为深化改革、扩大开放、促进发展提供良好的法治环境和有力的法治保障。

（二）社会主义法治精神的具体表征

在中国特色社会主义法治的语境下，我们讲的"法治精神"当然是指中国特色社会主义法治精神。这种社会主义法治精神，既吸纳并体现了人类法治文明的共同规律和基本价值，又立足于并体现了社会主义初级阶段中国民主法治建设的基本国情和特定价值文化。在《弘扬法治精神，形成法治风尚》一文中，习近平深刻阐述了社会主义法治精神的具体表征，认为"法治精神是法治的灵魂""使法必行之法就是法治精神"，社会主义法治精神具体表现为人们的理性精神、诚信守法的精神、尊重法律权威的精神、权利与义务对称的精神、依法维权和依法解决纠纷的习惯等。[①] 这一论述，对于我们认识社会主义法治精神的具体表征具有重要的指导意义。

1. 理性精神

理性概念源于古希腊时期赫拉克利特提出的"逻各斯"说，它兼有客观规律和主体理性思维的双重含义，主要是指合客观性（区别于信仰）和合逻辑性（区别于感性、情感和欲望等非理性）。美国法理学家博登海默曾说过："理性乃是人用智识理解和应对现实的（有限）能力。有理性的人能够辨识一般性原则并能够把握事物内部、人与事物之间以及人与人之间的某种基本关系。有理性的人有可能以客观的和超然的方式看待世界和判断他人。他对事实、人和事件所作的评价，并不是基于他本人的未经分析的冲动、前见和成见，而是基于他对所有有助于形成深思熟虑的判决的证据所作的开放性的和审慎明断的评断。"[②] 法治的理性精神也就是求真务实的科学精神，"法治是以和平理性的方式解决社会矛盾的最佳途径"[③]，从而区别于依赖愚昧、无知、迷信、愚忠等非理性因素支撑的人治。

理性精神在立法中表现为科学立法。马克思曾说过："立法者应该把自己看作一个自

---

① 参见习近平《之江新语》，第 180 页，浙江人民出版社，2007，
② ［美］E·博登海默：《法理学——法律哲学与法律方法》，邓正来译，第 473 页，中国政法大学出版社，2004。
③ 柳晓森：《胡锦涛会见出席第 22 届世界法律大会代表》，载《人民日报》2005 年 9 月 6 日。

然科学家。他不是在创造法律，不是在发明法律，而仅仅是在表述法律，他用有意识的实在法把精神关系的内在规律表现出来。如果一个立法者用自己的臆想来代替事情的本质，那么人们就应该责备他极端任性。"① 为推动立法理性精神的确立，我国《立法法》第六条规定："立法应当从实际出发，科学合理地规定公民、法人和其他组织的权利与义务、国家机关的权力与责任。"

行政执法的精髓在于对公共理性的把握。行政主体实施公共管理或者提供公共服务，都是为了实现维护公共利益、提供公共物品这一公共目标。在必须按照什么样的原则和理想来行使权力问题上，美国政治哲学家罗尔斯认为，公共理性要求把公民看作是理性的、合理的、自由而平等的，只有当我们政治权力的行使符合宪法——即所有公民都可以合乎理性地期待大家按照他们视之为理性而合理的、因而认为是可接受的原则和理念来认可的——时，行使政治权力才是恰当的，也才是正当有理的。

理性同样是司法必备的品性。司法理性首先是一种"专业理性"，是一种以法学专业知识为基础的理性。此外，司法理性还是一种"技术理性"，是"司法官（法官）在司法过程中运用程序技术进行法律推理和判断、寻求结论的妥当性所体现的一种睿智和能力"。② 但除专业理性和技术理性外，司法理性应渗入生活理性与公共理性，运用经验考量立法价值和司法裁判之社会效果，达至司法与社会的沟通和协调。当代中国以法官职业化为目标的司法改革，乃是对司法理性精神的一种积极追求。

2. 诚信守法的精神

"诚信"作为一种道德准则，中国自古有之，但作为法律术语则是从西方移植而来。"诚实信用"直接语源来自德语 Treuund Glauben，法语作 Bonnefoi，均与拉丁文 Bonafides 有某些渊源关系。德国学者的主导观点是："诚信原则的内涵是信赖，它在有组织的法律文化中起着一种凝聚作用，特别是相互信赖，它要求尊重他人应受保护的权益。"

诚信原则是私法上的帝王条款。比如，我国现行合同法对合同的订立、履行到合同的终止等方面的规定都体现了诚信原则的要求。合同法将诚信要求贯彻到合同生活史的始终，力图建立诚信的合同世界。物权法中的物权公示公信原则以及善意取得权、公司法中高级管理人员的注意义务和忠实义务等，都深刻体现着诚实信用原则。进入 20 世纪，随着公法、私法相互交织、渗透、融合，诚实信用原则开始大规模进入公法领域，私法、公法都要贯彻诚实信用原则，公法主体和私法主体、公行为和私行为都要遵守诚实信用原则成为人们的共识。公法上的诚信原则意味着确立行使国家权力的道德，以此制约和规范国家权力的行使。出于对人的尊严和人权的尊重，国家在其权力运作过程中必须诚实信用地对待每一个公民。为此，要求国家权力遵守法的安定性原则，不能朝令夕改，由此保证老百姓的信

---

① 《马克思恩格斯全集》第 1 卷，第 347 页，人民出版社，1995。

② 参见 [美]E·博登海默《法理学——法律哲学与法律方法》，邓正来译，中国政法大学出版社，2004。

赖利益。

所谓守法，简而言之，也就是法的遵守。守法精神的深刻底蕴在于接受法律。从更广的范围来看，接受法律不仅仅意味着行为的合法性，更重要的是社会主体在意识上能够对法律予以理解和支持。从狭义上理解，守法是社会主体依照法的规定履行义务的活动。从广义上理解，守法意味着一个国家和社会主体严格依照法律办事的活动和状态。守法的内涵十分丰富，具体应包含如下几方面内容：一是服从法律。这是指一个国家和社会主体履行法律规定的义务或承担法律规定的责任。二是运用法律。这是指一个国家和社会主体根据法律规定行使法定权利，维护或争取正当权益的活动。三是信仰法律。信仰法律是守法精神的最高境界。"信仰法律"，简而言之，是指社会主体发自内心地对法律的敬仰和信守。信仰法律的核心是法律至上。对法律的信仰本质上就是要求生活在法律统治下的民众忠诚和信赖法律，并将法律内化为自己的信念，外化为自己的守法行为。

3. 尊重法律权威的精神

法律权威体现了法律在国家治理和社会管理过程中基础性和主导性的地位和作用，表明法律的外在强制力和内在说服力得到普遍的支持和服从。关于法律权威的来源，分析法学"巨匠"奥斯丁认为，法律是主权者的命令，法律权威来源于强制力。而新自然法学家约瑟夫·拉兹则认为，之所以按照权威的指令行事，是因为受指令者更倾向于接受权威者的理由。

新中国的法律权威地位是与人民民主制度联系在一起的。邓小平指出："为了保障人民民主，必须加强法制。必须使民主制度化、法律化，使这种制度和法律不因领导人的改变而改变，不因领导人的看法和注意力的改变而改变。"[1]1982年中国共产党党章明确了法律的权威地位，指出"党必须在宪法和法律的范围内活动"。"八二宪法"确立了国家法制统一的原则，强调："国家维护社会主义法制的统一和尊严，一切法律、行政法规和地方性法规都不得同宪法相抵触。一切国家机关和武装力量、各政党和各社会团体、各企业事业组织都必须遵守宪法和法律。一切违反宪法和法律的行为都必须予以追究。任何组织或者个人都不得有超越宪法和法律的特权。"

4. 权利与义务对称的精神

权利与义务对称的精神是社会公正理念在法治方面的具体体现。罗尔斯认为："正义的主要问题是社会的基本结构，或更准确地说，是社会主要制度分配基本权利和义务"。[2]公正的社会制度要求每个人拥有大致相当的基本权利和基本义务，否定特权的存在。

在现代社会，要求得到公正的待遇是每个人的基本权利。只有上升到保障个人基本权利的高度，社会公正建设才能构筑起坚实的基础。特权是对社会公正的最大威胁，特权一旦与金钱同流合污，人与人之间就不会有公正的竞争起点、公正的竞争过程和公正的竞争

---

[1] 《邓小平文选》第2卷，第146页，人民出版社，1994。

[2] ［美］罗尔斯：《正义论》，何怀宏译，第5页，中国社会科学出版社，1988。

结果，平等将是少数人的平等，自由也将是少数人的自由，社会经济活动将无公平可言，追求效率只会扩大社会的鸿沟，给社会带来灾难。合理地分配个人的权利与义务，做到权利与义务相对称是社会公正的根本保障。在当代中国，让公权力在宪法和法律规定的范围内运行，把权力关进制度的牢笼里，促进公民权利与义务的相对称，乃是社会公正建设的重要课题。

"八二宪法"在"公民基本权利和义务"一章通过平等条款体现了权利义务相对称精神。因之，宪法第三十三条第二款规定："中华人民共和国公民在法律面前一律平等。"鉴于所有人在法律上的平等地位，权利义务的享有和履行就是平等的；没有无义务的权利，也没有无权利的义务。宪法第三十三条第三款明确规定："任何公民享有宪法和法律规定的权利，同时必须履行宪法和法律规定的义务。"这一宪法原则，鲜明地体现了权利义务相对称的法治精神。

5. 依法维权和依法解决纠纷的习惯

中国社会正在步入"权利的时代"。近年来，公众的权利意识空前高涨，各级法院受理的案件年度数量急剧攀升，信访案件数量激增，一些重大司法案件、法治事件，尤其是公民维权事件受到了社会的高度关注。有学者统计：2003—2012 年，"维权类"法治案件占据了每年度十大法治案件的很大比重。

与前互联网时代相比，网络时代的维权主体很容易由单纯的维权个体演化为公众的维权集体。新闻媒体对重大案件、重大公共事件的不断介入，各种信息甚至谣言通过发达、快捷传播渠道的飞速传播，以及公众通过互联网对事件的关注及参与，使得网络时代的维权行动者，已然超出案件当事人的范围。当事人的身后，往往会排列无数的，或是支持或是反对的虚拟网络参与人。新闻媒体成了维权行动的积极见证者、参与者甚至是监督者。很多时候，新闻媒体成了案件事实的建构者、司法裁断的影响者，当然，也可能成为司法活动正常程序的干扰者。

此外，当前我国基层群众中"信访不信法"的现象突出，老百姓在遇到矛盾纠纷时选择宁愿选择信访，而不去诉讼。与诉讼相比，借助信访渠道来解决问题的最大特色在于，它可能启动行政特别救济程序，处理社会纠纷信访成本的投入相对较低，一定程度上效率更快、效果更好、影响更大。但从纠纷解决的性质上看，信访依赖的是"人治"思维（告御状），将信访作为解决纠纷的主要途径与我国法治建设目标是截然相悖的。

因此，解决上述问题的关键在于弘扬社会主义法治精神，培养民众依法维权和依法解决纠纷的习惯，通过法律制度的不断完善让民众信仰法律、依靠法律，在法律的框架内保护自身权利，解决社会矛盾纠纷。

（三）弘扬社会主义法治精神的意义与路径

社会主义法治精神对于全面落实依法治国、建设社会主义法治国家有着重要意义。弘扬社会主义法治精神是推进依法治国、建设法治中国的应有之义。诚如胡锦涛所指出的，

"在全社会大力弘扬社会主义法治精神，对全面贯彻落实依法治国基本方略、建设社会主义法治国家具有基础性作用，必须把加强宪法和法律实施作为弘扬社会主义法治精神的基本实践。"①

1. 弘扬社会主义法治精神的重要意义

首先，弘扬社会主义法治精神鲜明地表达了我们党对人类法治文明发展历史的深刻认识。法治是人类社会在通向文明进步的过程中探索形成的治理国家和社会的理想方式，是人类社会共同创造的文明成果。法治精神是对法治共同价值的崇尚和信仰。现代法治精神包含法律平等、法律至上、公平正义、民主自由、权力制约、人权保障、社会和谐等方面的追求。纵观世界各国走向现代化国家的进程／我们可以看出，法治精神作为人类理性精神和政治文明的主观形态，对推动社会文明发展起着不可或缺的作用。当今中国，正站在建设中国特色社会主义事业的新的历史起点上，建设社会主义法治国家已经成为我们党的重要使命和人民的强烈愿望。弘扬社会主义法治精神，是我们党顺应时代发展潮流、站在世界文明发展的历史高度所作出的历史性抉择，反映了我们党对推进中国特色社会主义法治建设、实现富强民主文明和谐的社会主义现代化国家的深刻认识。

其次，弘扬社会主义法治精神是我国法治建设进程的客观要求。新中国成立以来，我们党领导人民制定和实施宪法法律，推进了社会主义民主法制建设。改革开放后，社会主义民主法制建设得到恢复，特别实施依法治国基本方略以来，通过大力培育法治精神，经济社会生活法治化水平有了较大提高。应该看到，当前一些地方存在的有法不依、执法不严、滥用公共权力、侵犯公民权益、徇私枉法等现象，与社会的法治精神淡漠有着直接的关系。实践证明，什么时候弘扬法治精神，社会就安定有序、全面发展：反之，什么时候践踏法治精神，社会就动荡不安、裹足不前。因此，弘扬社会主义法治精神，乃是对我国法治建设进程的深刻反思所得出的必然结论。

最后，弘扬社会主义法治精神对于中国特色社会主义法治实践具有重要指导作用。法治精神是法治的灵魂和核心。法治的价值内涵和精神意蕴构成法治精神的主体内容。在中国特色社会主义法治建设实践中，固然法律制度安排和设计以及法律体系的完善必不可少，但恰恰是法治的精神条件更为深刻地反映法治的内在意蕴与精神气质。法治精神的法治灵魂地位体现在立法、执法、司法和守法等各个环节之中，发挥着引领作用，确保法治整体的系统性和融贯性。在急剧转型变革的当下社会，法治的稳定性与社会的变动性之间的矛盾运动错综复杂。在这一社会条件下弘扬社会主义法治精神，能够缓解社会生活的剧烈变动对法治稳定性诉求的侵蚀，进而确保法律系统的稳定性和权威性。

2. 弘扬社会主义法治精神的路径

新中国成立以后，特别是改革开放30多年来，经过各方面坚持不懈的努力，我国立法工作取得了举世瞩目的伟大成就：一个立足中国国情和实际，适应改革开放和社会主义

① 《十七大以来重要文献汇编》（下），第290—291页，中央文献出版社，2013。

现代化建设需要，集中体现党和人民意志，以宪法为统帅，以宪法相关法、民法商法等多个法律部门的法律为主干，由法律、行政法规、地方性法规等多个层次法律规范构成的中国特色社会主义法律体系已经形成。2011 年伊始，时任全国人大常委会委员长吴邦国宣布：中国特色社会主义法律体系已经形成。这次庄严的宣告表明，中国已在根本上实现了从无法可依到有法可依的历史性转变，各项事业发展步入法制化轨道。应当清醒地看到，虽然我国社会主义法律体系已经形成，但是离社会主义法治国家目标的实现还有很长的距离。在建设法治国家的进程中，物质性、技术性的法律制度相对容易构建，甚至可以移植引进，而法律制度若要真正地发挥作用并实现其价值，则必须要有与之相应的法治精神作为思想基础。由于历史与现实的多重原因，有法不依的现象仍一定程度存在，导致我国法制部分缺乏应有的尊严和必要的权威性、实效性。因此，在继续完善和发展中国特色社会主义法律体系的同时，要更加重视宪法法律的实施和社会主义法治精神的弘扬。正如习近平指出的，"法治也并不体现于普通民众对法律条文有多么深透的了解，而在于努力把法治精神、法治意识、法治观念熔铸到人们的头脑之中，体现于人们的日常行为之中。"[①]这就启示我们，弘扬社会主义法治精神的关键，在于从社会对法律的认知上升到社会对法律的认同，将主观上对法治的认同转化为国家、组织和个人的行为规范和具体指引，最终达至法治中国及国家与社会的良性互动。

一是从社会认知到社会认同。社会对法律的认知主要是通过法制宣传和普法教育来实现的。普法教育是依法治国、建设社会主义法治国家的基础性工程。从 1986 年党中央宣布全国普法开始，目前已经实施了六个五年普法规划。党的十八大提出，要"深入开展法制宣传教育，弘扬社会主义法治精神，树立社会主义法治理念，增强全社会学法遵法守法用法意识"。[②]开展法制宣传教育，对于引导社会知法守法风尚的形成，逐步塑造公民依法办事的理念，培养公民的责任意识和民主意识，自觉依据法律有序参与社会生活具有重要的意义。然而，对于弘扬社会主义法治精神的目标而言，普法教育其实还停留在法律知识普及与法律制度宣传的初级目标上。让法治精神从自我认知上升为民族自觉和社会认同，成为公民的一种法治习惯和信仰，才是弘扬社会主义法治精神的根本目标所在。

而要实现社会主义法治精神的社会认同，以法律职业群体的法律信仰带动社会民众对法治精神的普遍认同，是一条可行的路径选择。法律职业群体是指法律从业者社群，即通常所谓的法律界、法学界，包括法官、律师、检察官、政府机构与社会团体中负责法律事务的官员、法学教研人员，以及一定范围内的政治家，等等。法治精神的实现，不仅需要公民的法律意识和守法行为，更需要有一个忠诚于法治、专业素质高的法律职业群体来贯彻与实施。法律至高无上的神圣性和权威性，需要这一职业共同体来维护与昭示。所以，只有法律职业群体以及国家公职人员具备了法治精神，在面对复杂的社会问题做出决策或处理具体案件时，才会以法律为准绳，正确把握合法性和客观性、形式合理和实质合理以

---

① 习近平：《之江新语》，第 180 页，浙江人民出版社，2007。

② 《十八大以来重要文献选编》（上），第 22 页，中央文献出版社，2013。

及普遍正义和个案正义的关系，通过法益衡量将维护法律权威和促进法治理想、实现法律价值统一起来，践行法治理想和法律价值，从而引领普通公民形成良好的法治意识和自觉守法的法治精神。

二是从价值理念到行为指引。法治本身是一种价值观。它在发挥社会治理功能的过程中，凝结为法治精神，起着一种价值导向作用。作为一种价值理念的法治精神的存在对于法治具有重要意义，"如果不能确认和树立某些绝对的、超越的道德价值，如果不能承认在实在法的体系之外还有一个自然法的、道德的体系，那么，法治便不可能提供一个谋求广泛的、实质正义的制度框架，尤其是不可能通过法律来遏制蔑视和践踏人类尊严的暴行"。①

因之，法治精神本身就包括对于良好价值的追求与实现。只有以良好的法的价值作为自己的理想目标与内在品质，法治精神才可能具有无可怀疑的科学性、崇高性与神圣性。只有以法的价值作为指导，那些体现为法治精神的思想原则和理想目标才可能成为法治精神。不过，法治精神不应仅仅是抽象的价值理念，更应是法治实践所奉行的指导思想和基本原则。弘扬社会主义法治精神的根本目的，在于实现法治精神的行为指引功能。这就是说，要把社会主义法治精神落实到立法、执法、司法、法律监督、公民守法和党对法治建设的领导等全过程和各个方面、各个环节之中。

要将社会主义法治精神转化为中国共产党、国家机关、社会组织和全体公民的自觉行动，从根本上夯实厉行法治、奉行法治、笃行法治的制度基础。对于行政机关来说，要恪守依法行政的原则，认真执行法律，确保行政权的行使既不越位也不缺位，既不失职也不越权，努力建成符合社会主义法治精神的法治政府。对于司法机关来说，人民法院和人民检察院必须公正司法，忠实于宪法和法律、忠实于事实和证据，依法独立行使职权，切实做到司法为民，真正实现司法正义。

要将社会主义法治精神转化为公民的主体意识、参与意识、权利意识、义务（责任）意识、宽容意识，培育和养成公民自觉学法守法用法的法治社会氛围。诚如有的学者所言，现代法治就是把现代法精神内化为市民社会成员的法意识，使得其对法律的遵守具有主观自发性，同时在公平正义原则的基础上使法与伦理相统一，从而使法治秩序得以建立和维持。

---

① 参见夏勇《法治是什么——渊源、规诫与价值》，载《中国社会科学》1999 年第 4 期。

参考文献

[1] 王占阳. 新民主主义与新社会主义——一种新社会主义的理论研究和历史研究（修订版）[M]. 北京：中国社会科学出版社，2006.

[2] 黄燕. 传承与创新 中国特色社会主义道路研究 [M]. 北京：知识产权出版社，2013.

[3] 李景源. 马克思主义："硬核"及其剥取 [M]. 北京：人民出版社，2006.

[4] 侯衍社. 马克思的社会发展理论及其当代价值 [M]. 北京：中国社会科学出版社，2006.

[5] 郁建兴、朱旭红. 社会主义价值学导论 [M]. 浙江：浙江人民出版社，1997.

[6] 习近平. 干在实处走在前列——推进浙江新发展的思考与实践 [M]. 北京：中共中央党校出版社，2013.

[7] 张立文. 中国和合文化导论 [M]. 北京：中共中央党校出版社，2001.

[8] 张文显. 法理学 [M]. 北京：高等教育出版社，1999.

[9] 俞可平. 论国家治理现代化 [M]. 北京：社会科学文献出版社，2014.

[10] 夏勇. 走向权利的时代——中国公民权利发展研究 [M]. 北京：中国政法大学出版社，1995.

[11] 李步云. 论法治 [M]. 北京：社会科学出版社，2008.

[12] 李龙. 依法治国方略实施问题研究 [M]. 武汉：武汉大学出版社，2002.

[13] 卓泽渊. 法治国家论 [M]. 北京：中国方正出版社，2001.

[14] 王勇. 法治政府建设 [M]. 北京：国家行政学院出版社，2010.

[15] 苏力. 道路通向城市——转型中国的法治 [M]. 北京：法律出版社，2004.

[16] 公丕祥. 法哲学与法制现代化 [M]. 南京：南京师范大学出版社，1998.

[17] 高振强、孟德楷. 法治精神要论 [M]. 北京：法律出版社，2013.

[18] 季卫东. 大变局下的中国法治 [M]. 北京：北京大学出版社，2013.

[19] 孙亚礼. 中国特色社会主义政治发展道路 [M]. 北京：中国文献出版社，2013.

[20] 岳天明. 政治合法性问题研究——基于多民族国家的政治社会学分析 [M]. 北京：中国社会科学出版社，2006.

[21] 应松年. 行政法学新论 [M]. 北京：中国方正出版社，1998.

[22] 王利明. 人民的福祉是最高的法律 [M]. 北京：北京大学出版社，2013.